古典文獻研究輯刊

十二編

潘美月・杜潔祥 主編

第 **17** 冊

西周銅器銘文所載賞賜物之研究
——器物與身分的詮釋（上）

鄭憲仁 著

國家圖書館出版品預行編目資料

西周銅器銘文所載賞賜物之研究——器物與身分的詮釋（上）
／鄭憲仁 著 — 初版 — 新北市：花木蘭文化出版社，2011〔
民 100〕
序 2+ 目 4+230 面；19×26 公分
（古典文獻研究輯刊 十二編：第 17 冊）
ISBN：978-986-254-410-5（精裝）
1. 青銅器　2. 金文
011.08　　　　　　　　　　　　　　　　　　100000220

古典文獻研究輯刊
十二編　第十七冊　　　　　　　ISBN：978-986-254-410-5

西周銅器銘文所載賞賜物之研究
——器物與身分的詮釋（上）

作　　者　鄭憲仁
主　　編　潘美月　杜潔祥
總 編 輯　杜潔祥
企劃出版　北京大學文化資源研究中心
出　　版　花木蘭文化出版社
發 行 所　花木蘭文化出版社
發 行 人　高小娟
聯絡地址　新北市永和區中正路五九五號七樓之三
　　　　　電話：02-2923-1455／傳眞：02-2923-1452
網　　址　http://www.huamulan.tw 信箱 sut81518@ms59.hinet.net
印　　刷　普羅文化出版廣告事業
初　　版　2011 年 3 月
定　　價　十二編 20 冊（精裝）新台幣 31,000 元

西周銅器銘文所載賞賜物之研究
——器物與身分的詮釋（上）

鄭憲仁　著

作者簡介

鄭憲仁，高雄市人，國立臺灣師範大學國文學系學士、碩士、博士。現任教於國立臺南大學國語文學系。學術專長為：中國古文字學、先秦禮學（三禮）、古器物學、中國上古史。發表著作如：《西周銅器銘文所載賞賜物之研究——器物與身分的詮釋》（博士論文）、《周穆王時代銅器研究》（碩士論文）、〈銅器銘文所見聘禮研究〉、〈銅器銘文「金甬」與文獻「鸞和」之探究〉、〈銅器銘文札記〉、〈子犯編鐘——西之六𠂤探討〉、〈銅器禘祭研究〉、〈豆形器的自名問題——兼論器物定名〉、〈西周銅器斷代研究上的幾點意見〉、〈《殷周金文集成引得》與《殷周金文集成釋文》隸定相異處探討——以樂器為例〉、〈哀成叔諸器研究〉；〈周代「諸侯大夫宗廟圖」研究〉、〈關於《儀禮》儀節研究的探討——以〈公食大夫禮〉為例〉、〈《儀禮·聘禮》儀節之研究〉、〈郭沫若《周禮》職官研究之探討〉等。

提　　要

　　本文研究的範圍為「西周銅器銘文」中的「賞賜」，以「器物」和「身分」為詮釋的重點。

　　本文將賞賜分為「冊命賞賜」和「非冊命賞賜」兩類，以比較二者在器物與身分關係上的差異。由於冊命賞賜較有具體的條例，因此以冊命賞賜為探討的主體。

　　冊命制度是西周政治運作的重要支柱，由此建構出君臣關係。冊命和封建、賜爵、授官是結合在一起的架構，經由冊命，身分能夠確立。

　　本文探索賞賜制度中的兩個要素：「器物」與「身分」。由此確定西周冊命制度下「物與人」的關係，並建立體系。本文對於「職官、服飾、車馬、鑾旂」進行了深入的分析。

　　在結構上：本文第一章為緒論。第二章匯整傳世古籍（經典）與出土銅器銘文。第三章研究賞賜物，分析賞賜物的時代與等級。第四章研究身分等級，提出不同身分等級和賞賜物的對應關係。第五章為結論。

目

次

自　序

　　《西周銅器銘文所載賞賜物之研究——器物與身分的詮釋》是憲仁就讀於國立臺灣師範大學國文研究所時的博士論文，指導教授是國立臺灣師範大學的　季旭昇教授與國立臺灣大學的　陳芳妹教授。這是在 2004 年 6 月提交的論文，由國立臺灣大學　葉國良教授、國立故宮博物院　張光遠研究員、中央研究院歷史語言研究所　王明珂研究員、國立臺灣師範大學　賴明德教授等一同口試。是年 10 月憲仁做了部分的增訂與修正，之後就一直擱置。2009年花木蘭文化出版社與我聯繫論文出版的事情，當初考慮到是書寫於多年前，若要再行增補，等於得重寫一本，時間上也不允許；再者內文有不少粗疏之處，恐貽笑大方，因此也就不積極地處理出版的事了。

　　自論文提交後，敬呈師長們斧正與學界先進、學友們的厚意不棄，先後大約影印寄出了五十多本，近來又有幾位學者詢問是書，憲仁思慮後，覺得論文出版也能提供有興趣者參考，所以在 2010 年決定由花木蘭文化出版社刊行。

　　這本論文在寫作過程得到學界與社會的提攜與獎掖，這是在出版前務必要誌謝的。兩位指導教授、多位師長都在憲仁學習過程中給予鼓勵與支持，尤其臺灣大學的　葉國良老師、中央研究院史語所的　鍾柏生老師、陳昭容老師、袁國華老師、東海大學的　朱岐祥老師、中興大學的　林清源老師、臺灣科技大學的　周聰俊老師、故宮博物院的　張光遠老師、吳哲夫老師等，真的很感謝他們！財團法人趙廷箴文教基金會在憲仁攻讀博士課程時提供獎學金；中華發展基金管理委員會（行政院陸委會）獎助赴上海博物館研究，有幸得到上海博物館的　李朝遠教授、周亞教授鼓勵與提攜。

　　最後，關於這本書在刊行前是否有增修的情況，憲仁也必須誠實地說明，很厚顏的，只對於錯別字與斷句標點故了修改，至於當初漏收的銅器銘文，也僅就平日閱讀抄得，稍作增列，請恕憲仁「以存著作之初旨」的藉口，沒能盡力地增修舊作。至於博士班畢業後，憲仁幾篇文章與此有關，希望讀者能卓參，也祈盼得到讀者的諒解：

1. 〈銅器銘文所見聘禮研究〉，《經學研究論叢》第十六輯（林慶彰主編，臺北：臺灣學生書局，2009 年 5 月），頁 123-152。

2. 〈郭沫若《周禮》職官研究之探討〉：變動時代的經學與經學家（1912-1949）第三次學術研討會論文集（臺北：中央研究院中國文哲研究所，2008 年 7 月），全 22 頁。（會後論文集將會出版）

3. 〈關於𤝤尊銘文考釋的探討〉：第十八屆中國文字學國際學術研討會論文集（臺北：輔仁大學，2007 年 5 月），頁 103-117。

4. 〈銅器銘文「金甬」與文獻「鸞和」之探究〉，《東海中文學報》第十八期（2006 年 7 月），頁 11-24。

5. 〈《殷周金文集成引得》與《殷周金文集成釋文》隸定相異處探討——以樂器為例〉：第十七屆中國文字學全國學術研討會論文集——通俗雅正，九五經典：文字的俗寫現象及多元性（臺中：逢甲大學，2006 年 5 月），頁 99-119。

6. 〈銅器銘文札記〉，《國文學報》（國立臺灣師範大學國文學系）第三十八期（2005 年 12 月），頁 145-164。

2010 年 9 月 21 日鄭憲仁謹識於國立臺南大學

體例說明

1. 引用銅器器名皆加〈　〉符號表示，如〈班殷〉。

2. 銅器器名後加上《殷周金文集成》的編號，爲一致起見，皆以五位數字表示。凡集成未收者，則以加Ｎ表示，數字以六位數字表示，前四位數字爲公布西元年，接著二位數字爲本文所給予之編次，並於其後加註說明。如 N199001 中 1990 爲該器公佈年，01 爲本文給予之編號。

3. 銅器器名暫依《殷周金文集成》名稱，《集成》未收者，則依銘文「作器人」命名原則稱之。

4. 銅器銘文隸定採用嚴式隸定，並於罕見字後以括號補註常見字，拓片銘文不能隸定而字跡清楚者，則摹其字形；
   凡爲不可識或字跡不清則以原字拓片或摹本表示；
   凡是有殘文則以☑表示；
   凡隸定文字下加底線者，表示不能斷句；
   隸定字旁加？者，表示有疑問，仍未爲定說。

5. 各器的時代劃分及代號如下：
   西周早期〔Ａ〕：武王、成王、康王、昭王
   西周中期〔Ｂ〕：穆王、共王、懿王、孝王
   西周晚期〔Ｃ〕：夷王、厲王、共和、宣王、幽王

6. 斷代主要依據《殷周金文集成》，並參考：
   唐蘭先生《西周青銅器銘文分代史徵》
   上海博物館《商周青銅器銘文選》
   張長壽、陳公柔、王世民先生《西周青銅器分期斷代研究》

劉啓益先生《西周紀年》

並加以個人意見，凡與《殷周金文集成》斷代不同者則加註說明。

7. 本文表格中的符號：凡於器名前加「α」者，表示爲摹本或刻本。加「β」者表示非周王賞賜，爲王后、諸侯或官員賜賞下屬。

加「γ」表示銘文殘泐，不能全讀或不易由拓片隸定。

8. 本論文圖版、附表、索引，置於全文最後。

9. 引用期刊出處以「年：期」爲交待方式，如「1990：2」即指該刊 1990 年第 2 期。

第一章　緒　論

第一節　研究動機與目的

　　清咸豐四年，公元一八五四年，距今一百五十年前，朱爲弼刊刻《蕉聲館文集》，其中有六篇關於錫命禮的文章及一附篇，篇目爲：〈補周王錫命禮〉、〈侯氏入覲錫命禮〉、〈王親錫命禮〉、〈巡狩錫命禮〉、〈諸侯嗣位錫命禮〉、〈公侯錫作牧伯禮〉、附〈古錫命禮〉。這位幫阮元編輯《積古齋鐘鼎彝器款識》的學者，將銘文和古禮材料結合，試著打開周代錫命禮的混沌，他的嘗試無疑開啓一個禮學的新視野，即使當時對古文字與銅器的研究還處於初步階段，朱爲弼已對一百五十年來的冊命禮研究做了嘗試性的示範。

　　一九四七年，齊思和先生於《燕京學報》三十二期發表〈周代錫命禮考〉，這是一篇全面探索冊命禮制的論文，其中引用了大量的銘文資料，在學術史的意義上，此文已彰顯出在冊命禮制的研究，銅器銘文已具有舉足輕重的地位，對冊命禮的研究又跨前了一步。

　　三十年後，一九七八年黃然偉先生出版《殷周青銅器賞賜銘文研究》，他大規模地對賞賜銘文分析探討，尤其在冊命賞賜禮制的研究，有超乎前人的貢獻。

　　一九八六年陳漢平先生出版《西周冊命制度研究》，此書見解深入，成果斐然，是當前唯一全面剖析西周冊命制度的專著，內容包含了與冊命禮制有關的各個專題：如「時間與地點」、「儀式」、「官制」、「輿服制度」、「與《周官》的對比」、「思想」等等，在研究上推進了一大步。

一九八九年汪中文先生完成博士論文：《西周冊命金文所見官制研究》，
〔註1〕開始以專題的方式對西周冊命制度進行探索，提出的見解足以補前人之
不足，自成體系。

這期間，陸續有不少學者以專文對西周賞賜銘文或冊命制度進行研究，
提供學界新的看法。然而在諸多的文章中，不同的意見紛陳，足以令人目眩，
尤其在身分與賞賜物兩方面。例如黃然偉先生對於銘文中有關冊命賞賜物和
身分的關係提出「無嚴格規定」的看法：

> 據銘文所示，西周之冊命賞賜，賞賜物數量之多寡，與官階之高低
> 及官員之職司，並無嚴格之規定；同一官階所得之賞錫，其質與量
> 並不盡相同。〔註2〕

這樣的立說直接撼動冊命賞賜物的身分代表性。也有學者認為冊命賞賜物和
身分有明確的關係，如陳漢平先生提出：

> 西周輿服等級之區分，在數量、質地、形狀、紋繪、組合等六方面
> 有所差別。對冊命金文所見輿服賜物組合進行分類，與文獻所記西
> 周輿服制度進行對比，可約略推定出各類輿服組合所相當之輿服爵
> 位等級，可見西周冊命金文中有公、孤、卿、大夫、士、及侯、伯
> 諸等級之輿服組合。西周冊命所賜輿服物品與所命職官爵位及職務
> 性質（如文職、武職）之間有嚴格且鮮明之等級對應關係。官爵、
> 輿服二者同時錫命，同時世襲，同時陟黜。〔註3〕

如黃、陳這樣的歧見，在西周冊命金文的研究中，是很常見到的。

傳世古籍對周代禮制的記錄很重視身分的等級。不同的身分配以不同等
級的服飾、車馬、玉器、宮室、宗廟……，井然有序的成為層次化的制度，
而這些記載，多數都只能在白紙黑字中認識，因此相關的出土資料彌足珍貴，
銅器銘文便是這樣可貴的信史資料——理解西周歷史文化的第一手資料。

西周銅器的研究在這十多年來，有兩項重大的進展：分期斷代的精確性和
資料的匯集出版。隨著銅器不斷的出土，學者們的視野也不斷地提升，研究愈
來愈精細。因此，對於西周賞賜制度有必要做一些觀念的釐清和課題的探索。

〔註1〕此為汪中文先生在國立臺灣師範大學國文研究所的博士論文。

〔註2〕黃然偉：《殷周青銅器賞賜銘文研究》（香港：龍門書店有限公司，1978 年 9
月），頁 157。

〔註3〕陳漢平：《西周冊命制度研究》（上海：學林出版社，1986 年 12 月），頁 322。

　　筆者在研讀金文的過程中，留意到學界對賞賜制度研究上的歧見，基於對西周禮制的深厚興趣，於是有意做一個專題性的研究，企圖以爵位和職官來詮釋賞賜物和受賜者的關係。更希望以「物」與「人」的不同切入角度來研究彼此的關係。

　　西周銅器冊命銘文中提供的「賞賜物」對於輿服制度的研究、「授職命爵」對於職官制度的探討，在經學（禮學）、史學（上古史）、古器物學，乃至人類學、社會學等方面，相信都能提供研究方面的裨益。

　　《國語・周語上》記載內史過的一段議論：

> 諸侯春秋受職於王，以臨其民，大夫、士日恪位著，以儆其官，庶人、工、商各守其業，以共其上。猶恐其有墜失也，故爲車服、旗章以旌之，爲贄幣、瑞節以鎮之，爲班爵、貴賤以列之，爲令聞嘉譽以聲之。

這段話將「車服旗章」的作用與重要性，做了扼要的詮釋，本論文設定的論題，正爲詮釋「車服旗章」和「身分」的關係，以提供學術界參考。

第二節　研究範圍與方法

　　本論文題目爲「西周銅器銘文所載賞賜物之研究——器物與身分的詮釋」，所以研究的主體爲西周賞賜銘文，專注於器物和身分兩個重心。

一、冊命的定義

　　「冊命」，文獻又作「策命」，《說文解字》二篇下云：「冊，符命也。諸侯進受於王者也。象其札一長一短，中有二編之形。」冊爲象形文，本義即是簡冊，故寫做「冊命」是用本字，《說文解字》五篇上「策，馬箠也。从竹束聲。」由此可知做「策命」是用假借字。

　　在冊命禮舉行的時候，史官受王命書於冊，讀冊以賞爵授官，所以整個典禮就稱爲「冊命」。《禮記・祭統》載：

> 古者明君爵有德而祿有功，必賜爵祿於大廟，示不敢專也。故祭之日，一獻，君降立于阼階之南，南鄉，所命北面，史由君右，執策命之，再拜稽首，受書以歸，而舍奠于其廟。此爵賞之施也。

這段文字中的「書」就是史官承王之命，記載授予臣屬爵位或官職的文書。

冊命的要點之一是「爵賞」，這是身分取得的重要依據。

齊思和先生對冊命的詮釋如下：

> 封建之世，一切土地，皆屬于天子，天子以之封諸侯，諸侯以之封卿大夫，而卿大夫更以其一部賜其臣宰，爲其采邑。其封地也，皆經過一種極隆重之典禮。此種典禮，古謂之「錫命」。〔註4〕

他引用西方封建制度的現象來解釋「錫命」：

> 西洋當封建制度盛行之時，封建亦須經過一種極隆重嚴肅的典禮，此種授命之儀式，西洋人稱之爲 Investiture。其儀式雖各時各地略有不同，但大略言之，固相去不遠。大抵受封者去武器，伸兩手，向封主跪，聲稱願爲封主之臣僕，封主執其手，命之起。當封者遂宣誓矢忠于封主，死而後已，靡有他志。此謂之臣服禮（Homage）與宣誓矢忠禮（Oath of Fidelity）。封主遂正式封以采邑（Fief）。授以撮土以象徵其土地，授以木枝以象徵其林木，并輕擊其背以示授與統制之權焉。封主更授以策命，詳列受封者應盡之義務，并詳載其采邑內土地人民之數目，此謂之授命禮（Investiture）。〔註5〕

齊先生的詮釋指出了冊命禮的賞賜重點：「土地人民」、「統制之權」，由這樣的典禮，將君臣、權利義務的關係確立。

陳漢平先生將冊命依「冊命緣由與受命對象的不同」分爲六類：始命、襲命、重命、增命、改命、追命。若依「冊命形式之不同」可分爲四類：朝覲冊命、追使冊命、巡狩冊命、考績冊命，並且指出尚有「命婦」一項。〔註6〕

本文在前人研究的基礎上，將「賞賜銘文」、「冊命銘文」、「冊命賞賜銘文」、「非冊命賞賜銘文」做一界定：

● 「賞賜銘文」：銘文中凡有賞賜行爲者，稱爲「賞賜銘文」。

「賞賜銘文」分爲「冊命賞賜銘文」與「非冊命賞賜銘文」。

● 「冊命銘文」：銘文中凡具有「賜爵」、「授職」、「分封土地采邑」三者任何一種內容者，則視爲「冊命銘文」。

應說明的是第三項「分封土地采邑」，在非冊命銘文中，也存在賞賜土田

〔註4〕 齊思和：〈周代錫命禮考〉，《燕京學報》1947年，第32期。後收入齊思和：《中國史探研》（石家莊：河北教育出版社，2000 年 12 月），本文引用後者，頁99。

〔註5〕 同上註，頁 100。

〔註6〕 陳漢平：《西周冊命制度研究》，頁 29～32。

的實例，因此在認定冊命與否，主要是看銘文中有無記載「冊命典禮」，但是西周早期及中期的前段，銅器銘文尚未形成將冊命典禮記錄的風尚，因此本文將分封「邦國」與「采邑」視爲冊命行爲，這樣的認定是寬式的，事實上邦國與采邑的封賞是包含土地上的人民，一定程度上廣大的土地和人民，在統治上，將有必要設立統治機關（諸侯統治之國或卿大夫統治之邑），而田地的賞賜則未必。

● 「冊命賞賜銘文」：具有冊命性質又有賞賜之實者爲「冊命賞賜銘文」。
● 「非冊命賞賜銘文」：無冊命性質，而有賞賜之實者，則爲「非冊命賞賜銘文」。

二、資料範圍

在西周賞賜銘文的資料蒐集方面，下限設於 2003 年 12 月底公布的銅器銘文。又本文所收大部分的器銘來自《殷周金文集成》，這套書共十八冊，由 1984 年 8 月開始出版，到 1995 年 4 月全部出齊，有的器類只收到 1984 年，多數冊數只收到 1985 年，因此在 1984 年底到 2003 年，仍有爲數不少的有銘銅器出土而未收，本文參考各期刊論文、考古報告、圖錄，盡可能補足，凡《集成》未收的器，本文採用「獨立編號」，可參本論文「體例說明」及第二章第二節「銘文中的賞賜資料」。

器物和身分的探討以賞賜銘文中出現的爲對象，賞賜銘文分可分爲「冊命賞賜」和「非冊命賞賜」兩大類，前者爲探求重心，主要緣於本文著眼的課題如「等級」與「成套」的現象，都在冊命賞賜物中才足以探討。

在銘文的斷代方面，主要依據《殷周金文集成》，本文對於個別器有不同意見者，皆加以說明。

對於古籍，專闢第二章第一節來探討，傳世古籍固然有「後世傳抄訛誤」、「後人整理成書」……等因素，其記錄常爲研究者質疑，本文採取的態度是取其可用者，其有疑問者則闕疑，然而不刻意排斥古籍，以客觀的態度看待古籍與出土資料。

三、研究方法與態度

本文的研究方法主要是以王國維先生的「二重證據法」爲精神，王先生說：

> 吾輩生於今日，幸於紙上之材料外，更得地下之新材料。由此種材
> 料，我輩固得據以補正紙上材料，亦得證明古書某部分全爲實錄。
> 即百家不雅馴之言，亦不無表示一面之事實。此二重證據法，惟在
> 今日始得爲之。雖古書之未得證明者，不能加以否定，而其已得證
> 明者，不能不加以肯定，可斷言也。〔註7〕

于省吾先生的研究態度，亦足爲法式：

> 我們應該以地下文字資料爲主，以文獻爲輔，相爲補充，相爲訓釋，
> 交融互證，這樣作，才能逐漸解決兩者之間的矛盾而取得統一。我
> 們應該從現實出發，以吸取古人的菁華，作到古爲今用，鑽進去還
> 要鑽出來，而不充當古人或古籍的俘虜。〔註8〕

唐蘭先生指出：

> 讀先秦文獻，盡管必須借助於漢儒的訓解，但不能盡信一切。漢代
> 人對於古文獻也是在摸索中。我們今天所發現的古代遺物，很多是
> 漢代人沒有看到過的。只要有確鑿證據證明漢代人講錯了的，就可
> 以加以糾正。我們需要的是實事求是，盲從古人和任意的標新立異，
> 都不是科學的態度。〔註9〕

對於先秦典章制度研究上，楊寬先生有很多精彩的意見，他對研究西周典章
制度提出的看法：

> 今天我們要探討西周的典章制度，還是有必要把古書所載各種重要
> 禮制，結合當時經濟、政治和文化上的重要制度，系統地探索其源
> 流變化，從而揭發出西周時代各種典章制度的眞相來。既然儒家所
> 傳的西周文獻有其局限性，又缺乏西周中期和後期的文獻，五百篇
> 以上的西周金文就顯得特別重要了。目前研究金文的專家，對西周
> 金文所作斷代研究，雖然還有不同意見，但已能大體作出論斷，因
> 此我們研究西周史，很有必要以西周可靠文獻，結合西周金文，參
> 考儒家所傳禮書，作綜合比較和分析研究，從而得出正確的結論。

〔註7〕 王國維：《古史新證——王國維最後的講義》（北京：清華大學出版社，1996
年3月），頁2～3。

〔註8〕 于省吾：〈從古文字學方面評判清代文字、聲韻、訓詁之學的得失〉，《歷史研
究》1962：5，頁144。

〔註9〕 唐蘭：〈「弓形器」（銅弓柲）用途考〉，《唐蘭先生金文論集》（北京：紫禁城
出版社，1995年10月），頁473。

〔註10〕
本文敬以四位學者的爲學方法與態度爲典範，願此研究，有益於學界。

　　本論文的進行是以「傳世文獻」、「出土銘文」、「西周考古」爲三方面同時進行的：

　　在傳世文獻方面，則由經史爲重心，輔以子集，先將《書》、《詩》、《春秋》經傳、「三禮」中的資料擇出，留意注疏的意見。

　　在出土銘文方面，先就銘文隸定，製作資料庫，同時對學界提出的考釋與斷代，也匯整於資料庫中，並將各圖錄中的照片，一一加註，以便了解每個器物的器形與紋飾。

　　在西周考古方面，則將期刊公布的考古報告加以整理，也參閱西周考古方面的學位論文。考古方面雖非本論文研究者所長，然於研究過程不敢忽視。

　　由以上所述的三個方面著手，在本論文的撰寫上，呈現出來的還是以前兩個方面的成果爲多，在西周考古方面，因爲能判定等級與身分的線索還不是那麼明確。在論文呈現上，未能將考古資料列爲獨立一節，暫於此處先加以說明。

四、考古資料與本文關係的說明

　　本文研究的重點之一爲「身分」，在西周文獻有限的情況下，考古資料是必要的參考對象。本文在此先就考古有關的身分等級（諸侯、大夫、士）做說明。

　　墓葬制度包含：類型、大小、墓向、葬式、坑道、棺椁、隨葬器等部分。考古學家對墓葬的研究課題之一便是墓主的身分，因此在考古報告中，必然對墓主的身分有所交待，本文由以下幾本具有總結性質的著作〔註11〕中考察西周的墓葬制度，這幾本書是：《商周考古》〔註12〕、《新中國的考古發現和研究》〔註13〕、《先秦喪葬制度研究》〔註14〕、《中國墓葬發展史》與《中國墓葬歷史

〔註10〕 楊寬：《西周史》（上海：上海人民出版社，1999 年 11 月）〈前言〉，頁 3。
〔註11〕 關於考古方面的著作很多，這些書在墓葬的研究及墓主身分的推定，大致上意見是相近的，在此只舉幾本爲代表。
〔註12〕 北京大學歷史系考古教研室商周組：《商周考古》，北京：文物出版社，1979 年 1 月。此書第三章「西周至東周初」就「分封制」和「宗法等級」做了探討。
〔註13〕 中國社會科學院考古研究所：《新中國的考古發現和研究》，北京：文物出版社，1984 年 5 月。此書第二章「商周時代」的第二個部分「西周時期」對於考古的發現有詳細的整理。
〔註14〕 李玉潔：《先秦喪葬制度研究》，鄭州：中州古籍出版社，1991 年 10 月。本書

圖鑑》〔註15〕、《古代中國青銅器》〔註16〕、《新中國考古五十年》〔註17〕、《黃河中下游地區的東周墓葬制度》〔註18〕。

上揭研究指出墓主的身分如：「貴族」、「諸侯」、「卿大夫」、「族長」、「家長」、「小奴隸主」、「自由民」、「平民階級」等。本論文的關注點在於貴族階層的細部劃分對應在制度上的差異，而上揭研究呈現的身分都是大範圍的區別，能提供的要點有限，下面將與本論文議題較具關聯的意見擇列如下：

《商周考古》將墓分為四級：「大型墓（32～95平方米）」〔註19〕、「中型墓（30平方米以下，最小的10平方米）」〔註20〕、「中小型墓（10平方米以下，有的只有5平方米）」〔註21〕、「小型墓（4至5平方米以下）」〔註22〕。並且對列鼎做了探究：「九鼎是當時最大的一類墓，從其埋葬的規格，足以說明這些墓主人是當時最大的貴族」〔註23〕、「七鼎墓和五鼎墓……他們大概都是當時卿大夫一類的中等貴族，這兩種墓可以歸併為一個大的等級……兩者也還存在一定的差別，可見他們之間也還稍有高下之分。」〔註24〕、「三鼎墓……他們的地位應該是在中等貴族之下的；大概相當於士之類的末流貴族身分。」〔註25〕如此將墓葬分級，在當前所見有關西周考古的說法中，具有主流的地位。

第五章「周王朝及其諸侯國的墓葬文化」，對西周王朝及諸侯國的葬墓制度做了歷史文化上的詮釋。

〔註15〕葉驍軍：《中國墓葬發展史》，蘭州：甘肅文化出版社，1994年5月。本書第二編第三章、第四章對西周墓葬有扼要的分類與論述。

葉驍軍：《中國墓葬歷史圖鑑》，蘭州：甘肅文化出版社，1994年5月。本書和《中國墓葬發展史》內容相同。

〔註16〕朱鳳瀚：《古代中國青銅器》，天津：南開大學出版社，1995年6月。本書第十一章「西周青銅器」將出土青銅器的西周墓葬加以整理，重心在銅器分期斷代，而對墓葬也有卓見。

〔註17〕文物出版社：《新中國考古五十年》，北京：文物出版社，1999年9月。本書分省分介紹各地考古成果。

〔註18〕印群：《黃河中下游地區的東周墓葬制度》，北京：社會科學文獻出版社，2001年10月。本書雖以研究東周時代為主，但在溯源上對西周墓葬制度也多有論述。

〔註19〕北京大學歷史系考古教研室商周組：《商周考古》，頁197。

〔註20〕同上註，頁198。

〔註21〕同上註，頁200。

〔註22〕同上註，頁202。

〔註23〕同上註，頁206。

〔註24〕同上註，頁210。

〔註25〕同上註，頁212。

　　李玉潔女士的研究指出：「諸侯墓葬，如按三《禮》（包括《周禮》、《禮記》、《儀禮》）所載，應該有墓道，葬具爲一椁三棺，而實際情況卻不是。」〔註26〕「西周中期，列鼎的形式已經出現了，但還沒有成爲普遍形式，更沒有形成等級。」〔註27〕「周的用鼎制度較爲複雜，按照貴族等級貴賤、貧富差異、祭祀宴享的規模而使用不同的用鼎規格。」〔註28〕提出貧富差異對用鼎數量的影響，有助於思考墓葬制度中鼎的數量與身分的關聯性。

　　朱鳳瀚先生指出：「銅鼎的件數多少與墓室面積大小有一定關係。……銅禮器的多少與墓室面積并非有絕對關係。」〔註29〕「晉國至遲自西周中期初始即已實行一定的鼎簋相配制度……五鼎四簋之制施用於諸侯一級也爲用鼎制度的研究提出了前所未知的新問題。」〔註30〕這裡對鼎就墓室及鼎簋制做了考察，不管是先秦考古或是文獻對於鼎的數量都賦予身分的象徵性，朱先生提到的五鼎四簋施用諸侯，在學術界仍有爭論，以三座晉侯墓來看：M91爲七鼎五簋、M64爲五鼎四簋、M93爲五鼎六簋，這樣的分歧，可能和該位晉侯與周王室的關係（如是否任職於王朝）、晉地的經濟能力、用鼎制度的客觀情形有關。

　　不過本文認爲有一點是可以考量的：在同一地區，鼎數的多寡是可以做爲彼此身分高低判定的依據，如晉國國君（侯）大致上是五鼎，那麼同時期的晉大夫的鼎數就應在五鼎以下。周中央的卿事、大夫或畿內封伯他們的用鼎狀況，可以就同一個時期來考察（避免因不同時期的資料混編，以致情況紛然），這在將來應該是繼續關注的專題。

　　印群先生指出：「同爲諸侯，晉侯、衛侯、燕侯的墓道數目卻不同，晉侯皆爲單墓道，衛侯爲雙墓道，燕侯的墓道卻可多至四條，這反映出關於諸侯墓道的數量在西周時并無嚴格的制度。……西周時期墓道的數量并不是墓葬等級的嚴格標誌……所以西周時期『羨道』的數量并未體現出嚴格的等級。」〔註31〕、「不過，西周時黃河中下游地區凡有墓道者，皆爲大貴族，其中以諸侯居多，一般貴族是沒有此項待遇的，至於平民就更不可能，在這方面的確

〔註26〕李玉潔：《先秦喪葬制度研究》，頁182。
〔註27〕同上註，頁188。
〔註28〕同上註，頁193。
〔註29〕朱鳳瀚：《古代中國青銅器》，頁758。
〔註30〕同上註，頁803。
〔註31〕印群：《黃河中下游地區的東周墓葬制度》，頁119～120。

是很嚴格的。」〔註32〕、「該墓地（北趙晉侯墓地）的西周中晚期葬具在大小尺寸方面已形成統一的規制，身份地位相同的墓主在棺椁的大小上也基本上一致。不過，在棺椁重數方面似乎尚未形成較嚴格的制度，身份相同者的棺椁重數未必相同，而且可能差異較大。」〔註33〕另外，印先生也討論了列鼎制度，認爲用鼎制度以昭王爲界，列鼎出現於西周中期，最早見於陝西寶雞茹家莊㢡伯墓，但到西周晚期仍「不很統一」、「尚未成熟」。〔註34〕在編鐘和編磬方面，他認爲「與墓主身分等級有一定的關係，而且是基本見於身份較高的男性貴族墓中」。〔註35〕「當時（西周）的確存在著與貴族等級相對應的隨葬車馬制度，墓主身份與隨葬車馬數的對應關係比商代更清晰，即是說從諸侯至士一級，隨葬車數由 7 乘至 1～3 乘，駕車馬數一般由駕 4 馬、驂 2 馬降到駕 2 馬。可見隨葬車數和駕車馬數皆有明確的差別，等級構成更複雜。」〔註36〕在印先生的文章中，認爲諸侯是 7 乘，「士級小貴族」是 1～3 乘，這一點尙可討論，以晉侯墓地來看，印先生所謂的諸侯 7 乘是指 M9 墓的現象，但是其他晉侯 M114 僅有 4 乘，M6、M91、M64 分屬三位晉侯的墓葬則僅有 1 乘，不出車乘的晉侯墓有 M1、M8、M93 三座，另外 M33 可能在 5 乘以上，這樣的現象說明即使是諸侯階級，每位晉侯隨葬的車數卻不一致，而且 7 乘的只有一例，這樣能否構成「明確、清晰」的認定是可以斟酌的。

由以上的整理，可以得出以下幾點與身分有關的考古現象：

1. 鼎數和墓地大小有關係。
2. 鼎數和身分有關係。
3. 棺椁和身分有關。
4. 有墓道的墓主多爲大貴族或諸侯。

這些「關係」，大多是指「有一定的關係」，而非「有固定對應的關係」，未能確定西周諸侯必然如何，大夫必然如何，因此就其大原則或可言之，至於細者則變數很大。

關於列鼎制度，傳世文獻有「天子九鼎、諸侯七鼎、卿大夫五鼎，元士三鼎」的說法，其重點在於數量，至於各鼎間的形制紋飾，則沒有清楚地說

〔註32〕同上註，頁 120。
〔註33〕同上註，頁 164。
〔註34〕同上註，頁 185～188。
〔註35〕同上註，頁 188～190。
〔註36〕同上註，頁 196。

明。郭寶鈞先生提出「一組銅鼎的形狀、花紋相似、只是尺寸大小依次遞減」
〔註37〕，於討論壽縣蔡侯墓時認爲「三鼎不成對，亦依次遞小。此爲列鼎又
一種排列」〔註38〕，俞偉超和高明先生提出列鼎「有的形制相若而非逐件大
小相次」、「有的雜取各鼎，相配成套」〔註39〕，林澐先生提出三點，茲移其
文於下：

1. 有關的文獻記載幾乎都是晚周的（不排除有的是秦漢的可能），
   而且相當片斷，有的缺乏明確性，有的互相矛盾。偶見西周銅器
   銘文，又常與書上記載抵牾。

2. 在考古上，尚未發現關於天子用鼎組合的任何直接證據。西周時
   代還不曾發掘到任何一座未經盜掘的大型墓，中型墓的材料也相
   當少。戰國時代的大型墓，也只有零星發現。只有春秋時代的大、
   中、小型各類墓葬稍爲齊全。上述資料只發表了一部分，發表的
   還有一部分語焉不詳。

3. 要把文獻資料和考古資料結合起來研究，則目前除了可以按形和
   紋飾一致（或基本一致）的原則確定列鼎之外，尚無其他共同遵
   循的客觀準則可用來對鼎進行用途上的分類和定性。

在這種情況下，任何一個研究者如試圖恢復周代用鼎制度的完整體
系，都不可能不包含許多推測和假設成分。〔註40〕

用鼎制度（列鼎制）的問題如林先生所述，對於明器、陶鼎、鬲鼎、䰝鼎、
湯鼎……等等的認定，在鼎數的計算上都是變數。

晉侯墓地的發掘，對用鼎制度提供了新的資料，學界發表文章甚多，關
於四代晉侯墓出土五鼎四簋（六簋），學界有不同的詮釋，孫華先生提出晉爲
「甸服偏侯」，爵卑貢重，使用大夫級的鼎制，是合乎身分的。〔註41〕李朝遠
先生提出以下的看法：

〔註37〕 郭寶鈞：《山彪鎮與琉璃閣》（北京：科學出版社，1959 年），頁 11～13、43、
　　　　 45。
〔註38〕 郭寶鈞：《商周銅器群綜合研究》（北京：文物出版社，1981 年），頁 87。
〔註39〕 俞偉超、高明：〈周代用鼎制度研究〉，《北京大學學報（哲學社會科學版）》
　　　　 1978：1、2；1979：1。
〔註40〕 林澐：〈周代用鼎制度商榷〉，《史學集刊》1990：3。又收錄於《林澐學術文集》
　　　　 （北京：中國大百科全書出版社，1998 年 12 月）。此處引文出自後者，頁 204。
〔註41〕 孫華：〈關於晉侯對組墓的幾個問題〉，《文物》1955：9。

侯墓中可以作爲組合的鼎數有減少的趨勢：從 M9 的七鼎五簋→M91 的六鼎四簋→M64 的五鼎四簋→M93 的五鼎六簋。與之相一致，夫人墓中可以作爲組合的鼎數也有減少的趨勢：從 M113 八鼎六簋→M13 的五鼎四簋→M92 的二鼎無簋→M31 的三鼎二簋→M62 的三鼎四簋→M63 的三鼎二簋→M102 的三鼎四簋。〔註42〕

從夫人墓鼎的葬數來看，M31 之前鼎的數量雖然較多，但形制不同，大小也不能完全相次，平常不一定列陳于宗廟，是爲隨葬時的拼湊型。而禮數的新制度，即鼎、簋的數量相對減少但鼎的形制相同大小相次、簋的形制大小相同的制度，可能固定自 M31。……M31 組的侯墓是 M8，M8 出土了五件晉侯穌鼎，説明晉侯墓中鼎制的規範化進程在 M8、M31 組時已經完成。如果此説不誤，那麼晉侯穌鼎可能只有五件。〔註43〕

總之，西周晚期晉侯墓群鼎的禮制葬數應該是：侯墓五鼎，夫人墓三鼎。〔註44〕

周亞先生提出不同的思考方向：

> 我認爲應該是一套列鼎自大而小是逐步遞減，每兩鼎之間的差距應該有一定的尺寸範圍的，并非只要鼎有大有小即成列鼎。〔註45〕

周先生將列鼎的資料加以匯整討論，論定工匠們在製作列鼎時，是在一定尺寸相近的範圍內遞減，由此推論晉侯穌鼎當是七件一套的列鼎：

> 現在再來探討晉侯蘇鼎第三、第四鼎之間尺寸的差距問題，這兩鼎之間的高度差距是 4.5 厘米，比其他各鼎間的差距要大，口徑差距是 6.1 厘米，也比其他各鼎間的差距要大許多。與上述列鼎的數據資料相比，這個差距顯然是不合理的。假設晉侯蘇鼎確爲五件一套的列鼎，第四鼎在製作時出現差錯，所以和第三鼎之間存在如此大的差距的話，我們將第三、第五鼎高度之間的 6.7 厘米差距除以 2，那麼第三、第四和第四、第五鼎高度之間的平均差距應該是 3.35 厘

〔註42〕 李朝遠：〈晉侯青銅鼎探識〉，收錄於上海博物館：《晉侯墓地出土青銅器國際學術研討會論文集》（上海：上海書畫出版社，2002 年 7 月），頁 435。

〔註43〕 同上註。

〔註44〕 同上註，頁 436。

〔註45〕 周亞：〈關於晉侯蘇鼎件數的探討〉，收錄於上海博物館：《晉侯墓地出土青銅器國際學術研討會論文集》（上海：上海書畫出版社，2002 年 7 月，頁 447。

米。這個數距比較前三鼎之間的高度差距，還是要大，恐怕未必合理，何況第四、第五鼎高度之間的 2.2 厘米的差距也與前三鼎之間的差距相近，表明第四鼎的高度差距是符合整套鼎的設計的。如果我們假設晉侯蘇鼎是七件一套的列鼎，缺失了第四、第五鼎，將現存的第四鼎作爲第六鼎來看，把第三、第六鼎高度之間的 4.5 厘米差距除以 3，則第三、第四，第四、第五和第五、第六鼎之間的平均差距是 1.5 厘米，這又比前三鼎和後二鼎之間的差距要小許多，這也未必合理。可如果依然以晉侯蘇鼎爲七件一套的列鼎，設想現存第四鼎應該爲第五鼎，那麼以第三和第五鼎之間 4.5 厘米的高度差距除以 2，則第三、第四和第四、第五鼎之間的平均高度差距是 2.25 厘米，這個數據是很接近現存前二鼎和後二鼎高度之間的差距了。但是，雖然按此設想各鼎之間的高度差距幾乎相等，可是由此卻只有六鼎，這顯然是不符合列鼎以奇數成列的原則。對此，我們大膽推測晉侯蘇鼎可能還缺了第一或第七鼎。如果是前者，那麼現存的晉侯蘇鼎可能缺失了第一、五鼎，如果是後者，則應該缺失了第四、七鼎。〔註46〕

李朝遠先生認爲晉侯用鼎自 M8 以前就是五鼎制，周亞先生設論晉侯蘇配用七鼎。M8 墓主很可能就是晉獻侯穌，也就是說兩位先生對於晉侯的用鼎數量存有歧見。當然五鼎制在整個晉侯墓地有更多的實例，由夫人三鼎來推，晉侯當高於夫人一級，所以五鼎說的成立性較高。西周晚期，周王朝的重臣克（〈大克鼎〉與〈小克鼎〉的器主）〔註47〕用七鼎（但與周亞先生認定爲列鼎有出入），西周晚期的虢國墓地 M2001 出土的虢季鼎也是七件（標準的列鼎），這樣的現象或許能以虢季爲王之卿事（公爵）配七鼎，而晉侯穌爲侯爵所以用五鼎來說明，但是西周中晚期的侯伯用鼎數是否固定爲五鼎，還是晉侯是五

〔註46〕同上註，頁 450～451。

〔註47〕克器在斷代上，《殷周金文集成》以爲西周晚期（〈克鐘〉00204-00208、〈克鎛〉00209、〈大克鼎〉02836、〈小克鼎〉02796-2802）；王世民、陳公柔、張長壽合著《西周青銅器分期斷代研究》（北京：文物出版社，1999 年 11 月）將〈小克鼎〉定爲夷屬之世（頁 31～32）、〈克鐘〉定爲西周晚期前段，約當屬王前後（頁176）；劉啓益先生斷其時代於屬王世（《西周紀年》，廣州：廣東教育出版社，2002 年 4 月，頁 371）；唯《商周青銅器銘文選》將克器（〈克鐘〉、〈大克鼎〉、〈小克鼎〉）皆定爲孝王，屬西周中期（第三卷，頁 212～217、222～223）。以今日銅器斷代研究成果，足定克器爲西周晚期器，時代當在屬王世。

鼎（其他侯伯不一定），目前還是未能確說的。

由以上的匯整與探討，不難發現當前西周考古的成果對於身分層級的研究有輔助的功能，但本論文欲細分身分等級，目前考古的研究有助於肯定身分不同，墓地面積、墓道、棺椁、鼎數、編樂（鐘與磬）等因身分等級而有不同，但其精細而確定的對應關係，仍然不夠精確而固定。因此，就銅器銘文內容來探討仍然為本文取材與方法上的首要考量。

第三節　論文構架

本文共分五章，前後兩章分別是緒論和結論，因此中心部分是二至四章，第二章是資料的整理和分析，第三章和第四章其實是兩個子題：賞賜物、身分。這個兩子題自成獨立論述而又具有關聯性，分別扣著物與人這兩個賞賜銘文的要素，至於「時」的探討，則在各章節討論中呈現出來。下面將各章的內容安排和提要說明如下：

■題目：西周銅器銘文所載賞賜物之研究——器物與身分的詮釋

●緒論

第一章：緒論

本章分為三節，說明研究的動機和目的、範圍與方法、論文的架構。並於第二節整理當前西周考古在身分等級上的意見。

●中心部分

第二章：資料的選擇與分析

本章分為三節，將文獻資料分為傳世古籍和銅器銘文兩類。所謂的文獻即指文字記錄的資料，所以銅器銘文也歸入文獻。

本論文在傳世古籍的選取上是以先秦資料為限，有關西周的文獻不多，基於禮的因革，將春秋的部分資料加以參酌。先秦古籍以《書》、《詩》、《春秋》三傳、三禮、《國語》為主。銅器銘文的部分收到 2003 年底所公布的為限。本章所有的資料都分冊命賞賜和非冊命賞賜來整理。第二節就銅器銘文分析了各種賞賜物間的成套現象。

要補充說明的是：本章將傳世古籍放在第一節，將銅器銘文放在第二節，這樣的安排並不是認為傳世古籍的可信度高或較具重要性，而是尊重前人認知西周冊命賞賜禮制是經由傳世的古籍而來，所以本文採取這樣的順序。本

文對於傳世古籍與銅器銘文是採取並重的態度。

◎專題一：器物

第三章：賞賜物之研究

本章是以銘文中記錄的冊命賞賜物為探討對象，分為三節。

第一節就學界對賞賜物的考釋所提出的不同意見，加以剖析探究，選定：「冂」、「哉衣」、「載市」、「⊗」、「黃與亢」、「牙樊」、「鞞鞍」、「非余」、「奉喜較、奉緙較」、「商斳」、「叓」、「金甬」、「金簟弼」、「戈琱葳冟必彤緟」、「賮、遺」十五項加以探究。

第二節探討賞賜物的成套現象與分期，對服飾和車馬兩大類仔細考察分析，說明在西周早中晚各期的情況，及其演變的實情。

第三節對賞賜物的等級加以研究，就服飾（衣、市、黃）、車馬器、鑾旂、弓矢四個部分各別剖析，列出等級表。

◎專題二：身分

第四章：身分──爵位與職官

爵位和職官是身分的兩大要素。

本章第一節乃就西周爵位的等級加以探討，認為貴族階層可細分為四級：諸侯（公、侯伯）兩級、大夫一級、士一級，而銘文中的卿事（士）是指王室的重要輔政大臣，爵位為公。士為貴族的底層，在周王親自冊命的銘文中，受賜者的爵位應該都在大夫以上。

第二節是西周職官等級的研究，擇要地探討了「卿事寮、大史寮、參有嗣（嗣土、嗣馬、嗣工）」、「師」、「膳夫」、「嗣士」等。並對所探討的職官列出與賞賜物相應的等級表。

第三節為身分的等級，綜合爵位和職官與賞賜物的等級，對冊命賞賜銘文的受賜者的身分加以擬測，以闡明「賞賜物」與「受賜者」（物與人）的關係。

●結　論

第五章：結　論

本章除了將各章研究的重要結論呈現出來，也對文獻的「命服」和銘文中的使用情況做了說明，並且提示銘文中的特殊的褒榮之賜。對於賞賜的政治意義於此章亦有論述。

第二章　資料的選擇與分析

　　與本論題相關的文獻資料可以區分爲「傳世古籍」和出土的「銅器銘文」兩類。賞賜禮制包涵面很廣，若依賞賜緣由來區別，可分爲因冊命禮而賞賜與非冊命禮賞賜兩大類〔註1〕（如下圖）。

　　本章第一節先就傳世古籍中有關「冊命」與「非冊命」兩類賞賜做匯整和分析；第二節就銅器銘文有關「冊命」與「非冊命」兩類賞賜做交互整理與分析探討；第三節乃將前兩節整理的成果加以分類與排比。

　　在研究冊命制度的過程中，前人最初的認識主要是由傳世古籍而來，宋代因古器物學勃興，於是開始由金文來認識冊命，但是對傳世文獻的重視仍超過金文資料。所以在章節安排上，第一節是以傳世文獻爲主，這是對研究史的尊重，因此銅器銘文的分析置於第二節。本文在研究上，對傳世古籍和銅器銘文都非常重視，但銅器銘文是第一手信史資料，所以當傳世古籍和銅器銘文有歧異時，則以銅器銘文爲採證的主體。

　　本章所探討的文獻資料分類的概念，可以右圖表現：

　　傳世古籍對於西周制度（官制、禮制）及史事的記錄相當有限〔註2〕，

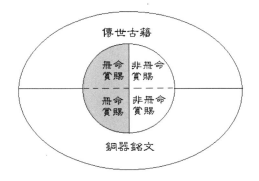

〔註1〕在賞賜銘文中，賞賜原因是「冊命」與「軍功」的，明顯有較多的實例，尤其是「冊命」，所以可以將賞賜銘文分爲「冊命」與「非冊命」兩部分。

〔註2〕或許《周禮》一書所記載容有西周制度，但是該書內文對時代分期沒有可爲憑藉者，後人的研究認爲此書爲戰國儒生所編撰，即使如此，對於此書所載

今所見者或爲西周原來史料流傳至後世，或爲後人追述者，在探索上，史料流傳有訛奪的問題必須留意，而對追述的記載則尤應判別眞贋。

關於西周冊命賞賜，又因文獻所載有限，故本章將探索範圍延至春秋，禮有因有革，春秋之禮或與西周有所殊異，然春秋之禮監於西周之禮，猶有足爲徵驗者。〔註3〕因此對於傳世古籍的取用則下延到記錄春秋之世的資料，先秦古籍中成書於戰國者，若記錄西周、春秋之賞賜制度者，亦加以整理，「所謂下延到記錄春秋之世者，乃就記錄內容而定，非謂成書時代。」至於本文在銅器銘文的取材，仍以西周時代爲限。

第一節　傳世古籍中的賞賜資料

本節在結構上分爲兩個部分，（甲）「冊命賞賜部分」和（乙）「非冊命賞賜部分」。每個部分再細分爲幾個小類來分析：如「書經的記載」、「詩經的記載」、「春秋經傳的記載」、「三禮的記載」、「國語的記載」。

《書》與《詩》所載西周到春秋早期的賞賜與冊命制度，可視爲重要實例，提供了直接的資料，因此本文先就此探討。《春秋》三傳中《左傳》所載史事，可視爲春秋時期重要實例；《周禮》、《儀禮》、《禮記》的記載重在原則性的陳述，和《書》、《詩》、《春秋》經傳的性質是不同的，這正好提供研究者原則和實例的相互參驗。

（甲）「冊命賞賜部分」

在傳世文獻的取材上，本文直就各典籍原文探取，凡是典籍原文可以得知爲冊命賞賜者，爲首要收錄對象，能由典籍原文推知賞賜物和受賜者身分的資料，亦爲本章節探討的內容。在此原則下，《書經》選出四篇，《詩經》選出四首，皆爲能明確認定與冊命有關者，至於其他篇章，則於本論文討論時各別引用。

制度的時代，在認識上仍是片面的。制度有其因革，所以《周禮》一書或許保留西周的制度，只是西周到成書的戰國，時代已遠，其間的變化與實質內涵是當前不易釐清的。

〔註3〕事實上，從西周的到春秋，制度有其延續性，前人或以爲春秋禮制崩壞，這樣的看法恐未全面，就「周禮」而言，春秋對於西周傳下來的制度仍有繼承和變動，本文認爲所謂的「周禮崩壞」，當視個別制度來說，周禮的變化是一直進行著。

壹、書經的記載

　　《書經》對於冊命的文誥，保留的有〈康誥〉、〈酒誥〉、〈梓材〉與〈文侯之命〉四文，極有參考價值；另有偽《古文尚書》中的〈微子之命〉、〈蔡仲之命〉、〈君陳〉、〈畢命〉、〈君牙〉與〈冏命〉六篇，然真偽有問題。

　　關於〈康誥〉、〈酒誥〉、〈梓材〉三文，《書序》云：「成王既伐管叔、蔡叔，以殷餘民封康叔，作〈康誥〉、〈酒誥〉、〈梓材〉。」關於此事，《史記・衛康叔世家》記載：「周公旦以成王命興師伐殷，殺武庚祿父、管叔，放蔡叔，以武庚殷餘民封康叔為衛君……周公旦懼康叔齒少，乃申告康叔曰：必求殷之賢人君子長者……告以紂所以亡者，以淫於酒。酒之失，婦人是用，故紂之亂自此始！為〈梓材〉，示君子可法則。故謂之〈康誥〉、〈酒誥〉、〈梓材〉以命之。」若依《史記》則此為周公旦對康叔封衛所誥，〈康誥〉為冊命文誥，而另兩篇則為叮嚀治理之事。然此三文對於賞賜物未有提及，其所賜物見於《左傳・定公四年》（詳後）。

　　〈文侯之命〉為《尚書》一書中最重要而完整的傳世冊命文獻，對於賞賜物的研究，亦提供很重要的資料。其全文如下：

> 王若曰：「父義和！丕顯文武，克慎明德，昭升于上，敷聞在下；惟時上帝集厥命于文王。亦惟先正，克左右昭事厥辟，越小大謀猷，罔不率從。肆先祖懷在位。嗚呼！閔于小子嗣，造天丕愆；殄資澤于下民，侵戎我國家純。即我御事，罔或耆壽俊在厥服，予則罔克。曰惟祖惟父，其伊恤朕躬。嗚呼！有績，予一人永綏在位。父義和！汝克昭乃顯祖，汝肇刑文武，用會紹乃辟，追孝于前文人。汝多修，扦我于艱；若汝，予嘉。」王曰：「父義和！其歸視爾師，寧爾邦。用賚爾秬鬯一卣；彤弓一，彤矢百；盧弓一，盧矢百；馬四匹。父往哉！柔遠能邇，惠康小民，無荒寧，簡恤爾都，用成爾顯德。」

關於〈文侯之命〉，此處要討論的有兩點：其一、文侯是晉文侯仇還是晉文公重耳。其二、本文所賜物。

（一）問題一：〈文侯之命〉受賜者

　　《書序》云：「平王錫晉文侯秬鬯圭瓚，作〈文侯之命〉。」是《書序》認為受賜者是晉文侯，事在周平王之時。然而《史記・晉世家》有一段文字：「文公五年……五月丁未，獻楚俘於周，駟介百乘，徒兵千。天子使王子虎命晉侯為伯，賜大輅，彤弓矢百，旅弓矢千，秬鬯一卣，珪瓚，虎賁三百人。

晉侯三辭，然後稽首受之。周作〈晉文侯命〉：『王若曰：父義和……』」是司馬遷認爲〈文侯之命〉爲周襄王賜晉文公重耳的命辭，而劉向《新序‧善謀》同之。其間重要的差異是人物的差異（自然時間也不同），《書序》認爲周平王賜晉文侯，《史記》認爲周襄王賜晉文公。

要解決這個問題自然得由〈文侯之命〉正文入手，「父義和」、「嗚呼！閔于小子嗣」、「侵戎」、「賞賜物（秬鬯一卣；彤弓一，彤矢百；盧弓一，盧矢百；馬四匹）」等都是提供判斷的標準。

關於「父義和」，受賜者「義和」，而文侯名仇，文公名重耳，孔傳云：「義和，字也。稱父者非一人，故以字別之。」而孔穎達正義云：「《左傳》以文侯名仇，今呼曰『義和』，知是字也。天子於同姓諸侯皆呼爲『父』，稱『父』者非一人，若不稱其字，無以知是文侯，故以字別之。鄭玄讀『義』爲『儀』，儀、仇皆訓匹也，故名仇，字儀。古人名字不可皆令相配，不必然也。」就理來推，訓義和爲字，是合宜的，無論如何，義和與仇的詞義關聯，是勝於與重耳的關聯。

「小子嗣」於平王繼幽王被殺後即位的情況相合，若爲襄王則不合了，襄王二十一年冊命晉文公爲伯，一個即位二十一年的周天子，不宜再自稱小子了。

「侵戎」，屈萬里先生《尚書釋義》云：「被侵於犬戎也。」〔註4〕其說甚是，若視爲晉文公事，則襄王出奔鄭，乃王子帶與狄師攻襄王，與冊命晉文公已隔四年。故「侵戎」一詞，足證爲平王之事。

關於賞賜物，《左傳》僖公二十八年載晉文公受賜：「賜之大輅之服、戎輅之服，彤弓一，彤矢百，玈弓矢千，秬鬯一卣、虎賁三百人。」有所出入。

另外，有一重要旁證：《國語‧鄭語》云：「晉文侯於是乎定天子。」

因此，〈文侯之命〉一文所載人物爲晉文侯仇，而時代爲周平王之時。

（二）問題二：賞賜物：「秬鬯一卣；彤弓一，彤矢百；盧弓一，盧矢百；馬四匹」

《書序》雖未說此爲冊命之文〔註5〕，孔傳云：「平王命爲侯伯。」孔穎達正義補充：「平王乃以文侯爲方伯，賜其秬鬯之酒，以圭瓚副焉，作策書命之。史錄其策書，作〈文侯之命〉。」又引王肅說：「幽王既滅，平王東遷，

〔註4〕屈萬里：《尚書釋義》（臺北：中國文化大學出版部，1980年8月），頁201。
〔註5〕《史記‧晉世家》誤以本文乃周襄王冊命晉文公爲伯之文書，故不可引以證此爲冊命之文。

晉文侯、鄭武公夾輔王室，晉〔註6〕為大國，功重，故平王命為侯伯。」是前人已認定此為冊命之文。認定此篇為冊命之文，這對於賞賜物的研究就提供了重要的線索。

這裡的賞賜物可分為三大項，第一項是「秬鬯一卣」；第二項是「弓矢」（彤與盧兩類，弓各一，矢各百）；第三為馬匹。

正文中對賞賜物的交待就是這樣，在冊命中常見命服，而此處未有提及；常見賞賜輅車，此只言馬四匹。這兩點是值得留意的現象。

另一個問題在於《書序》云：「平王錫晉文侯秬鬯圭瓚」，秬鬯之賜是特別身分的貴族才有的，所以《書序》特別提及，至於「圭瓚」，〈文侯之命〉正文並未提及，那麼是賜秬鬯者必含有圭瓚之賜呢？還是《書序》羨衍「圭瓚」二字呢？

圭瓚之物，在考古發掘的文物中未見有自名者，孔注於《書序》此處注云：「以圭為杓柄，謂之圭瓚。」孔穎達正義云：「賜其秬鬯之酒，以圭瓚副焉」、「『圭瓚』者，酌鬱鬯之杓，杓下有槃，『瓚』即槃之名也；是以圭為杓之柄，故謂之『圭瓚』。」

在經書及注疏中不乏對「圭瓚」的記載，孔安國注及孔穎達正義自是有其依據，〈文侯之命〉經文未言及圭瓚，而孔注云：「不言圭瓚，可知。」依注疏之意，賜秬鬯一卣，必賜圭瓚，也就是晉文侯受賜物中有秬鬯一卣含圭瓚。

梅賾《古文尚書》已為前人論定為偽書，其中六篇文獻：〈微子之命〉、〈蔡仲之命〉、〈君陳〉、〈畢命〉、〈君牙〉與〈冏命〉，多由其他古籍抄改拼成，學術價值不高，在此不予討論。

貳、詩經的記載

《詩經》一書中涉及器物與身分的詩為數不少，如〈鄭風・緇衣〉、〈唐風・羔裘〉、〈秦風・小戎〉、〈秦風・渭陽〉、〈豳風・狼跋〉、〈小雅・彤弓〉……等，本論文在探求上，以詩文中明確記錄身分與冊命相關的詩為主要探討對象，因而在此處討論四篇，其他的詩文在各章節討論時，也酌加引用。

〈小雅・采芑〉、〈大雅・韓奕〉、〈大雅・江漢〉、〈魯頌・閟宮〉四篇極

〔註6〕「晉」原作「者」，阮元《校刊記》：「宋板『者』作『晉』，按『者』字非也。」依之而改。

有參考價值，前兩篇記錄「命服」，尤其〈韓奕〉即為冊命賞賜的重要文獻，有助於探求身分與命服的關係，後兩篇有關「冊命封建」，都值得留意。

（一）〈小雅・采芑〉

〈小雅・采芑〉依〈詩序〉「宣王南征也」，孔穎達正義云：「謂宣王命方叔南征蠻荊之國。」此詩時代與背景清楚。此詩有幾句可為留意：「路車有奭，簟茀魚服，鉤膺鞗革。」、「服其命服，朱芾斯皇，有瑲蔥珩。」

路車依禮學家之說是天子之車，〔註7〕亦可賞於諸侯與大夫，方叔為卿士，故可乘路車。全詩中「服其命服」一句尤為重要，此詩雖非冊命之詩，之所以列入探討，乃是方叔著命服：「服其命服，朱芾斯皇，有瑲蔥珩。」與本詩第一章的「路車有奭，簟茀魚服，鉤膺鞗革。」這些句子所提到的器物具有身分等級的標示作用。此詩提供參證的器物有：車馬器（路車、簟茀、鉤膺鞗革）、矢服（魚服）、服飾（朱芾、蔥珩）。〔註8〕

（二）〈大雅・韓奕〉

> 奕奕梁山，維禹甸之。有倬其道，韓侯受命。王親命之：「纘戎祖考，無廢朕命。夙夜匪解，虔共爾位。朕命不易，榦不庭方。以佐戎辟。」
> （一章）
> 四牡奕奕，孔脩且張。韓侯入覲，以其介圭，入覲于王。王錫韓侯，淑旂綏章，簟茀錯衡，玄袞赤舄，鉤膺鏤錫，鞹鞃淺幭，鞗革金厄。

〔註7〕 《周禮・巾車》：「掌王之五路」、《禮記・郊特牲》：「諸侯之宮縣……乘大路，諸侯之僭禮也。」、《禮記・明堂位》：「是以魯君孟春乘大路……天子之禮也。」鄭玄注《儀禮・覲禮》：「路謂車也。凡君所乘車曰路。」然據《左傳》襄公十九年周王賜晉侯、襄公二十四年周王賜穆叔、襄公二十六年鄭伯賞子展、子產，皆有路車之賜，故可知路車亦為大夫所用。

〔註8〕 關於這段文字，茲擇其重要注疏如下：
毛亨傳：「鉤膺，樊纓也。」、「朱芾，黃朱芾也。」
鄭玄箋：「茀之言蔽也，車之蔽飾，象席文也。魚服，矢服也。鞗革，轡首垂也。……命服者，命為將，受王命之服也。天子之服，韋弁服，朱衣裳也。」
孔疏：「其車以方文竹簟之席為之蔽飾。其上所載，有魚皮為矢服之器。其馬婁領有鉤，在膺有樊纓之飾，又以鞗皮為轡首之革而垂之。」、「言方叔為將，既率戎車，將率而行，乃乘金車，以朱纏約其轂之軝，錯置文彩於車之上。衡車行動，其四馬八鸞之聲瑲瑲然；其身則服其受王命之服，黃朱之芾於此煌煌然鮮美；又有瑲瑲然之聲，所佩蒼玉之珩。」、「以言『斯皇』，故知黃朱也。〈斯干〉箋曰：『天子純朱，諸侯黃朱。』皆朱芾。……三命以上皆蔥珩也，故云：『三命蔥珩』，明至九命皆蔥珩也。」

（二章）

韓侯出祖，出宿于屠。顯父餞之，清酒百壺。其殽維何？炰鱉鮮魚。其蔌維何？維筍及蒲。其贈維何？乘馬路車。籩豆有且，侯氏燕胥。（三章）

韓侯取妻，汾王之甥，蹶父之子。韓侯迎止，于蹶之里。百兩彭彭，八鸞鏘鏘，不顯其光。諸娣從之，祁祁如雲。韓侯顧之，爛其盈門。（四章）

蹶父孔武，靡國不到。爲韓姞相攸，莫如韓樂。孔樂韓土，川澤訏訏。魴鱮甫甫，麀鹿噳噳。有熊有羆，有貓有虎。慶既令居，韓姞燕譽。（五章）

溥彼韓城，燕師所完。以先祖受命，因時百蠻。王錫韓侯，其追其貊，奄受北國，因以其伯。實墉實壑，實畝實藉。獻其貔皮，赤豹黃羆。（六章）

關於此篇，〈詩序〉云：「尹吉甫美宣王也。能錫命諸侯。」孔穎達正義：「尹吉甫所作，以美宣王也。美其能錫命諸侯，謂賞賜韓侯，命爲侯伯也。」其實這是一首美韓侯的詩，其時代依〈詩序〉所言爲宣王世。〔註 9〕

由詩文中可知王冊命韓侯，並有賞賜，由王親命「纘戎祖考，無廢朕命。」可知是命其襲父祖之位，而詩第六章云「以先祖受命，因時百蠻。王錫韓侯，其追其貊，奄受北國，因以其伯。」則是以韓控北方外族，韓侯先祖則爲周北方捍衛，今周王再重申此命，而「因以其伯」一句，是命其爲伯之意，因此前人注疏以「侯伯」稱此冊命。此詩提及王賜命服爲：「淑旂綏章，簟茀錯衡，玄袞赤舄，鉤膺鏤鍚，鞹鞃淺幭，鞗革金厄。」〔註 10〕而與身分有關的

〔註 9〕關於此詩是否爲周宣王時代所作，或有異說，如朱熹《詩集傳》駁〈詩序〉之說，「〈序〉以爲尹吉甫作，今未有據」（卷十八，頁 28～29）。學術貴在能疑，然而若不能明確指出舊說之誤，仍不宜改動舊說。本文仍依〈詩序〉。

〔註 10〕關於這些器物，茲擇其重要注疏如下：
毛亨傳：「交龍爲旂。綏，大綏也。錯衡，文衡也。鏤鍚，有金鏤其鍚也。鞹，革也。鞃，軾中也。淺，虎皮淺毛也。幭，覆式也。厄，烏蠋也。」
鄭玄箋：「王爲韓侯以常職來朝享之故，故多錫以厚之。善旂，旂之善色者也。綏，所引以登車，有采章也。簟茀，漆簟以爲車蔽，今之藩也。鉤膺，樊纓也。眉上曰鍚，刻金飾之，今當盧也。鞗革，謂轡也，以金爲小環，往往纏搤之。」
孔穎達正義：「毛以爲上言王命韓侯，乃由朝而得命，故又本其來朝并言所賜

尚有「乘馬路車」〔註11〕、「介圭」、「八鸞」。而贈韓侯「路車」者爲顯父，顯父今不可考，然而由詩知屠爲其封地，顯父的身分可能是內服諸侯，顯父可贈韓侯以路車，足見路車爲諸侯身分所可用，而顯父得以路車爲贈，也提供思索的方向。

依此詩，可將器物分類如下：

分　類	冊　命　所　賜
車馬器	路車、乘馬、八鸞、簟茀、錯衡、鉤膺、鏤錫、鞹鞃、淺幭、鋚革〔註12〕、金厄

之物。言四牡之馬奕奕然，其形甚長而且高大。韓侯在道乘之，將以入而朝覲也。既行到京師，乃以其所執之大圭入行覲祇而見於王。言其朝覲之得祇也。王於是錫賚韓侯，以美善所畫交龍之旂，而建旂之竿其上又有大綏以爲表章，以方文漆簟爲車之蔽，錯置文采爲車之衡。又賜身之所服以玄爲衣，而畫以袞龍，足之所履配以赤色之舄。馬則有金鉤之飾，其膺亦有美飾，謂樊纓也。又以鏤金加於馬面之錫，又以皮革鞃於軾中，虎皮淺毛幭覆其軾，鋚皮爲鑾首之革，此革之末以金飾之，如蚩蟲。言韓侯有得，見命而受此厚賜也。」、「鄭以爲四牡高大者，韓侯乘之以入京師，行朝覲之禮既畢，乃以其國所有寶玉大圭復入而享覲於王，言以常職來朝，依禮貢獻也。又以綏章爲上車所引之綏，有采章金厄爲小環纏搤之，以此爲異。餘同。」、「然則綏者，即交龍旂竿所建，與旂共一竿，爲貴賤之表章，故云『綏章』。王肅云：『章所以爲表章』是也。《說文》云：『鞹，革也。』是鞹者，去毛之皮也。軾者，兩較之間，有橫木可憑者也。鞃爲軾中蓋，相傳爲然。言鞹鞃者，蓋以去毛之皮，施於軾之中央，持車使牢固也。幭字《禮記》作『幦』，《周禮》作『幎』，字異而義同。〈玉藻〉言『羔幦、鹿幦』，〈春官・巾車〉言『犬幎、豻幎』，皆以有毛之皮爲幦。此云『淺幭』，則以淺毛之皮爲幭也。獸之淺毛者，唯虎耳，故知淺是虎皮。淺毛者，〈月令〉『其蟲倮』，注云：『虎豹之屬恒淺毛。』是虎爲獸中之最淺毛者也。」、「〈風〉有『子之清揚』，『抑若揚兮』，是揚者，人面眉上之名，故云『眉上曰錫』。人既如此，則馬之鏤錫，施鏤於揚之上矣。〈釋器〉云：『金謂之鏤。』故知刻金爲飾，若今之當盧。〈巾車〉注亦云『錫，馬面當盧，刻金爲之。』所謂鏤錫當盧者，當馬之額盧，在眉眼之上。……案〈巾車〉『玉路，錫，樊纓。金路，鉤，樊纓』，注云：『金路無錫有鉤。』計玉路非賜臣之物，此言鉤膺，必金路矣。而得有鏤錫者，蓋特賜之，使得施於金路也。〈釋器〉云：『鑾首謂之革。』故知鋚革謂鑾也。」

〔註11〕關於路車乘馬，茲擇其重要注疏如下：

鄭玄箋：「人君之車曰路車，所駕之馬曰乘馬。」

孔穎達正義：「〈采菽〉及此言乘馬路車，皆以賜諸侯，故知人君之車曰路車，所駕之馬曰乘馬。又〈巾車〉五路，止云『以封諸侯』，不以賜人臣。其卿大夫以下，則謂之服車。是人君謂之路車也。」

〔註12〕鋚革，即是鋚（鋚）勒，金文常見作「攸勒」，古籍多誤勒爲革。

服　　飾	玄袞、赤舄
旌　　旂	淑旂綏章〔註13〕
其　　他	介圭

（三）〈大雅・江漢〉

江漢之滸，王命召虎：「式辟四方，徹我疆土。匪疚匪棘，王國來極。
于疆于理，至于南海。」（三章）

王命召虎：「來旬來宣。文武受命，召公維翰。無曰予小子，召公是
似。肇敏戎公，用錫爾祉。」（四章）

「釐爾圭瓚，秬鬯一卣，告于文人。錫山土田，于周受命，自召祖
命」。虎拜稽首：「天子萬年！」（五章）

「虎拜稽首，對揚王休，作召公考。天子萬壽！明明天子，令聞不
已。矢其文德，洽此四國。」（六章）

〈詩序〉以爲「〈江漢〉，尹吉甫美宣王也。能興衰撥亂，命召公平淮夷。」
其中「召公是似」一句，毛傳云：「似，嗣。」是周王〔註14〕以嗣承召公來勉
勵召虎。此詩爲王命召虎征伐淮夷，並勸勉召虎能繼其先祖召康公奭之業，
王賜圭瓚與秬鬯一卣〔註15〕予召虎，而且也賜山土田。

〔註13〕 「淑旂綏章」當指旂上有圖紋。綏，毛傳以爲大綏，鄭箋云引以登車。又金
文中淑（叔、銤）用爲顏色字，所以不排除這裏的淑是顏色字。

〔註14〕 依〈詩序〉，召白虎是宣王時代人物，亦見於〈五年琱生段〉、〈六年琱生段〉
二器銘，研究銅器者多依〈詩序〉訂二器時代於宣王，然而亦有不同的意見，
《商周青銅器銘文選》（馬承源主編，北京：文物出版社，1986 年，頁 208～
209）訂二器在孝王時代，其主要依據爲曆法；劉啓益：〈共和時期器〉（《西
周紀年》，廣州：廣東教育出版社，2002 年 4 月，頁 411～412）認爲二器時
代在共和時期。本文認爲若就〈江漢〉來看召虎在征淮夷後才被冊命繼承召
公之爵，乃爲後人所稱召白虎，故其時代仍宜訂在宣王時代，就銘文來看亦
訂其時代爲宣王亦合。

〔註15〕 關於此處秬鬯，茲擇其重要注疏如下：
毛亨傳：「釐，賜也。秬，黑黍也。鬯，香草也。築煮合而鬱之曰鬯。卣，器
也。九命錫圭瓚、秬鬯。」
鄭玄箋：「秬鬯，黑黍酒也。謂之鬯者，芬香條鬯也。王賜召虎以鬯酒一罇，
使以祭其宗廟，告其先祖諸有德美見記者。」
孔穎達正義：「〈王制〉云：『三公一命袞，若有加則賜。』三公八命，復加一
命，乃始得賜，是圭瓚之賜，九命乃有，故云九命然後賜圭瓚、秬鬯也。」
「〈春官・鬯人〉注云：『秬鬯，不和鬱者。』是黑黍之酒即名鬯也。知者，
以鬯人掌秬鬯，鬱人掌和鬱鬯，明鬯人所掌未和鬱也，故孫毓云：『鬱是草名，

鄭箋云：「虎既拜而荅王策命之時，稱揚王之德美，君臣之言宜相成也。王命召虎用召祖命，故虎對王，亦爲召康公受王命之時對成王命之辭，謂如其所言也。如其所言者，『天子萬壽』以下是也。」已提出此與冊命（策命）有關，並且認爲詩文含冊命的命辭與答辭。

程俊英先生與蔣見元先生《詩經注析》歸納前人之見說：

> 朱熹提出詩詞同古器物銘「語正相類」。方玉潤乾脆認爲〈江漢〉就是「召穆公平淮銘器」。郭沫若在《青銅器時代》：「《大雅·江漢》之篇，與世存〈召伯虎簋〉銘之一，所記乃同時事。簋銘云：『對揚朕宗君其休，用作列祖召公嘗簋。』《詩》云：『作召公考，天子萬壽。』文例正同。」有人據此，認爲全詩都是簋銘，作者就是召虎。如果眞是這樣，對《詩經》的形成，青銅器銘文的文學性等諸問題都有很大的意義。〔註16〕

〈江漢〉詩文與銅器銘文的確有相似之處，然說其爲「召穆公平淮銘器」，似有過之，此詩仍維持詩的形式，六章中由第四章開始，王的命辭和召虎的謝辭與賞賜銘文句法相似，不過畢竟不是全篇皆與銘文相似。郭沫若先生指出「作召公考」和銘文「用作列祖召公嘗簋」相似，是很好的見解，詩文「考」字，毛傳釋爲「成」，依銘文句例來看，「考」字釋爲「孝」與銘文的文例較合。

此詩乃因事功而有冊命之賜，召虎平定淮夷而得宣王冊命與賞賜。所賜之物爲圭瓚、秬鬯一卣、山土田，王命其「召公是似（嗣），肇敏戎公，用錫爾祉」，這是勸勉也是冊命，他的身分應有提升。

（四）〈魯頌·閟宮〉

〈魯頌·閟宮〉一詩提到周初分封周公之子伯禽於魯之事，是有關冊命的詩：

> ……王曰「叔父，建爾元子，俾侯于魯。大啓爾宇，爲周室輔。」（二章）
>
> 乃命魯公，俾侯于東，錫之山川，土田附庸。周公之孫，莊公之子，

今之鬱金，煮以和酒者也。鬯是酒名，以黑黍和一秬二米作之，芬香條鬯，故名曰鬯。鬯非草名，古今書傳香草無稱鬯者。箋說爲長。』賜之鬯酒，令之祭祀，是使偏祭宗廟，特云『告于文人』，故知告諸有德美見記者。」

〔註16〕程俊英、莊見元：《詩經注析》（北京：中華書局，1999 年 10 月），下冊，頁910。

龍旂承祀，六轡耳耳，春秋匪解，享祀不忒。（四章）

詩中提到冊命分封，賞賜魯公「山川」、「土田」、「附庸」，而魯公得用龍旂。關於周初分封之事，《左傳》定公四年子魚所述最為詳細，關於魯國的內容是：「分魯公以大路、大旂，夏后氏之璜，封父之繁弱，殷民六族：條氏、徐氏、蕭氏、索氏、長勺氏、尾勺氏，使帥其宗氏，輯其分族，將其類醜，以法則周公，用即命于周，是使之職事于魯，以昭周公之明德，分之土田陪敦、祝、宗、卜、史，備物、典策、官司、彝器，因商奄之民，命以〈伯禽〉，而封於少皞之虛。」〈閟宮〉篇內容雖簡，也提供研究者冊命分封時的賞賜以山川土田為要，而魯公身分特殊，魯國祀周公得用天子之禮，龍旂之用，也是身分的一種象徵。

參、春秋經傳的記載

　　《春秋》經傳中，關於冊命賞賜的資料較多，本文將之分為三部分匯整，其一為「經文載明冊命者」；其二為「傳文載明冊命者」；其三為「傳文追述封國冊命者」。

一、經文載明冊命者

　　經文所載明冊命者，皆為周王派使者來賜魯公命，這和《春秋》一書的性質有關，《春秋》為魯史，所以經文所載冊命之事自然是與魯國有關的大事才記錄。

　　這方面的記錄有三條，受賜命的是魯桓公（莊公元年）、文公（文公元年）、成公（成公八年），而其他九位魯公皆未有記載受王錫命之事，《春秋》的性質是常事不書，這三條具有特例的性質。就受到冊命的三位魯公來看，桓公是死後才受冊命，而成公在即位八年才得到冊命。這三位受周王冊命的魯公是周王遣使至魯國舉行冊命禮，而不是魯公朝覲周天子。可見冊命禮在春秋已有變化，對周禮保留較多且重視禮制的魯國尚且如此，其他各國的情況不難想像。

　　這三件經文所載的冊命禮，其原文如下：

　　●春秋・莊公元年・經：王使榮叔來錫桓公命。〔註17〕

〔註17〕孔穎達正義：「《公羊傳》曰：『錫者何？賜也。命者何？加我服也。』又《詩・唐風・無衣》之篇，晉人為其君請命於天子之使，以無衣為辭，則王錫諸侯，當有服也。傳稱王賜晉惠公命，受玉惰。則王賜又有玉也。但賜諸侯以玉者，

公羊‧莊公元年‧傳：錫者何？賜也。命者何？加我服也。〔註18〕

穀梁‧莊公元年‧傳：禮有受命，無來錫命。錫命，非正也。生
服之，死行之，禮也。生不服，死追錫之，不正甚也。〔註19〕

●春秋‧文公元年‧經：天王使毛伯來錫公命。〔註20〕

左氏‧文公元年‧傳：王使毛伯衛來錫公命，叔孫得臣如周拜。

〔註21〕

穀梁‧文公元年‧傳：禮有受命，無來錫命，錫命，非正也。

●春秋‧成公八年‧經：秋七月，天子使召伯來賜公命。

欲使執而朝覲，所以合瑞。今追命桓公，若追命衛襄之比，此應褒稱其德，
賜之策書，或當有服，以表尊卑，不復合瑞，未必有玉也。《釋例》曰：『天
子錫命，其詳未聞，諸侯或即位而見錫，或歷年乃加錫，或已薨而追錫。魯
桓薨後見錫，則亦衛襄之比也。魯文即位見錫，則亦晉惠之比也。魯成八年、
齊靈二十三年乃見錫，隨恩所加，得失存乎其事。』言存乎其事者，觀其錫
之早晚，知恩之厚薄，觀其人之善惡，知事之得失。」

〔註18〕何休注：「上與下之辭。」、「禮有九錫：一曰車馬，二曰衣服，三曰樂則，四
曰朱戶，五曰納陛，六曰虎賁，七曰弓矢，八曰鈇鉞，九曰秬鬯，皆所以勸
善扶不能。言命不言服者，重命，不重其財物。禮，百里不過九命，七十里
不過七命，五十里不過五命。」

〔註19〕范寧注：「榮，氏；叔，字；天子之上大夫也。禮有九錫，一曰輿馬，二曰衣
服，三曰樂則，四曰朱戶，五曰納陛，六曰虎賁，七曰弓矢，八曰鈇鉞，九
曰秬鬯，皆所以褒德賞功也。德有厚薄，功有輕重，故命有多少。」
楊士勛疏：「釋曰：『九錫』者，出《禮緯》文也。此九錫與《周禮》九命異。何
休注《公羊》，既引九錫之文，即云『百里不過九命，七十里不過七命，五十里
不過五命』，其意以九錫即是九命也。今知何說非者，案〈大宗伯〉『以九儀之命，
正邦國之位，一命受職，再命受服，三命受位，四命受器，五命受則，六命賜官，
七命賜國，八命作牧，九命作伯』，其言與九錫不同，明知異也。……舊說解九
錫之名，一曰輿馬，大輅、戎輅各一，玄馬二也。二曰衣服，謂玄袞也。三曰樂
則，謂軒縣之樂也。四曰朱戶，謂所居之室朱其戶也。五曰納陛，謂從中階而升
也。六曰虎賁，謂三百人也。七曰弓矢，彤旅之弓矢也。八曰鈇鉞，謂大柯斧，
賜之專殺也。九曰秬鬯，謂賜秬鬯之酒，盛以圭瓚之中，以祭祀也。」

〔註20〕杜預注：「毛國，伯爵，諸侯為王卿士者。諸侯即位，天子賜以命圭合瑞為信。」
孔穎達正義：「僖二十四年傳有『原伯、毛伯』，杜云：『原、毛，皆采邑。』
此毛與彼計是一人而注不同者，此毛當時文王之子封為畿外之國，於時諸侯
無復有毛，或世事王朝，本封絕滅。從此以後，常稱毛伯，國名尚存，仍為
伯爵，必受得采邑，為畿內諸侯，故注彼云『采邑』，此云『國』也。封爵既
存，故云『諸侯為王卿士者』。」

〔註21〕杜預注：「衛，毛伯字。謝拜命。」
孔穎達正義：「知是字者，以天子公卿例書爵，不言名，大夫稱字，故毛伯雖
卿，或稱字。」

　　左氏・成公八年・傳：召桓公來賜公命。〔註22〕

這三則中，唯文公有遣使如周拜命的記載，其他未見，不知是未遣使如周，亦或失記。

　　《春秋》經文所載多簡略，而三傳對此記錄也甚簡，未載是否冊命時有何賞賜，雖後人注疏多有補充，然先秦文獻未有專對此三次冊命說明，而可為補充者，故本文謹錄經傳於此。

　　分析這三次，一次是追賜，一次是魯新君即位冊命，一次在魯君即位八年才冊命。三次冊命的時間：魯莊公元年即周莊王四年，魯文公元年即周襄王二十七年，魯成公八年即周簡王三年。

　　這裡有一處值得留意，《春秋》只記載周莊王四年追命魯桓公，此時魯桓公殂逝而魯莊公新君即位，周莊王只追命魯桓公，而未言及對魯莊公冊命，或是因為對莊公冊命乃常事，不書。

　　周王遣來魯國的使者分別是榮叔、毛伯、召伯。三者皆為周王室的累世公卿，見於西周金文者甚多：

　　榮叔（榮公）見於西周銅器銘文者如：西周中期〈衛殷〉04209－04212、〈同殷〉04270－04271載榮白右冊命之典、〈卯殷蓋〉04327載榮季右榮白冊命卯、〈裘衛盉〉09456、〈永盂〉10322亦皆載及榮白；西周中晚期〈雁庆見工鐘〉00107、〈康鼎〉02786載榮白右冊命之典；西周晚期〈弭伯師耤殷〉04257、〈輔師嫠殷〉04286載榮白右冊命之典、〈敔殷〉04323載獻俘于榮白之所。（西周晚期〈師訇殷〉04342載榮右冊命之典，此為摹本，榮為榮白的可能性極大）〔註23〕

　　毛伯（毛公）見於西周銅器銘文者如：西周中期〈孟殷〉04162載毛公征無需、〈班殷〉（穆王）04341載毛白、毛公；西周晚期〈此鼎〉02821載司徒毛叔右冊命之典、〈毛公鼎〉（宣王）02841載毛公層、〈毛伯殷〉04009載毛

伯翌父、〈鄴殷〉04296 毛白右冊命之典。

召伯（召公）見於銅器銘文者如：西周晚期〈豐白毛鬲〉00587 載豐白毛、〈六年召白虎殷〉04293 載召白虎。

榮叔、毛伯、召伯爲西周中晚期累世公卿，至春秋時期在周中央仍常爲其卿士。〔註24〕

二、傳文載明冊命事者

傳文載明冊命事者，主要有十二條，其中十一條見於《左傳》，一條見於《公羊傳》。

（一）王冊命諸侯

這十二條中有關王冊命諸侯（皆魯侯以外）的有六條：

■齊有關的三條：

《左傳》莊公二十七年＝周惠王十年＝齊桓公十九年

僖公九年＝周襄王二年＝齊桓公三十五年

襄公十四年＝周靈王十三年＝齊靈公二十三年

■與晉有關的兩條：

《左傳》僖公十一年＝周襄王四年＝晉惠公二年

僖公二十八年＝周襄王二十一年＝晉文公五年

■與衛有關的一條

《左傳》昭公七年＝周景王十年＝衛襄公九年

〔註24〕朱鳳瀚：《商周家庭形態研究》（天津：天津古籍出版社，1990 年 8 月）指出：自文王始至昭王幾世代中，周王朝主要執政大臣之位是由周、召、畢三世族占據的。但在整個西周早期，三世族權力并非始終穩定如初，而或有起落。……成王初周、召二公曾爲王之左右，而在周公故後，王之左右已改爲召、畢二公。……我們以爲此或與學者所論周、召二家勢力之爭的背景有關，周公卒後，其家族勢力受到當時健在的召公的排擠，故直到召公卒後，約康王晚期，周公後人才又重掌主要執政大臣之權。（頁 407）

西周中期（穆、共、懿、孝）。此期金文與典籍資料所見王朝卿士中，未見周、召、畢三世族，所見主要執政大臣是毛、井、虢叔三家。……懿王後，孝王時器銘中所見王朝大臣即不再有井伯，而只有井叔，係井伯小宗分支，這是因爲井伯大宗本家在西周中期偏晚時走向衰落。……西周中期重要的王朝執政大臣似非周、召、畢諸世族之人，此三世族雖多可能仍在王朝爲卿士，但勢力已非昔日可比，故文字無載。（頁 407～408）

厲王之後，虢叔氏在朝中地位似被日益強盛的小宗虢季氏代替。（頁 409）

朱先生的意見值得參考。

上述舉行諸侯冊命禮的爲周惠王一次、周襄王三次、周靈王一次、周景王一次，若加上前文所提及魯公的賜命，則是周襄王有四次，而莊王一次、周簡王一次，一共是九次而周襄王即佔四次。協助冊命的周王使者是：召白廖、召武公、內史過、內史叔興父、宰孔、尹氏、王子虎、劉定公、簡公。

茲列舉此六條於下：

●左氏‧莊公二十七年‧傳：王使召伯廖賜齊侯命，且請伐衛，以其立子頹也。

●左氏‧僖公九年‧傳：王使宰孔賜齊侯胙，曰：「天子有事于文武，使孔賜伯舅胙。」齊侯將下拜，孔曰：「且有後命，天子使孔曰：『以伯舅耋老，加勞，賜一級，無下拜！』」對曰：「天威不違顏咫尺，小白，余敢貪天子之命，無下拜！恐隕越於下，以遺天子羞，敢不下拜！」下拜，登，受。

案：此事亦見於《國語‧齊語》，其賜有大輅、龍旗九旒、渠門赤旂。

●左氏‧僖公十一年‧傳：天王使召武公、內史過錫晉侯命。受玉惰。過歸，告王曰：「晉侯其無後乎！王賜之命，而惰於受瑞，先自弃也已，其何繼之有？禮，國之幹也；敬，禮之輿也。……」〔註25〕

●左氏‧僖公二十八年‧傳：丁未，獻楚俘于王：駟介百乘，徒兵千。鄭伯傅王，用平禮也。已酉，王享醴，命晉侯宥。王命尹氏及王子虎、內史叔興父策命晉侯爲侯伯，賜之大輅之服、戎輅之服，彤弓一，彤矢百，玈弓矢千，秬鬯一卣，虎賁三百人。曰：「王謂叔父，敬服王命，以綏四國，糾逖王慝。」晉侯三辭，從命，曰：「重耳敢再拜稽首，奉揚天子之丕顯休命。」受策以出，出入三覲。〔註26〕

〔註25〕杜預注：「天王，周襄王。召武公，周卿士。內史過，周大夫。諸侯即位，天子賜之命圭爲瑞。」

孔穎達正義：「召武公亦名過，〈周語〉云：『襄王使召公過及內史過賜晉惠公命，晉侯執玉卑，拜不稽首。內史過歸以告王曰：「晉不亡，其君必無後。不敬王命，棄其禮也；執玉卑，替其質也；拜不稽首，無其王也。替質無鎮，無王無人……」』」

阮元《校刊記》：「案《說文》『惰』字下云『不敬』，引《春秋傳》曰『執玉惰』。」

〔註26〕杜預注：「駟介，四馬被甲。」、「傅，相也。以周平王享晉文仇之禮享晉侯。」、

●左氏・襄公十四年・傳：王使劉定公賜齊侯命。曰：「昔伯舅大公
　右我先王，股肱周室，師保萬民。世胙大師，以表東海。王室之
　不壞，緊伯舅是賴。今余命女環，茲率舅氏之典，纂乃祖考，無
　忝乃舊。敬之哉！無廢朕命。」〔註27〕
●左氏・昭七年・傳：衛齊惡告喪于周，且請命。王使臣簡公如衛

「以策書命晉侯爲伯也。《周禮》：「九命作伯」。尹氏、王子虎，皆王卿士也。
叔興父，大夫也。三官命之以寵晉。」、「大輅，金輅。戎輅，戎車。二輅各
有服。」、「彤，赤也。旅，黑也。弓一矢百，則矢千弓十矣。諸侯賜弓矢，
然後專征伐。」、「秬，黑黍。鬯，香酒，所以降神。卣，器名。」
陸德明釋文：「旅音盧，本或作旅字，非也。矢千，本或作旅弓十旅矢千，後
人專輒加也。」
孔穎達正義：「〈周語〉稱『晉文公初立，襄王使大宰文公及内史叔興賜文公
命』，注《國語》者皆以爲大宰文公即王子虎也。今尹氏又在王子虎之上，故
以爲皆卿士，唯叔興是大夫，或云『皆大夫』，『皆』字妄耳。」、「《周禮・巾
車》：『金路，鉤，樊纓九就，建大旂以賓，同姓以封。革路，龍勒，條纓五
就，建大白以即戎』。金路以封同姓，知大輅是金輅也。革路以即戎，言戎輅
戎車即《周禮》之革路。二輅各有服者，《周禮・司服》『侯伯之服，自鷩冕
而下。凡兵事，韋弁服』。金輅，祭祀所乘其大輅之服，當謂鷩冕之服。戎輅
之服，當謂韋弁服也。」、「彤，赤；旅，黑，舊説皆然。《説文》彤從丹，旅
從玄，是赤黑之別也。……旅弓矢千，具於彤而略於旅，準之，則矢千弓十
也。」、「『秬，黑黍』，〈釋草〉文。李巡云：『黑黍一名秬黍。』《周禮・鬯
人》『掌共秬鬯而飾之』，鄭玄云：『鬯，釀秬爲酒，芬香條暢於上下也。』〈鬱人〉
『掌祼器。凡祭祀之祼事，和鬱鬯以實彝而陳之』」禮：祭祀必先祼。是用之
以降神也。〈釋器〉云：『彝、卣、罍，器也。』李巡曰：『卣，鬯之罇也。』
孫炎曰：『罇彝爲上，罍爲下，卣居中也。』《詩・江漢》篇述宣王賜召穆公
云：『秬鬯一卣，告于文人。』鄭箋云：『賜之使祭其宗廟，告其先祖也。當
賜之時，實之於卣，其祭，則陳之於彝也。』」
阮元校勘記：「案《後漢書・袁紹傳・注》引作『路』，是也。『輅』乃俗字耳。」
浦衛忠等《春秋左傳正義・校刊記》：「『大輅』，石經、宋本、岳本、纂圖本、
閩本、監、毛本同。」、「『旅弓矢千』，監、毛本『旅』誤『旅』，《釋文》云：『旅，
本或作旅字，非也。』段玉裁云：『古音旅、盧，無魚模斂侈之別，如廬即盧聲，
可證古字假旅爲旅。魏三體石經遺字之存於洪氏者，〈文侯之命〉篇有「旅」、「荒
寧」等字，而誤系之《春秋》傳，魏時邯鄲淳、衛敬侯諸家去漢未遠，根據尚
精，蓋左氏最多古文。《音義》云：「旅，本或作旅。」此正古本之善。』……
阮校：『案《詩・小雅・彤弓》正義云：「傳文直云旅弓矢千，定本亦然，故服
虔云矢千則弓十，是本無十旅二字，俗本有者，誤也。」』」」（十三經注疏整理工
作委員會主編，《春秋左傳正義》，臺北：臺灣古籍出版有限公司，2001年）。
〔註27〕 杜預注：「定公，劉夏。位賤，以能而使之。……胙，報也。表，顯也。謂顯
　　　　封東海以報大師之功。……環，齊靈公名。纂，繼也。因昏而加褒顯，傳言
　　　　王室不能命有功。」

弔。且追命襄公曰：「叔父陟恪，在我先王之左右，以佐事上
帝。……」〔註28〕

在第二條「王使宰孔賜齊侯胙」一事中，王使宰孔宣命齊桓公「賜一級」，這
個賜一級是在第一條「王使召伯廖賜齊侯命」的基礎上再命，王使召伯廖賜
齊侯（齊桓公）命時是文獻所載第一次對齊桓公冊命，後來賜胙的賜一級是
第二次命（再命），所以這一條資料也是關於冊命的內容。

　　相關賞賜物爲「玉」、「大輅之服，戎輅之服、彤弓一，彤矢百、玈弓（十）
矢千、秬鬯一卣、虎賁三百人」。其中的大輅之服和戎輅之服，應該是成套的
車服，其詳傳文未載。

（二）卿大夫的冊命

　　有關於卿大夫冊命的有六條：王賜卿一條、王追賜大夫一條、鄭伯賜鄭
卿大夫一條、魯侯賜魯卿大夫兩條、晉侯賜卿一條。

　　下面先列出這六條的傳文，再做分析：

●左氏·僖公三十三年·傳：初，臼季使，過冀，見冀缺耨，其妻
饁之。……文公以爲下軍大夫。反自箕，襄公以三命命先且居將
中軍，以再命命先茅之縣賞胥臣，曰：「舉郤缺，子之功也。」以
一命命郤缺爲卿，復與之冀，亦未有軍行。〔註29〕

●左氏·宣公十六年·傳：晉士會帥師滅赤狄甲氏及留吁、鐸辰，
三月，獻狄俘。晉侯請于王。戊申，以黻冕命士會將中軍，且爲
大傅。〔註30〕

●左氏·襄公十九年·傳：於四月，丁未，鄭公孫蠆卒，赴於晉大

〔註28〕　杜預注：「簡公，王卿士也。」
〔註29〕　杜預注：「雖登卿位，未有軍列。」
〔註30〕　杜預注：「黻冕，命卿之服。大傅，孤卿。」
孔穎達正義：「晉之中軍之將，執政之上卿也。大傅又尊於上卿。且加大傅，
以褒顯之禮命臣者，皆賜之以服，使服而受命。傳言『以黻冕』者，黻冕是
命孤卿之服，故以命士會也。……黻，蔽膝也。祭服謂之黻。其他服謂之韠。
俱以韋爲之，制同而色異。韠，各從裳色；黻，則其色皆赤，尊卑以深淺爲
異。天子純朱，諸侯黃朱，大夫赤而已。大夫以上，冕服悉皆有黻，故禹言
黻冕，此亦云黻冕。但冕服自有尊卑耳。《周禮·司服》：『孤之服，自希冕而
下。』此士會黻冕，當是希冕也。天子大傅，三公之官也。諸侯大傅，孤卿
之官也。《周禮·典命》云：『公之孤四命。』鄭眾云：『九命上公得置孤卿一
人。』春秋時晉爲霸，王侯亦置孤卿。」

夫。范宣子言於晉侯，以其善於伐秦也。六月，晉侯請於王，王
追賜之大路，使以行，禮也。〔註31〕

●左氏‧襄公二十六年‧傳：鄭伯賞入陳之功。三月，甲寅朔，享
子展，賜之先路三命之服，先八邑。賜子產次路再命之服，先六
邑。子產辭邑，曰：「自上以下，降殺以兩，禮也。臣之位在四，
且子展之功也。臣不敢及賞禮，請辭邑。」公固予之，乃受三邑。
公孫揮曰：「子產其將知政矣！讓不失禮。」〔註32〕

●左氏‧昭公十二年‧傳：季悼子之卒也，叔孫昭子以再命為卿。
及平子伐莒，克之，更受三命。〔註33〕

●春秋‧成公十七年‧經：壬申，公孫嬰齊卒于貍軫。
公羊‧成公十七年‧傳：非此月日也，曷為以此月日卒之？待君
命然後卒大夫。曷為待君命然後卒大夫？前此者，嬰齊走之晉。
公會晉侯，將執公。嬰齊為公請，公許之反為大夫。歸，至于貍
軫而卒。無君命，不敢卒大夫。公至，曰：「吾固許之反為大夫。」
然後卒之。〔註34〕

第一則記載了晉侯冊命卿的例子，先且居為三命之卿，將中軍，胥臣為二命
之卿，因先茅絕後，乃將其縣改賜胥臣，而郤缺（冀缺）得一命，晉侯將其
父之封地冀賜之，然郤缺不與軍列。這則記載揭示了春秋的卿有一命、再命、
三命三種等級。晉為大國，而中軍主帥為執政要卿，三命之卿為中軍主帥，

〔註31〕 杜預注：「大路，天子所賜車之摠名，以行葬禮。傳言大夫有功，則賜服路。」
孔穎達正義：「二十四年『穆叔如周，王嘉其有禮，賜之大路』。與此並賜諸
侯之卿。其文皆云『大路』。知大路，天子所賜車之摠名也。」

〔註32〕 杜預注：「先路、次路，皆王所賜車之摠名。蓋請之於王。以路及命服為邑。」
孔穎達正義：「《周禮‧巾車》云：『服車五乘，孤乘夏篆，卿乘夏縵，大夫乘
墨車。』則禮於卿大夫所當乘者，名車不名路也。而傳稱王賜叔孫豹、鄭子
蟜者皆云大路，知此『先路』、『次路』，皆王所賜車之摠名也。賜車稱路，從
王賜之名，必是稟王之命，故云『蓋請之於王』也。宣十六年傳云『晉侯請
于王，以黻冕命士會』。知諸侯命臣有請王之法，故云蓋也。」、「禮，遺人以
物，皆以輕先重後，故以路及命服為邑之先也。」

〔註33〕 杜預注：「十年，平子伐莒，以功加三命。昭子不伐莒，亦以例加為三命。」
孔穎達正義：「《釋例》曰：『魯之叔孫，父兄再命而書於經，晉司空、亞旅一
命而經不書。』推此知諸侯之卿大夫，再命以上皆書於經；自一命以下，大
夫及士，經皆稱人，名氏不得見也。」

〔註34〕 何休注：「許反為大夫，即受命矣。」

是晉的執政大臣爲三命之卿，由此間接可知春秋卿以三命爲最高等級。

第二則爲「士會受賜命爲大傅」，由任命爲大傅及將中軍一職來看，士會升等，而晉侯請王之舉，正說明士會受命得於周天子，春秋的卿有周天子賜命和諸侯賜命兩種，周天子所賜之卿自然比諸侯所命爲尊。

第三則鄭公孫蠆卒，晉侯請周天子追賜大輅，周天子賜諸侯、卿大夫以大輅，晉侯爲公孫蠆請賜大輅，例同第一則，因爲此時公孫蠆已卒，爲追賜，公孫蠆可用周天子所賜之大輅出殯，其身分自與一般卿大夫不同，這顯示其命賜由周天子，是特有的尊榮。

第四則鄭伯賜子展先路、三命之服，先八邑、賜子產次路、再命之服，先六邑。由這則記載來看，國君冊命賜服有先路與次路之別。於此，傳文句讀有兩讀，一爲「先路三命之服」、「次路再命之服」；二爲「先路、三命之服」、「次路、再命之服」。若以第一種句讀則先路爲三命之賜，次路爲再命之賜，若以第二種句讀則先路和三命沒有必然的關係，次路和再命也沒有必然的關係。目前沒有證據論定何者爲是，然先路尊於次路，猶三命尊於再命。由《左氏·僖公三十三年·傳》載晉侯以一命命郤缺爲卿，可知卿有一命、再命、三命的三種等級。鄭伯冊命以車服和邑爲賜物，雖未明言三命再命之服飾爲何，但由傳文至少可知有先路和次路兩種等級，而三命與二命各有其車服。另外，杜預注提到鄭伯這次的賞賜「蓋請之於王」，這樣的說法固然受到路車之賜爲王賜諸侯、卿大夫之說的影響，然亦非不可能，只是傳文既未明言，而憑空增加請於王之說，則稍有無據之嫌，本文認爲諸侯國國君自有賜臣路車之制，路車不必爲周天子專有，《周禮·巾車》之說乃後人之論，未必爲西周春秋定制。

第五則也提到再命與三命的現象，孔穎達認爲「推此知諸侯之卿大夫，再命以上皆書於經；自一命以下，大夫及士，經皆稱人，名氏不得見也。」《周禮》有九命之說，在西周文獻中未見此分等。三命的卿是卿這個身分中最大的一級，執政的卿常是三命。

第六則提到魯公許公孫嬰齊爲大夫，嬰齊雖卒魯公才追賜，雖生前未有冊命，然仍爲諸侯冊命大夫之例。

以上六則，其賞賜物有「韍冕」、「大路」、「先路之服」、「次路之服」、「土邑」。

三、傳文追述封國冊命者

關於周初武王和成王大封諸侯的歷史，《左傳》記載最爲詳細：

●左氏・昭公十五年・傳：十二月，晉荀躒如周葬穆后，籍談爲介。

既葬除喪，以文伯宴，樽以魯壺。王曰：「伯氏，諸侯皆有以鎮撫

王室，晉獨無有，何也？」文伯揖籍談，對曰：「諸侯之封也，皆

受明器於王室，以鎮撫其社稷，故能薦彝器於王。晉居深山，戎

狄之與鄰，而遠於王室。王靈不及，拜戎不暇，其何以獻器？」

王曰：「叔氏，而忘諸乎？叔父唐叔，成王之母弟也，其反無分乎？

密須之鼓，與其大路，文所以大蒐也。闕鞏之甲，武所以克商也，

唐叔受之，以處參虛，匡有戎狄。其後襄之二路，鏚鉞〔註35〕、

秬鬯、彤弓、虎賁，文公受之，以有南陽之田，撫征東夏，非分

而何？夫有勳而不廢，有績而載，奉之以土田，撫之以彝器，旌

之以車服，明之以文章，子孫不忘，所謂福也。福祚之不登叔父，

焉在？……」

●左氏・定公四年・傳：子魚曰：「以先王觀之，則尚德也。昔武

王克商，成王定之，選建明德，以藩屏周。故周公相王室，以

尹天下，於周爲睦。分魯公以大路、大旂，夏后氏之璜，封父

之繁弱，殷民六族：條氏、徐氏、蕭氏、索氏、長勺氏、尾勺

氏，使帥其宗氏，輯其分族，將其類醜，以法則周公，用即命

于周，是使之職事于魯，以昭周公之明德，分之土田陪敦、祝、

宗、卜、史，備物、典策、官司、彝器，因商奄之民，命以〈伯

禽〉，而封於少皞之虛。〔註36〕分康叔以大路、少帛、綪茷、旃

旌、大呂，殷民七族：陶氏、施氏、繁氏、錡氏、樊氏、饑氏、

終葵氏；封畛土略，自武父以南，及圃田之北竟，取於有閻之

土，以共王職。取於相土之東都，以會王之東蒐。聘季受土，

〔註35〕 杜預注：「鏚，斧也。鉞，金鉞。」

孔穎達正義：「《廣雅》云：『鏚、鉞，斧也。』俱是斧也，蓋鉞大而斧小。」

〔註36〕 杜預注：「魯公，伯禽也。此大路，金路，錫同姓諸侯車也。交龍爲旂，《周

禮》：『同姓以封。』……封父，古諸侯也。繁弱，大弓名。醜，眾也。即，

就也。使六族就周，受周公之法制。共魯公之職事……陪，增。敦，厚。……

少皞虛，曲阜也，在魯城內。」

孔穎達正義：「《尚書・旅獒》及〈魯語〉皆云，古者分同姓以珍玉展親。……

鄭玄云：『古者伐國，遷其重器以與同姓。』此繁弱，封父之國爲之，不知何

時滅其國而得之也。……傳言『命以伯禽』，於體例『命以〈康誥〉』。『命以

〈康誥〉』，則『伯禽』亦似策命篇名。」

陶叔授民，命以〈康誥〉，而封於殷虛，皆啓以商政，疆以周索。〔註37〕分唐叔以大路、密須之鼓、闕鞏、沽洗，懷姓九宗，職官五正。命以〈唐誥〉，而封於夏虛，啓以夏政，疆以戎索。〔註38〕三者皆叔也，而有令德，故昭之以分物。不然，文、武、成、康之伯猶多，而不獲是分也，唯不尚年也。管、蔡啓商，惎間王室，王於是乎殺管叔而蔡蔡叔，以車七乘，徒七十人，其子蔡仲，改行帥德，周公舉之，以爲己卿士，見諸王，而命之以蔡，其命書云：『王曰：胡！無若爾考之違王命也！』若之何其使蔡先衛也？武王之母弟八人，周公爲太宰，康叔爲司寇，聃季爲司空，五叔無官，〔註39〕豈尚年哉？曹，文之昭也；晉，武之穆也。曹爲伯甸，非尚年也。今將尚之，是反先王也。晉文公爲踐土之盟，衛成公不在，夷叔其母弟也，猶先蔡。其載書云：『王若曰：晉重、魯申、衛武、蔡甲午、鄭捷、齊潘、宋

〔註37〕 杜預注：「康叔，衛之祖。少帛，雜帛也。綪茷，大赤，取染草名也。通帛爲旃，析羽爲旌。……畛，塗所徑也。略，界也。武父，衛北界。……聃季，周公弟，司空。陶叔，司徒。……皆，魯、衛也。啓，開也，居殷故地，因其風俗，開用其政，疆理土地以周法。索，法也。」
孔穎達正義：「《周禮・司常》云：『通帛爲旃，雜帛爲物。』鄭玄云：『通帛謂大赤，從周正色，無飾。雜帛者，以帛素飾，其側白，殷之正色也。』大赤是通帛，知少帛是雜帛也。〈釋草〉云：『茹藘，茅蒐。』郭璞曰：『今之蒨也，可以染絳。』則綪是染赤之草。茷則旆也，《爾雅》：『繼旐曰旆。』旐是旒身，旆是旒尾。尾亦用赤，則通身皆赤。知綪茷是大赤，大赤即今之紅旗，取染赤之草爲名也。蓋王以通帛、雜帛並賜衛也。然則大赤即是旃也，於綪茷之下更言旃者，茷言旒尾，旃言旒身，圓其文，故具言耳。若其不然，旌是干之所建，旗皆有旌，少帛、旃旆之後，何須更復言旌？明是圓其文，故重言之。」
〔註38〕 杜預注：「唐叔，晉之祖。密須，國名。（闕鞏）甲名。……懷姓，唐之餘民。九宗，一姓爲九族。職官五正，五官之長。……大原近戎而寒，不與中國同，故自以戎法。」
〔註39〕 杜預注：「五叔，管叔鮮、蔡叔度、成叔武、霍叔處、毛叔聃也。」
孔穎達正義：「《史記》云『聃季載』，杜云『毛叔聃』，又不數叔振鐸者，杜以振鐸非周公同母，故不數之。或杜別有所見，不以〈管蔡世家〉爲說。」
浦衛忠等《春秋左傳正義・校刊記》：「『聃』，陸粲《附注》云：『《逸周書》及《史記》皆云毛叔名，鄭此作「聃」，誤也。且「聃季」是毛叔之弟，何容乃取兄名爲封國之號？斯必不然矣。《陶淵明集》、《聖賢群輔錄》作毛叔圃。』」
（十三經注疏整理工作委員會主編，《春秋左傳正義》，臺北：臺灣古籍出版有限公司，2001年）。

王臣、莒期。』藏在周府，可覆視也。〔註40〕……」

●穀梁・定公八年・傳：寶玉者，封圭也。大弓者，武王之戎弓也。

周公受賜，藏之魯。

整理以上三則如下表：

封國	土　地	車服	旌　旂	臣　隸	玉　器	其　他
魯	▲少皥之虛 ▲土田陪敦	大路	大旂	▲殷民六族 ▲祝、宗、卜、史	▲夏后氏之璜 ▲寶玉（封圭）	▲彝器 ▲大弓（武王之戎弓） ▲封父之繁弱（弓） ▲備物典策
衛	殷虛	大路	少帛、綪筏、旃旌	殷民七族		大呂
晉	夏虛	大路		懷姓九宗，職官五正		密須之鼓、闕鞏之甲（武王克商用）、沽洗

其他可留意有關爵命的問題見於《穀梁傳》的兩則，如下：

●穀梁・隱公元年・傳：邾之上古微，未爵命於周也。

●穀梁・僖公四年・傳：楚無大夫。〔註41〕

這兩則可爲參考，是否合於春秋史實則仍可商議，楚邾等國雖爲外族，但吸收周文化，在卿大夫制度上亦當與中原各國同，僅其不受周天子冊命，《穀梁傳》以爲未爵命於周，故不得與中國同爵命。

〔註40〕 杜預注：「以伯爵居甸服，言小。踐土、召陵二會，經書蔡在衛上，霸主以國大小之序也。」、「茲丕公也。齊序鄭下，周之宗盟，異姓爲後。」

孔穎達正義：「於昭穆，曹是晉之叔父也。晉爲大國，多受分物；曹爲伯爵，而在甸服，非是尊尚年長也。桓二年傳云：『晉，甸侯也。』晉亦在甸，唯侯、伯之爵異耳。」、「《釋例》曰：『周之宗盟，異姓爲後。故踐土之盟載書，齊、宋雖大，降於鄭、衛，匡周而言，指謂王官之宰臨盟者也，其餘雜盟，未必皆然。踐土、召陵二會，皆蔡在衛上，時國次也。至盟乃正其高下者，敬共明神，本其始也。』是言會以國之大小爲次，至盟乃先同姓。盟之先同姓者，唯謂王官之宰臨盟時耳。踐土則王子虎盟諸侯于王庭，此盟則劉子在焉，故二者先同姓。其餘雜盟，亦以國之大小爲次。」

〔註41〕 范寧注：「無命卿也。」

楊士勛疏：「釋曰：無大夫，凡有三等之例。曹無大夫者，本非微國，後削小耳。莒則是東夷，本微國也。楚則蠻夷大國，僭號稱王，其卿不命於天子，故不同中國之例也。」

肆、三禮的記載

三禮中以《周禮》最具系統化，關於冊命封賞制度記錄也較多，尤其在不同身分使用的服飾、車馬、宮室、葬具……皆有等次的禮制。《禮記》中也提到賞賜與身分等級的規則，〈王制〉、〈禮器〉、〈郊特牲〉、〈明堂位〉四篇記錄尤詳。相較於《周禮》和《禮記》，《儀禮》在這方面的記載較少，雖在各篇的〈記〉文中，數則提及，然身分以士和大夫階層為主。三禮各篇成書時代多在春秋或春秋以後，《儀禮》的內容為歷來學界所肯定，然其對封賞冊命所載甚少；《禮記》成書於西漢，而各篇或有春秋戰國所傳（大多為戰國及其以後），多為追述性質，具有系統化與理想化，對於西周春秋禮制的實際情況記載不及《左傳》；《周禮》或被前人疑為偽書，近代學者由考古出土材料及銅器銘文研究，多少證明其內容可信者甚多，然而《周禮》一書甚多因系統化和理想化的整理，所記載常與考古文物有可相合而未盡相合者，固不可囿於經文，尤宜審慎參校。

另外，三禮為三部典籍，各書篇章又非出於一人之手，各書的統合，有非一時一人的變數，在分析統整經文上，不免有「牽強」之嫌，以故本文雖依三禮經文，做初步分析整合，非以為其說必然可信、必然為完整之系統。

三禮經文所載與冊命賞賜有關的內容，可分兩個部分來看，第一個部分以命數為主，第二個部分為個別條例：

關於冊命的命數，茲提其重點如下：

（1）禮記‧王制：王者之制祿爵：公、侯、伯、子、男，凡五等。諸侯之上大夫卿〔註42〕、下大夫、上士、中士、下士，凡五等。

（2）禮記‧王制：次國之上卿，位當大國之中，中當其下，下當其上大夫。小國之上卿，位當大國之下卿，中當其上大夫，下當其下大夫。

第（1）條明言諸侯國臣子分為五等，而大夫分為兩等（上大夫即卿、下大夫），然而第（2）條言「次國之上卿，位當大國之中」又「下當上大夫」，則似乎又在說明大國有「上卿、中卿、下卿」，兩處有所出入！姑依第（2）條之說，將卿、大夫各分為三級（但這樣和臣子五等之說便不合）。依〈王制〉這兩條資料，我們先整理為一表格：（第一條資料代號為 A，第二條資料代號為 B）

〔註42〕鄭玄注：「上大夫曰卿。」

A	B 大國	B 次國	B 小國
上大夫卿	上　卿		
	中　卿	上　卿	
	下　卿	中　卿	上　卿
	上大夫	下　卿	中　卿
下大夫	下大夫		下　卿
上　士			
中　士			
下　士			

（3）禮記・王制：天子三公、九卿、二十七大夫、八十一元士。大國三
　　　卿，皆命於天子，下大夫五人，上士二十七人。次國三卿，二卿命
　　　於天子，一卿命於其君，下大夫五人，上士二十七人。小國二卿，
　　　皆命於君，下大夫五人，上士二十七人。

依此則天子之臣有「公、卿、大夫、元士」，而諸侯國有「卿、下大夫、上士」，
其中諸侯國未分出上大夫，上大夫應即卿這一級，而沒有中大夫這一級，這
樣和上面所提的第（1）條和第（2）條資料是相符的，不過小國只有兩位卿，
那麼如何區分上卿、中卿、下卿呢？則諸侯國之卿有命於天子和命於國君兩
種，至於下大夫，於此則未言有命於天子者。

（4）周禮・春官・大宗伯：以九儀之命，正邦國之位。壹命受職，〔註43〕
　　　再命受服，〔註44〕三命受位，〔註45〕四命受器，〔註46〕五命賜則，

〔註43〕鄭玄注：「始見命爲正吏，謂列國之士，於子男爲大夫，王之下士亦一命。」
　　　　賈公彥疏：「云『於子男爲大夫』者，〈典命〉『子男大夫一命』是也。云『王
　　　　之下士亦一命』者，無正文，直以序官有上士、中士、下士之名。又〈典命〉
　　　　大夫四命之下空文，宜有三命、二命、一命，故以王之下士一命解之。若然，
　　　　〈典命〉不見王之士三命已下者，以其四命已上有出封之理，故下云其出封
　　　　皆加一等，士無出封之理，故不言。以義推之，則士有三命已下也。」
〔註44〕鄭玄注：「鄭司農云：『受服，受祭衣服，爲上士。』玄謂此受玄冕之服，列
　　　　國之大夫再命，於子男爲卿。卿大夫自玄冕而下，如孤之服。王之中士亦再
　　　　命，則爵弁服。」
　　　　賈公彥疏：「先鄭云『爲上士』，則服爵弁服也。言爲上士者，上一命，先鄭
　　　　雖不言王之中士、下士同一命，此言再命爲上士，則王之中士、下士同一命
　　　　可知也。『玄謂此受玄冕之服』者，以〈司服〉云：孤絺冕，卿大夫同玄冕。
　　　　此云再命受服，明據玄冕也。云『列國之大夫再命』者，亦據〈典命〉公侯
　　　　伯之大夫同再命而知。云『於子男爲卿』者，亦據典命而言也。云『卿大夫

六命賜官，七命賜國，八命作牧，九命作伯。

（5）周禮‧春官‧典命：典命掌諸侯之五儀、諸臣之五等之命。〔註47〕
上公九命爲伯，其國家、宮室、車旗、衣服、禮儀，皆以九爲節；
侯伯七命，其國家、宮室、車旗、衣服、禮儀，皆以七爲節；子男
五命，其國家、宮室、車旗、衣服、禮儀，皆以五爲節。王之三公
八命，其卿六命，其大夫四命。及其出封，皆加一等。其國家、宮
室、車旗、衣服、禮儀亦如之。〔註48〕凡諸侯之適子誓於天子，攝
其君，則下其君之禮一等；未誓，則以皮帛繼子男。公之孤四命，
以皮帛眡小國之君，其卿三命，其大夫再命，其士一命，其宮室、
車旗、衣服、禮儀，各眡其命之數。侯伯之卿大夫士亦如之。子男
之卿再命，其大夫一命，其士不命，其宮室、車旗、衣服、禮儀，
各眡其命之數。

自玄冕而下，如孤服』者，此亦據〈司服〉之文。案〈玉藻〉注云『諸侯之
臣皆分爲三等，其妻以次受此服』。則公之有孤之國，孤絺冕，卿大夫同玄冕，
若無孤之國，則公侯伯子男卿絺冕，大夫玄冕，士皆爵弁。」

〔註45〕鄭玄注：「鄭司農云：『受下大夫之位。』玄謂此列國之卿，始有列位於王，
爲王之臣也。王之上士亦三命。
賈公彥疏：「先鄭云『受下大夫之位』，先鄭意以上士二命，下大夫三命，上
大夫四命。案〈王制〉云：『次國之下卿，位當大國之上大夫；小國之下卿，
位當大國之下大夫。』則諸侯之五大夫有上、下。案〈序官〉有中大夫、下
大夫，則中大夫亦得名爲上大夫矣。故先鄭以下大夫三命，上大夫四命，即
〈典命〉大夫四命者是上大夫也。後鄭不從者，以侯伯子男名位不同，侯伯
猶同七命，子男猶同五命，況中大夫、下大夫名位既同，何嫌不得同命也。
是以〈典命〉唯見大夫四命，是兼中、下大夫，故不從先鄭也。」

〔註46〕鄭玄注：「鄭司農云：『受祭器爲上大夫。』玄謂此公之孤始得有祭器者也。……
王之下大夫亦四命。」

〔註47〕鄭玄注：「五儀，公、侯、伯、子、男之儀。五等，謂孤以下四命、三命、再
命、一命、不命也。或言儀，或言命，互文也。」
賈公彥疏：「云『五儀公侯伯子男之儀』者，此五儀有三等之命，命雖有同者，
其儀皆異。若然，〈大宗伯〉注云『每命異儀，貴賤之位乃正』，是命異儀即
異。此則命同儀有異，於義乖者，但〈大宗伯〉經云『九儀之命』，據九等之
命爲九儀，故注每命異儀，是命異儀即異。」

〔註48〕鄭玄注：「四命，中下大夫也。出封，出畿內封於八州之中。加一等，褒有德
也。大夫爲子男，卿爲侯伯，其在朝廷則亦如命數耳。王之上士三命，中士
再命，下士一命。」
賈公彥疏：「云『王之三公八命，其卿六命，其大夫四命』，皆是在朝者。云
『及其出封，皆加一等』者，三公八命者爲九命上公，六命卿爲七命侯伯，
四命大夫爲五命子男。」

（6）禮記・王制：制：三公一命卷，若有加則賜也，不過九命。次國之
　　君，不過七命。小國之君，不過五命。〔註49〕

（7）禮記・王制：大國之卿，不過三命，下卿再命。小國之卿與下大夫
　　一命。〔註50〕

由上面（5）～（7）三則條則，我們可以製表格以醒眉目：（符號：「↓」表示
「不超過此格」，即「由此以下」；「：」表示「之」）

命　數	身分（典命）		身分（王制一）	
九　命	上公爲伯	王：上公出封		三公加命↓
八　命		王：上公		三公
七　命	侯伯	王：卿出封		次國：君↓
六　命		王：卿		
五　命	子男	王：大夫出封		小國：君↓
四　命	公之孤	王：大夫		
三　命	公侯伯：卿		大國：卿↓	
再　命	公侯伯：大夫 子男：卿		大國：下卿	
一　命	公侯伯：士 子男：大夫		小國：卿 小國：下大夫	

　　依此而觀，公侯伯即爲大國之君，子男爲小國之君。公有「孤」而侯伯
以下無之。可留意者，〈典命〉子男之卿爲再命，而〈王制〉小國之卿一命，
兩者有所出入。〈王制〉有下卿之名，〈典命〉則無下卿之名，而以大夫稱之，
〈王制〉小國則分出卿和下大夫，無上大夫之名，或以上大夫即卿，下大夫
即大夫。若將〈典命〉與〈王制〉合而觀之，則〈典命〉之大夫相當〈王制〉
之下卿、下大夫。這樣還有一個問題要留意；賈公彥疏提出小國有上、下卿。
除了大國、小國之外，還有次國，那麼〈王制〉之文，非完整提及諸侯國卿
大夫之等級。

　　不過，有一點仍須強調：〈典命〉與〈王制〉非出於一人之手，而其所言

〔註49〕鄭玄注：「卷，俗讀也，其通則曰袞。三公八命矣，復加一命，則服龍袞，與
　　　　王者之後同。多於此，則賜，非命服也。」

〔註50〕孔穎達正義：「以大國之卿不過三命，則知次國之卿不過再命，大國下卿再命，
　　　　則知次國下卿一命……以大國上卿三命，下卿再命，次國上卿再命，下卿一
　　　　命，小國上下卿皆一命。」

制度各有所據，故容有出入之處。

另一個應關注的是（4）提到七命賜國，然（5）提到子男五命而有國，此明顯矛盾，同出《周禮‧春官》而有出入如此者。

關於賞賜部分的個別條例，其要者如下：

（8）周禮‧春官‧小宗伯：賜卿大夫士爵，則儐。

（9）周禮‧春官‧內史：凡命諸侯及孤卿大夫，則策命之。凡四方之事書，內史讀之。王制祿，則贊爲之，以方出之。賞賜亦如之。內史掌書王命，遂貳之。

此兩條提到小宗伯和內史與冊命舉行有關。

（10）禮記‧曲禮上：夫爲人子者，三賜不及車馬。

關於這一則，鄭玄注云：「三賜，三命也。凡仕者，一命而受爵，再命而受衣服，三命而受車馬。車馬，而身所以尊者備矣。卿、大夫、士之子不受，不敢以成尊比踰於父。天子諸侯之子不受，自卑遠於君。」孔穎達正義：「所以許受三命，而不許受車馬者，命是榮美，光顯祖父，故受也；車馬是安身，身安不關先祖，故不受也。不云『不受』，而云『不及』者，受是已到之日，明人子非唯外迹不受，抑亦心所不及於此賜也。」「案〈大宗伯〉『一命受職』，職是爵也。又〈宗伯〉『三命受位』，鄭康成云『始有列位於王朝。』今言『受車馬』者，但三命受位，即受車馬。以經云『車馬』，故以『車馬』言之。云『卿、大夫、士之子不受，不敢以成尊比踰於父』者，以公侯伯卿三命，其子不受，不敢比於父；公侯伯大夫、子男卿再命，公侯伯士一命，子男之士不命，其子三命不受車馬者，皆是不敢踰於父。不言天子諸侯之子不敢受車者，以其父位既尊，不得言不敢比踰，故云『自卑遠於君』。」「案〈含文嘉〉：『九賜：一曰車馬，二曰衣服，三曰樂則，四曰朱戶，五曰納陛，六曰虎賁，七曰斧鉞，八曰弓矢，九曰秬鬯。』……鄭司農以《周禮》九命與九賜是一也。然則此「三賜」，鄭康成知非「九賜」之第三，而云『三命之賜』者，康成以九命與九賜不同，九賜謂『八命作牧，九命作伯』之後始加九賜。知者，〈王制〉云『三公一命卷，若有加，則賜。』二曰衣服之屬是也。又〈宗伯〉『八命作牧』注云：『侯伯有功德，加命得專征伐。』〈王制〉云：『賜弓矢，然後征。』《詩》云：『瑟彼玉瓚，黃流在中。』傳曰：『九命然後賜以圭瓚。』又《尚書》：文侯仇受弓矢秬鬯。《左傳》：晉文公受大路、戎路、弓矢、秬鬯、虎賁。此皆九命之外，始有衣服、弓矢、秬鬯等之賜，故知九賜不與九命同

也。」、「車馬之賜，進退由於君命，今言不受者，君子仕，辭位不辭祿，其物終必受之，故鄭注下文『不敢受重賜者，心也』。」事實上說「三賜爲三命」恐怕是有問題的，又「爲人子者，三賜不及車馬」亦與史實不符，朱熹便提出「按《左氏傳》魯叔孫豹聘於王，王賜之大路，豹以上卿無路而不敢乘。疑此不及車馬，亦謂受之而不敢用耳。若天子之賜，又爵秩所當得，豈容獨辭而不受邪？」〔註51〕〈曲禮〉之文，片段之語，或有所緣而發。若兼〈玉藻〉「君未有命，弗敢即乘、服也。」或可說之，然而〈曲禮〉這段文字僅簡單幾個字，欲以圓說，仍爲牽強。前文引及《左傳》襄公十九年及二十六年，皆有卿受路車之賜的例子，〈曲禮〉這段文字的時代或晚於魯襄公之時。

　　（11）禮記・王制：天子賜諸侯樂，則以柷將之。賜伯子男樂，則以鼗
　　　　　將之。諸侯賜弓矢，然後征。賜鈇鉞，然後殺。賜圭瓚，然後爲
　　　　　鬯。未賜圭瓚，則資鬯於天子。〔註52〕

於此則提到天子可賜「樂」、「弓矢」、「鈇鉞」、「圭瓚」、「鬯」於諸侯。天子賜弓矢則予諸侯征伐之責，賜鈇鉞則予專殺之權，賜圭瓚鬱鬯則以祭祀其祖考，皆爲尊榮。

〔註51〕孫希旦《禮記集解》於此段經文集解時引朱熹說（臺北：文史哲出版社，1990年8月，頁18）。至於公叔豹（穆叔）受王之大路而未用，應非爲「不敢踰於父」之故，而在於公叔豹爲魯國介卿，季孫爲冢卿，冢卿未乘路，故公叔豹亦不乘路。

〔註52〕鄭玄注：「圭瓚，鬯爵也。鬯，秬酒也。」
孔穎達正義：「『賜弓矢』者，謂八命作牧者，若不作牧，則不得賜弓矢，故〈宗伯〉云：『八命作牧。』注云：『謂諸伯有功德者，加命得專征伐。』此謂征伐當州之內。若九命爲二伯，則得專征一方五侯九伯也。若七命以下，不得弓矢賜者，《尚書・大傳》云『以兵屬於得專征伐』者，此弓矢，則《尚書》『彤弓一，彤矢百：盧弓十，盧矢千』。於《周禮》則當『唐弓大弓』』合七而成規者，故〈司弓矢〉云：『唐弓大弓，以授使者勞者。』注云：『若晉文侯、文公受王弓矢之賜者。』『賜鈇鉞』者，謂上公九命，得賜鈇鉞，然後鄰國臣弒君，子弒父者，得專討之。晉文公雖受弓矢，不受鈇鉞。崔氏云：『以不得鈇鉞，不得專殺，故執衛侯，歸之於京師。』、『賜圭瓚』者，亦謂上公九命者，若未賜圭瓚者，則用璋瓚，故《周禮・小宗伯》注云：『天子圭瓚，諸侯璋瓚。』既不得鬯，則用薰，故〈王度記〉云：『天子以鬯，諸侯以薰。』圭瓚之制，按〈玉人職〉『大璋中璋』之下云：『黃金勺，青金外，朱中，鼻寸，衡四寸。』鄭注云：『鼻，勺流也，凡流皆爲龍口也』，『三（三，依阮校）璋之勺，形如圭瓚』。又〈典瑞〉注：『瓚槃大五升，口徑八寸，下有槃，口徑一尺。』又〈明堂位〉注云：『以大圭爲柄。』〈玉人〉注又云：『有流前注。』此是圭瓚之形也。鬯者，釀秬黍爲酒，和以鬱金之草，謂之鬱鬯。不以鬱和，直謂之鬯。此鬯者，謂鬯也。」

（12）禮記・王制：天子之大夫爲三監，監於諸侯之國者，其祿視諸侯
　　　之卿，其爵視次國之君，其祿取之於方伯之地。方伯爲朝天子，
　　　皆有湯沐之邑於天子之縣內，視元士。諸侯世子世國。大夫不世
　　　爵，使以德，爵以功。未賜爵，視天子之元士，以君其國。諸侯
　　　之大夫，不世爵祿。

（13）儀禮・士冠禮・記：無大夫冠禮，而有其昏禮。古者五十而后爵，
　　　何大夫冠禮之有？公侯之有冠禮也，夏之末造也。天子之元子猶
　　　士也，天下無生而貴者也。

依（12）條所提及，則大夫不得世爵，必由冊命方得有其爵。（13）條則補充
了這樣的說法。但是五十而後爵的說法甚爲可疑。

（14）禮記・玉藻：君賜車馬，乘以拜賜；衣服，服以拜賜。君未有命，
　　　弗敢即乘、服也。〔註53〕

（15）禮記・雜記下：夫人之不命於天子，自魯昭公始也。〔註54〕

依此，則昭公之前魯君夫人皆受命於天子，夫人既要受命於天子，則國君固
然。然而，依《左傳》所載魯君受命之事，或有追命者，亦有非元年受命者，
則魯君受命已不能盡合賜命制度，國君如此，夫人就更不注意了。

（16）周禮・考工記・玉人：玉人之事，鎮圭尺有二寸，天子守之。命
　　　圭九寸，謂之桓圭，公守之。命圭七寸，謂之信圭，侯守之。命
　　　圭七寸，謂之躬圭，伯守之。〔註55〕

賈公彥云：「於王以策命諸侯之時，非直加之以車服，時即以圭授之，以爲瑞
信者也。」則諸侯之冊命，必有圭以爲瑞信，圭之名與尺寸與身分有關。

《禮記・明堂位》亦有關於周初分封魯國之記載：

（17）禮記・明堂位：是以封周公於曲阜，地方七百里，革車千乘。命魯
　　　公世世祀周公，以天子之禮樂。是以魯君孟春乘大路，載弧韣，旂

〔註53〕鄭玄注：「謂卿大夫受賜於天子者，歸必致於其君，君有命乃服之。」
　　　　孔穎達正義：「此使臣雖受賜於王，不敢即乘、服，當歸國獻其君，君命與之，
　　　　則臣乃乘、服耳。若君未有命，即不敢乘、服也。」
　　　　注疏的說法固然合理，但《禮記》原文用字是「君」，而非「天子」。
〔註54〕鄭玄注：「周之制，同姓，百世昏姻不通。吳，大伯之後，魯同姓，昭公取於
　　　　吳，謂之吳孟子，不告於天子。自此後取者遂不告於天子，天子亦不命之。」
〔註55〕鄭玄注：「命圭者，王所命之圭也。朝覲執焉，居則守之。子守穀璧，男守蒲
　　　　璧。不言之者，闕耳。故書或云『命圭五寸，謂之躬圭』。杜子春云：『當爲
　　　　七寸。』玄謂五寸者璧文之闕亂存焉。」

　　　　　　十有二旒，日月之章，〔註56〕祀帝于郊，配以后稷，天子之禮也。
此則提到了周天子冊封魯國時授地與革車，又命魯國以天子之禮祀周公，天
子之禮則有：乘大路、載弧韣、旂十二旒，日月之章，祀帝于郊而配以后稷。

　　關於大路（輅），天子諸侯皆可乘大路，因此魯公乘大路並不足以示為天
子禮樂（大路之賜或由天子而來，然諸侯乘大路為事實，不可以為大路必為
天子之用）。《禮記‧樂記》：「所謂大輅者，天子之車也。龍旂九旒，天子之
旌也。」則似有可商之處，如果認為諸侯之大路皆由天子冊命所賜，就將大
路視為天子之車，則不足以說明天子賜諸侯之服冕皆非天子之用，而大路何
以特別？至於龍旂九旒為天子之用，則與〈明堂位〉十二旒不合，豈魯公之
用更勝於天子！〈樂記〉之文恐誤，天子之冕十二旒，是其旂之旒十二，較
為合理，諸侯則降為九旒，《周禮‧巾車》云「建大常，十有二斿」。至於日
月之章，依禮經，為天子之用，然由西周銘文來看天子亦冊命臣子可用飾日
之旂，如西周中期的〈王臣簋〉04268、西周晚期的〈弭伯師耤簋〉04257：
的冊命賞賜中有「緣旂五日」，西周晚期的〈輔師嫠簋〉04286則云「旂五日」。
由此可知飾日之旂未必只有天子才能使用，但由天子所賜始可使用。《儀禮‧
覲禮》：「侯氏裨冕，釋幣于禰。乘墨車，載龍旂、弧韣，乃朝以瑞玉，有繅。」
鄭玄注：「墨車，大夫制也。乘之者，入天子之國，車服不可盡同也。交龍為
旂，諸侯之所建。弧，所以張縿之弓也，弓衣曰韣。」則諸侯乘墨車乃為入
天子之國車服不盡同之故，諸侯實乘路車，而龍旂、弧韣之用，諸侯亦可，
非必唯天子可用之物。

　　《禮記‧祭統》載有冊命之詞，與出土金文可以相參驗：

（18）禮記‧祭統：故衛孔悝之鼎銘曰：「六月丁亥，公假于大廟。公曰：
　　　『叔舅！乃祖莊叔，左右成公。成公乃命莊叔隨難于漢陽，即宮
　　　于宗周，奔走無射。啓右獻公。獻公乃命成叔纂乃祖服。乃考文
　　　叔，興舊耆欲，作率慶士，躬恤衛國。其勤公家，夙夜不解，民
　　　咸曰：休哉！』公曰：『叔舅！予女銘，若纂乃考服。』悝拜稽首
　　　曰：『對揚以辟之。勤大命，施于烝彝鼎。』」此衛孔悝之鼎銘也。
提到了「纂乃考服」，是命孔悝繼承其父之爵位，因是襲爵，未有增其職務或
等級。此則未提到賞賜物。

───────────

〔註56〕鄭玄注：「大路，殷之祭天車也。弧，旌旗所以張幅也，其衣曰韣。天子之旌
　　旗，畫日月。」

伍、國語的記載

《國語》中提及數則與冊命賞賜有關的資料，其中與西周有關的事兩條，其他皆爲春秋事，與《左傳》可互相發明。

（1）國語·周語上：魯武公以括與戲見王，王立戲，樊仲山父諫曰：「不可立也！不順必犯，犯王命必誅，故出令不可不順也。令之不行，政之不立，行而不順，民將棄上。夫下事上，少事長，所以爲順也。今天子立諸侯而建其少，是教逆也。若魯從之而諸侯效之，王命將有所壅，若不從而誅之，是自誅王命也。是事也，誅亦失，不誅亦失，天子其圖之！」王卒立之。魯侯歸而卒，及魯人殺懿公而立伯御。三十二年春，宣王伐魯，立孝公，諸侯從是而不睦。

（2）國語·周語上：宣王欲得國子之能導訓諸侯者，樊穆仲曰：「魯侯孝。」王曰：「何以知之？」對曰：「肅恭明神而敬事耆老；賦事行刑，必問於遺訓而咨於故實；不干所問，不犯所咨。」王曰：「然則能訓治其民矣。」乃命魯孝公於夷宮。

案：以上兩條魯懿公即戲，伯御即括。孝公爲懿公之弟。樊穆仲即樊仲山父，韋昭以爲穆仲爲其諡。對於西周傳世文獻甚少的情況下，這條則史料更是珍貴。魯武公以括和戲見王，王擇立戲爲嗣位魯侯，之後戲即位爲魯懿公，被殺，王又立魯孝公，可見此時魯國的立嗣君由周王掌控，在此要分辨的是：爲何魯武公會同時帶兩個兒子去見周王？而周王何以就決定魯國的下一任繼承者？關於第一個問題，西周封君是不是都要帶其子見王呢，在文獻寡少的西周史料中，並不足以提供今人判斷的標準，不過封君見王帶其子是合理的，只是同時帶兩個兒子，未必合乎當時習慣，西周是重嫡長子的時代，封君帶嫡長子見王自是合理合禮，而魯武公同時帶兩位兒子見王一事，可以有兩種想法：

其一：封君可就未來繼承人擇出可能人選，再由王從其中擇立。

其二：封君帶其子見王，本爲常事，而宣王擇立繼位封君，則與當時習慣不合。

第一種想法如果成立，魯人就不致於殺懿公才是，而樊仲山父也無由向周王辯說，可見西周諸侯國立嗣君非由周王，因爲魯武公一事，乃是特例，所以才會被記錄下來。第一種想法成立的可能性不高，第二種想法較爲可能。宣王是強有爲的天子，對於魯武公立嗣君之事，也因自己的喜好而涉入，遂

使魯國起了動亂。西周之初或爲天子立封國諸侯之嗣，其後中央的控管漸式
微，諸侯就自立嗣君，而或向周中央報准，或逕直接自主。這兩條文獻雖未
言及冊命，但是魯懿公和魯孝公顯然是周天子所立。是周天子所命的，也就
是說得到周天子的冊命。

（3）國語・周語上：襄王使邵公過及內史過賜晉惠公命，呂甥、郤芮相
晉侯不敬，晉侯執玉卑，〔註57〕拜不稽首。內史過歸，以告王曰：
「晉不亡，其君必無後。且呂、郤將不免。」王曰：「何故？」對
曰：「……今晉侯即位而背外內之賂，虐其處者，棄其信也；不敬
王命，棄其禮也……諸侯春秋受職於王以臨其民，大夫、士日恪位
著以儆其官，〔註58〕庶人、工、商各守其業以共其上。猶恐其有墜
失也，故爲車服、旗章以旌之，爲贄幣、瑞節以鎮之，〔註59〕爲班
爵、貴賤以列之，爲令聞嘉譽以聲之。……夫執玉卑，替其贄也；
拜不稽首，誣其王也。替贄無鎮，誣王無民。……」

案：此事見又見於《左傳》僖公十一年。王冊命晉惠公，而提及的賞賜物是
玉，其他則未聞。

（4）國語・周語上：襄王使太宰文公〔註60〕及內史興賜晉文公命，上卿
逆於境，晉侯郊勞，館諸宗廟，饋九牢，設庭燎。及期，命于武宮，
設桑主〔註61〕，布几筵，太宰蒞之，晉侯端委以入。〔註62〕太宰以
王命命冕服，內史贊之，三命而後冕服。〔註63〕既畢，賓、饗、贈、

〔註57〕韋昭注：「玉，信圭，侯所執，長七寸。卑，下也。《禮》：『執天子器則尚衡。』
稽首，首至地也。」

〔註58〕韋昭注：「中廷之左右曰位，門屏之間曰著也。」

〔註59〕韋昭注：「鎮，重也。贄，六贄也，謂孤執皮帛，卿執羔，大夫執鴈，士執雉，
庶人執鶩。工商執雞。幣，六幣也，圭以馬，璋以皮，璧以帛，琮以錦，琥
以繡，璜以黼也。瑞，六瑞：王執鎮圭，尺二寸；公執桓圭，九寸；侯執信
圭，七寸；伯執躬圭，亦七寸；子執穀璧，男執蒲璧，皆五寸。節，六節：
山國用虎節，土國用人節，澤國用龍節，皆以金爲之；道路用旌節，門關用
符節，都鄙用管節，皆以竹爲之。」

〔註60〕韋昭注：「太宰文公，王卿士王子虎也。內史興，周內史叔興父也。……命，
命服也。諸侯七命，冕服七服。」

〔註61〕韋昭注：「主，獻公之主也。練主用栗，虞主用桑。禮，既葬而虞，虞而作主，
天子於是爵命，世子即位，受命服也。」

〔註62〕韋昭注：「說云：『衣玄端，冠委皃，諸侯祭服也。』昭謂：此士服也。諸侯
之子未受爵命，服士服也。」

〔註63〕韋昭注：「冕，大冠。服，鷩衣。三以王命命文公，文公三讓而後就也。」

餼如公命侯伯之禮，而加之以宴好。內史興歸，以告王曰：「晉，不可不善也。其君必霸，逆王命敬，奉禮義成。……」王從之，使於晉者，道相逮也。及惠后之難，王出在鄭，晉侯納之。襄王十六年，立晉文公。二十一年，以諸侯朝王于衡雍，且獻楚捷，遂爲踐土之盟，於是乎始霸。

案：這件事顯然是晉文公初立時接受周天子冊命的記錄，其可留意者有三：

　　其一：「晉以上卿逆太宰文公及內史興，晉侯並親自郊勞。」太宰文公是王之卿，內史興的身分至少是大夫，所以晉侯以上卿逆之，而親自郊勞，可見大國對周王使者，是以上卿迎逆。

　　其二：「命于武宮，設桑主。」武宮爲晉武公之廟，是文公之祖廟。冊命之禮行於祖廟。

　　其三：「晉侯端委以入。太宰以王命命冕服，內史贊之，三命而後冕服。」依韋昭注晉文公於未冊命前著士服，接受冊命後則改服諸侯的冕服。如此，可知依周禮諸侯未受周天子冊命時，身分是士（這是原則）。

至於王賜了什麼，則未有記載，應與當時冊命常贈之物同，故沒有特別記下來。

（5）國語・齊語：葵丘之會，天子使宰孔致胙於桓公曰：「余一人之命有事於文、武，使孔致胙。」且有後命曰：「以爾自卑勞，實謂爾伯舅，無下拜。」桓公召管子而謀。管子對曰：「爲君不君，爲臣不臣，亂之本也。」桓公懼，出見客曰：「天威不違顏咫尺，小白余敢承天子之命曰『爾無下拜』，恐隕越於下，以爲天子羞。」遂下拜，升受命。賞服大輅，龍旗九旒，渠門赤旂，[註64] 諸侯稱順焉。

案：此事亦見於《左傳》僖公九年，是周襄王二年對齊桓公的再命，《左傳》未提賞賜之物，而〈齊語〉則記錄賞賜物爲「大輅、龍旗九旒、渠門赤旂」。

（6）國語・晉語七：韓獻子老，使公族穆子受事於朝。辭曰：「屬公之亂，無忌備公族，不能死。……」固辭不立，悼公聞之，曰：「難

[註64]　韋昭注：「唐尚書云：『大輅；非也。』賈侍中云：『大輅，諸侯朝服之車，謂金輅，鉤樊纓九就，龍旗九旒也。渠門，亦旗名。赤旂，大旗也。』昭謂：龍旗，畫交龍於縿也，正幅爲縿，旁屬爲旒。鉤，婁頜之鉤；樊，馬大帶，纓當胸，削革爲之，皆五采罽飾之。九就，就，成也。渠門，兩旗所建，以爲軍門，若今牙門也。」

雖不能死君而能讓，不可不賞也。」使掌公族大夫。

（7）國語・晉語七：悼公使張老為卿，辭曰：「臣不如魏絳。……若在
　　　卿位，外內必平。且欒丘之會，其官不犯而辭順，不可不賞也。」
　　　公五命之，固辭，乃使為司馬。使魏絳佐新軍。

案：此為五次任命，非指冊命等級為五命。（5）、（6）兩則為國君對臣子任以
新職，雖無冊命文字，但授新職即有國君之命，性質屬於冊命。

　　另有二則雖非冊命之文，然而提及身分附列於此：

（8）國語・周語下：單子曰：「……夫郤氏，晉之寵人也，三卿五大夫，
　　　可以戒懼矣。……」

案：郤氏三人為卿，錡、犨、至也，三人同時為卿，是春秋時大國卿其數或
過於三。

（9）國語・魯語下：季武子為三軍，〔註65〕叔孫穆子曰：「不可。天子
　　　作師，公帥之，以征不德。元侯作師，卿帥之，以承天子。諸侯有
　　　卿無軍，帥教衛以贊元侯。自伯、子、男有大夫無卿，帥賦以從諸
　　　侯。〔註66〕是以上能征下，下無姦慝。今我小侯也，處大國之間，
　　　繕貢賦以共從者，猶懼有討。若為元侯之所，以怒大國，無乃不可
　　　乎？」弗從。遂作中軍。自是齊、楚代討於魯，襄、昭皆如楚。

案：公亦為王之卿士，故天子作師，公帥之。王之卿士多為封國之君，如西
周末至春秋初鄭伯為王卿士，其他卿士如毛公、虢公等，亦有封國。

　　茲就上文討論之典籍所載賞賜物條目，列表如下：

賞　賜　物	受賜者身分	時　代	出　處
山川、土田、附庸、龍旂	伯禽（公）	西周成王	《詩・魯頌・閟宮》
大路、大旂、璜、弓、殷民六族、土地	魯公（公）	西周成王	《左氏・定公四年・傳》

〔註65〕韋昭注：「《周禮》：『天子六軍，諸侯大國三軍。』魯，伯禽之封，舊有三軍，
　　　　其後削弱，二軍而已。武子欲專公室，故益中軍以為三，三家各征其一。事
　　　　在魯襄十一年。」
〔註66〕韋昭注：「元侯，大國之君。師，三軍之眾也。大國三卿皆命於天子。承天子，
　　　　謂從王師征不義也。……諸侯，謂次國之君。有卿，有命卿也，二卿命於天
　　　　子，一卿命於其君。無軍，無三軍也。若元侯有事，則令卿帥其所教武衛之
　　　　士，以佐元侯。《禮》所謂『次國二軍，小國一軍』，謂以賦出軍從征伐也。……
　　　　無卿，無命卿也。」

封圭、大弓	周公（公）	西周成王	《穀梁·定公八年·傳》
大路、少帛、綪茷、旃旌、大呂、殷民七族、土地	康叔（侯）	西周成王	《左氏·定公四年·傳》
大路、鼓、甲、沽洗、懷姓九宗、職官五正、土地	唐叔（侯）	西周成王	《左氏·定公四年·傳》
大路、鼓、甲	唐叔（侯）	西周成王	《左氏·昭公十五年·傳》
淑旂綏章、簟茀、錯衡、玄袞、赤舄、鉤膺、鏤鍚、鞹鞃、淺幭、鞗革、金厄	韓侯（侯）	西周宣王	《詩·大雅·韓奕》
圭瓚、秬鬯一卣、山土田	召虎（伯）	西周宣王	《詩·大雅·江漢》
秬鬯一卣、彤弓一,彤矢百、盧弓一、盧矢百、馬四匹	晉文侯（侯）	春秋初	《尚書·文侯之命》
大輅、龍旗九旒、渠門赤旂	齊桓公（侯）	春秋襄王	《國語·齊語》
玉	晉惠公（侯）	春秋襄王	《左氏·僖公十一年·傳》
大輅之服、戎輅之服、彤弓一、彤矢百、旅弓矢千、秬鬯一卣、虎賁三百人	晉文公（侯伯）	春秋襄王	《左氏·僖公二十八年·傳》
二路、鈇鉞、秬鬯、彤弓、虎賁	晉文公（侯伯）	春秋襄王	《左氏·昭公十五年·傳》
大路	鄭公孫蠆（大夫）	春秋靈王	《左氏·襄公十九年·傳》
先路三命之服、八邑	鄭子展（卿大夫）	春秋靈王	《左氏·襄公二十六年·傳》
次路再命之服、六邑（三邑）	鄭子產（大夫）	春秋靈王	《左氏·襄公二十六年·傳》

上文討論之典籍所載與身分有關器物，列表如下：

器　　物	使用者身分	時　代	出　　處
大路、弧韣、旂十二旒（日月之章）	魯公（公）	成王	《禮記·明堂位》
路車、簟茀、魚服、鉤膺鞗革、朱芾、蔥珩	方叔（卿士）	西周宣王	《詩·小雅·采芑》
路車、乘馬、介圭、八鸞	韓侯（侯）	西周宣王	《詩·大雅·韓奕》

（乙）「非冊命賞賜部分」

非冊命的賞賜，其因主要爲事功，於冊命賞賜不同者在於未有命數與授職。文獻中記載西周史事者本來就少，言及西周賞賜者更僅數則。

壹、詩經的記載

〈小雅・采菽〉提到對於諸侯，應賜予路車乘馬，玄袞及黼，其文如下：

采菽采菽，筐之筥之。君子來朝，何錫予之？雖無予之，路車乘馬。
又何予之？玄袞及黼。

毛傳注云：「君子，謂諸侯也。」、「玄袞，卷龍也。白與黑謂之黼。」諸侯來朝，天子賜予路車乘馬，足見路車爲諸侯所用車的等級，而諸侯衣飾等級爲玄袞及黼，鄭玄箋云：「玄袞，玄衣而畫以卷龍也。黼，黼黻，謂絺衣也。諸公之服自袞冕而下，侯伯自鷩冕而下，子男自毳冕而下。王之賜，維用有文章者。」鄭玄的說法是漢代以來對先秦貴族禮服的系統化的說法，袞龍是畫於玄衣，絺是刺的意思，指黼裳。孔穎達正義提出：「案〈終南〉美秦襄公之受顯服云『黻衣繡裳』，是得玄冕也。又曰『錦衣狐裘』，是得皮弁服也。然則天子之賜諸侯，無文亦賜之。」是補充所賜之服可能爲無文之服。這是一般的賞賜，當諸侯覲周天子時，周天子可以依其身分賞賜車服。

這首詩還提到「君子來朝，言觀其旂」、「赤芾在股，邪幅在下。」諸侯用赤芾。鄭玄箋說：「芾，大古蔽膝之象也。冕服謂之芾，其他服謂之韠。」依鄭意芾和韠是同物而不同名，因服裝而有不同的稱呼，至於邪幅於銘文作「牙僰」，也與身分有關。旂對諸侯而言是重要的象徵，這由周初分封時授旂及冊命銘文賞賜旂，可以看出旂對身分的標示性。

貳、春秋三傳的記載

《春秋》三傳中，以《左傳》對賞賜言之最詳，三傳中提供研究的資料也以《左傳》爲主。茲檢得七條：

（1）左氏・莊公十八年・傳：虢公、晉侯朝王，王饗醴，命之宥。皆賜玉五瑴，馬四匹。〔註67〕非禮也。王命諸侯，名位不同，禮亦異數，

〔註67〕原文作「馬三匹」，而賜馬三匹，甚爲特殊，一乘四馬爲常例，王引之《經義述聞》（《四部備要》中華書局據自刻本校刊，卷十七）已指出三字易誤爲三字，故原文當是「馬三匹」，今依之。

不以禮假人。〔註68〕

案：魯莊公十八年，正爲周惠王元年，虢公和晉侯朝王，爲朝見新王之禮，前人或以爲新王即位有冊命之禮，然由此來看，諸侯朝見新王，新王未必加以冊命，然必有賜，且應依諸侯等級有別。虢公爲王之卿士，是公爵，而晉侯是侯爵，等級不同，所以《傳》文說「名位不同」、「非禮也」。

（2）左氏・文公四年・傳：（衛甯武子言）昔諸侯朝正於王。王宴樂之，於是乎賦〈湛露〉，則天子當陽，諸侯用命也。諸侯敵王所愾，而獻其功，王於是乎賜之彤弓一、彤矢百、旅弓矢千，以覺報宴。〔註69〕

案：晉文公獻楚俘於王，周襄王賜晉文公「彤弓一，彤矢百，旅弓矢千。」事見於《左傳》魯僖公二十八年，亦足以與此相印證。

（3）左氏・成公二年・傳：新築人仲叔于奚救孫桓子，桓子是以免。既，衛人賞之以邑，辭，請曲縣、繁纓以朝，許之。〔註70〕仲尼聞之，曰：「惜也！不如多與之邑。唯器與名，不可以假人，君之所司也。名以出信，信以守器，器以藏禮，〔註71〕禮以行義，義以生利，利以平民，政之大節也。若以假人，與人政也。政亡，則國家從之，弗可止也已。」

（4）左氏・成公二年・傳：公會晉師于上鄏，賜三帥先路三命之服，司馬、馬空、輿帥、侯正、亞旅，皆受一命之服。

案：此則魯公賜晉之三帥三命之服，而晉的司馬、司空、輿帥、侯正、亞旅等一命之服。晉之三帥皆三命之卿，而司馬、司空、輿帥、侯正、亞旅皆一命之大夫，魯公依其於晉之命數而賜。這一則值得留意的是大國之卿爲三命，而大夫一命。再者，甲國之君賜乙國之臣，依其乙國之命數而賜。各國宜有

〔註68〕 杜預注：「雙玉爲穀。侯而與公同賜，是借人禮。」

〔註69〕 杜預注：「朝而受政教也。」、「覺，明也。謂諸侯有四夷之功，王賜之弓矢，又爲歌〈彤弓〉以明報功宴樂。」

〔註70〕 杜預注：「軒縣也。《周禮》：天子樂宮縣，四面；諸侯軒縣，闕南方。繁纓，馬飾。皆諸侯之服。」
孔穎達正義：「又諸侯之卿，有受革輅、木輅之賜，皆有繁纓。……且諸侯之卿，特賜乃有大輅。《士喪禮》爲送葬設盛服耳，皆非正法所有。」

〔註71〕 杜預注：「器，車服。名，爵號。……動不失信，則車服可保。車服所以表尊卑。」
孔穎達正義：「此名號車服，是君之所主也。名位不愆，則爲下民所信，此名所以出信也。動不失信，然後車服可保，此信所以守車服之器也。禮明尊卑之別，車服以表尊卑，車服之器，其中所以藏禮。言禮藏於車服之中也。」

對照之制，將各國臣子命數相應起來。三帥爲卿，是三命，大夫爲一命，則卿大夫這一階層可分爲三。

（5）左氏・襄公十九年・傳：公享晉六卿于蒲圃，賜之三命之服；軍尉、司馬、司空、輿尉、候奄皆受一命之服。賄荀偃束錦、加璧、乘馬，先吳壽夢之鼎。〔註72〕

案：此則與（4）情況相同，爲魯公賜晉六卿三命之服而晉的軍尉、司馬、司空、輿尉、候奄皆受一命之服。因荀偃爲中軍元帥，所以特別賞賜束錦、加璧、乘馬、吳壽夢之鼎。

（6）左氏・襄公二十四年・傳：齊人城郟。穆叔如周聘，且賀城。王嘉其有禮也，賜之大路。

案：穆叔爲卿大夫，周天子賜之大路，是天子賜諸侯與卿大夫車馬皆可賜大路。

由以上各則可以歸納出以下幾則條例：

1. 名位不同，同時賜物，宜有不同。
2. 賜他國之臣，當依此臣在其國之命數而賜。
3. 周天子賜卿大夫以大路。
4. 諸侯有四夷之功，周天子可賜以弓矢。

參、對國語韋昭注之論辯

韋昭注《國語》提到一則命服之事，因與前面討論到的兩則《國語》有關，故討論於此：

（1）國語・周語中：晉文公既定襄王於郟，王勞之以地，辭，請隧焉。〔註73〕王不許，曰：「昔我先王之有天下也，規方千里以爲甸服，以供上帝山川百神之祀，以備百姓兆民之用，以待不庭不虞之患。

〔註72〕杜預注：「如朝戰還之賜，唯無先輅。荀偃，中軍元帥，故特賄之。五匹爲束。……古之獻物，必有以先，今似璧馬爲鼎之先。」

孔穎達正義：「古之獻物，必有以先之。《老子》云：『雖有拱抱之璧，以先駟馬。』謂以璧爲馬先也。僖三十三年『鄭商人弦高以乘韋先牛十二犒師』，謂以韋爲牛先也。二十六年『鄭伯賜子展先路、三命之服，先八邑』，謂以車服爲邑之先也。皆以輕物先重物，此錦璧可執，馬可牽行，皆輕於鼎，故以璧、馬爲鼎之先。以輕先重，非以賤先貴，鼎價未必貴於璧、馬也。」

〔註73〕韋昭注：「賈侍中云：『隧，王之葬禮，開地通路曰隧。』昭謂：隧，六隧也。《周禮》：『天子遠郊之地有六鄉，則六軍之士也；外有六隧，掌供王之貢賦。唯天子有隧，諸侯則無也。』」

其餘以均分公侯伯子男，使各有寧宇，以順及天地，無逢其災害，先王豈有賴焉。內官不過九御，外官不過九品，〔註74〕足以供給神祇而已，豈敢猒縱其耳目心腹以亂百度？亦唯是死生之服物采章，〔註75〕以臨長百姓而輕重布之，王何異之有？今天降禍災於周室，余一人僅亦守府，又不佞以勤叔父，而班先王之大物以賞私德……若由是姬姓也，尚將列爲公侯，以復先王之職，大物其未可改也。……」文公遂不敢請，受地而還。

(2) 國語・晉語四：二年春，公以二軍下，次於陽樊。右師取昭叔于溫，殺之于隰城。左師迎王于鄭。王入于成周，遂定之于郟。王饗醴，命公胙侑。公請隧，弗許。曰：「王章也，不可以二王，無若政何。」賜公南陽陽樊、溫、原、州、陘、絺、組、攢茅之田。

案：以上兩則應是同一件事，在〈晉語四〉此條韋昭注：「命，加命服也。胙，賜祭肉。侑，侑幣。謂既定，以束帛侑公。」依韋昭注有兩點值得注意：其一爲周天子冊命晉侯，故言加命服；其二爲賜物有祭肉（胙）與侑幣（侑）。關於第一點似乎牽強，〈晉語〉原文「命公胙侑」可以解釋爲「命賜晉文公酢侑」，饗禮，酢指晉文公酢周天子，而侑亦即侑，也應即酢之意，酢侑意同，〔註76〕《左氏・僖公二十八年・傳》：「王享醴，命晉侯侑」語法與「命公胙侑」相較，當是周天子命晉侯（晉文公）做某事，韋昭注將「命」釋爲「加命服」而胙與侑又專釋爲「賜祭肉」與「侑幣」，是望文生義，將此句讀爲「命公——胙侑」，命公爲一事，胙侑又爲加賜，割斷文句，殊爲不可。「命公胙侑」即「命公酢侑」之假借，也即是「命公侑」，何以酢侑要周天子命呢？因爲周禮注重敵體，主與賓爲敵體，故主人獻，賓酢，主人再酬，此爲一獻之禮，晉文公是周天子的臣，不宜爲周天子之敵體，故未有周天子之命，何敢以賓自居，然周天子因其功大，特賜其可行酢侑之禮，所以這個「命」字，非如韋昭所釋的「加命服」，加命服是冊命之禮，而由〈周語中〉、〈晉語四〉

〔註74〕韋昭注：「九御，九嬪也。九品，九卿。《周禮》：『內有九室，九嬪居之；外有九室，九卿朝焉。』」
〔註75〕韋昭注：「死之服，謂六隧之民引玉柩輅也。」
〔註76〕王引之《經義述聞》：「今案《爾雅》曰：『酬、酢、侑，報也。』則侑與酬酢同義。命之侑者，命魯公、晉侯與王相酬酢與。或獻或酢，有施報之義，故謂之侑。命之侑者，所以親之也。」（《四部備要》中華書局據自刻本校刊，卷十七）。

的正文來看，沒有冊命的意思，所以此事不宜視為冊命之禮。

由以上的的討論，此次賞賜物為邑田。

茲就此處討論之典籍所載賞賜物條目，列表如下：

賞　賜　物	受賜者身分	時　代	出　處
路車乘馬、玄袞及黼	諸侯	西周晚期	《詩・小雅・采菽》
玉五瑴、馬四匹	虢公（公） 晉侯（侯）	周惠王	《左氏・莊公十八年・傳》
馬二十乘	公子重耳（士）	周襄王	《國語・晉語四》
邑田	晉文公（侯）	周襄王	《國語》〈周語中〉、〈晉語四〉
先路三命之服	晉軍三帥（卿）	周定王	《左氏・成公二年・傳》
一命之服	司馬、馬空、輿帥、侯正、亞旅（大夫）	周定王	《左氏・成公二年・傳》
三命之服	晉六卿（卿）	周靈王	《左氏・襄公十九年・傳》
一命之服	軍尉、司馬、司空、輿尉、候奄（大夫）	周靈王	《左氏・襄公十九年・傳》
束錦、加璧、乘馬、鼎	荀偃（卿）	周靈王	《左氏・襄公十九年・傳》
大路。	穆叔（卿）	周靈王	《左氏・襄公二十四年・傳》
彤弓一、彤矢百、玈弓矢千	諸侯	周	《左氏・文公四年・傳》

此處討論之典籍所載與身分有關器物，列表如下：

器　物	使用者身分	時　代	出　處
旆、赤芾、邪幅	諸侯	西周晚期	《詩・小雅・采菽》

若將此節傳世先秦文獻的「冊命賞賜」與「非冊命賞賜」兩個部分合起來整理，依其性質，可以分為十一類：「土田封邑」、「人民臣隸」、「圭瓚鬱鬯」、「玉器」、「服飾」、「車及車飾」、「馬及馬飾」、「兵器」、「旌旗」、「其他類」凡十類。另有一類屬於「車服成套」（或直稱命數）不能規入前十類，附於最後。

可依賞賜物列表如下：

賞　　賜　　物		受賜者身分	時　　代
土田封邑	山川、土田、附庸	公侯：魯公	西周成王
	土地	公侯：魯公	西周成王
		侯：康叔	
		侯：唐叔	
	山土田	伯：召虎	西周宣王
	邑田	侯：晉文公	春秋襄王
		卿：鄭子展	
		大夫：鄭子產	
人民臣隸	殷民六族	公侯：魯公（始封）	西周成王
	殷民七族	侯：康叔	西周成王
	懷姓九宗、職官五正	侯：唐叔	西周成王
	虎賁三百人	侯：晉文公	春秋襄王
圭瓚鬱鬯	圭瓚、秬鬯一卣	伯：召虎	西周宣王
	秬鬯一卣	侯：晉文侯	春秋平王
		侯：晉文公	春秋襄王
玉器	璜	公侯：魯公	西周成王
	封圭	公　：周公	西周成王
	玉	侯：晉惠公	春秋襄王
	玉五瑴	公侯：虢公 晉侯	春秋惠王
	加璧	卿：荀偃	春秋靈王
服飾	玄袞、赤舄	侯：韓侯	西周宣王
	玄袞及黻	諸侯	西周晚期
	邪幅	諸侯	西周晚期
車及車飾	大路	公侯：魯公	西周成王
		侯：康叔	
		侯：唐叔	
		侯：齊桓公	春秋襄王
		侯：晉文公	
		大夫：鄭公孫蠆	春秋靈王
		卿：穆叔	
	戎輅	侯：晉文公	西周襄王
	先路	卿：鄭子展（三命）	春秋靈王
	次路	大夫：鄭子產（再命）	春秋靈王

	路車乘馬	諸侯	西周晚期
	簟茀、錯衡	侯：韓侯	西周宣王
	金厄	侯：韓侯	西周宣王
馬及馬飾	鉤膺、鏤錫、鞹鞃、淺幭、鞗革	侯：韓侯	西周宣王
	馬四匹	侯：晉文侯 公 ：虢公 侯：晉侯	春秋平王 春秋惠王 春秋惠王
	乘馬	諸侯	西周晚期
	馬二十乘	士：公子重耳	春秋襄王
	乘馬	卿：荀偃	春秋靈王
兵器	弓	公侯：魯公	西周成王
	大弓	公 ：周公	西周成王
	甲	侯：唐叔	西周成王
	彤弓一，彤矢百 盧弓一、盧矢百	侯：晉文侯	春秋平王
	彤弓一、彤矢百 玈弓矢千	侯：晉文公	春秋襄王
	鏚鉞	侯：晉文公	春秋襄王
旂旗	龍旂	公侯：魯公	西周成王
	大旂	公侯：魯公	
	少帛、綪筏、旃旌	侯：康叔	
	淑旂綏章	侯：韓侯	西周宣王
	龍旗九旒、渠門赤旂	侯：齊桓公	春秋襄王
其他	大呂	侯：康叔	西周成王
	沽洗、鼓	侯：唐叔	
	束錦	卿：荀偃	春秋靈王
	鼎		
車服成套	大輅之服、戎輅之服	侯：晉文公	春秋襄王
	先路三命之服	卿：鄭子展	
	次路再命之服	大夫：鄭子產	
	先路三命之服	卿：晉軍三帥	春秋定王
	一命之服	大夫：司馬、馬空、輿帥、 侯正、亞旅	
	三命之服	卿：晉六卿	春秋靈王
	一命之服	大夫：軍尉、司馬、司空、 輿尉、候奄	

第二節　銅器銘文中的賞賜資料

歷來研究銅器銘文中所載賞賜禮制者，多注重在「冊命（錫命）禮」上，少部分述及「非冊命禮」，民國以來引用銅器銘文研究有關西周賞賜禮制的研究者，重要的有齊思和先生〈周代錫命禮考〉〔註 77〕、陳夢家先生〈西周銅器斷代〉系列〔註 78〕、黃然偉先生《殷周青銅器賞賜銘文研究》〔註 79〕、張光裕先生〈金文中冊命之典〉〔註 80〕、日本學者武者章先生〈西周冊命金文分類の試み〉〔註 81〕、陳漢平先生《西周冊命制度研究》〔註 82〕、汪中文先生《西周冊命金文所見官制研究》〔註 83〕、〈西周冊命禮中五種賞賜物之研究〉〔註 84〕、〈重論冊命禮中之右者〉〔註 85〕、黃盛璋先生〈西周銅器中冊命制度及其關鍵問題新考〉〔註 86〕、〈西周銅器中服飾賞賜與職官及冊命制度關係〉〔註 87〕、〈西周銅器中服飾賞賜與職官及冊命制度關係發覆〉〔註 88〕、彭美玲

〔註 77〕　齊思和：〈周代錫命禮考〉，《燕京學報》1947 年，第 32 期。
　　　　　後收入齊思和：《中國史探研》（石家莊：河北教育出版社，2000 年 12 月），頁 99～129。
〔註 78〕　陳夢家：〈西周銅器斷代（三）〉，《考古學報》，1956 年，第十一冊。此文的第三部分為「西周的策命制度」。
　　　　　陳夢家：〈西周銅器斷代、虢國考、賞賜篇〉，《燕京學報》1995 年，新一期，頁 254～287。此文有「賞賜篇」，為早年其一系列「西周銅器斷代」作品的未完成部分，由後人整理發表。
〔註 79〕　黃然偉：《殷周青銅器賞賜銘文研究》（香港：龍門書店有限公司，1978 年 9 月）。
〔註 80〕　張光裕：〈金文中冊命之典〉，《香港中文大學中國文化研究所學報》，1979 年，第十卷下冊，頁 241～271。
〔註 81〕　（日）武者章：〈西周冊命金文分類の試み〉，載於（日）松丸道雄編，《西周青銅器とその國家》（日本東京：東京大學出版會，1980 年 6 月），頁 241～324。
〔註 82〕　陳漢平：《西周冊命制度研究》（上海：學林出版社，1986 年 12 月）。
〔註 83〕　汪中文：《西周冊命金文所見官制研究》（臺北：國立臺灣師範大學國文研究所博士論文，1989 年）。
〔註 84〕　汪中文：〈西周冊命禮中五種賞賜物之研究〉，《臺南師院學報》，1991 年（第 24 期），頁 219～237。
〔註 85〕　汪中文：〈重論冊命禮中之右者〉，載於汪中文著，《兩周官制論稿》（高雄：復文圖書出版社，1993 年 10 月），頁 37～67。
〔註 86〕　黃盛璋：〈西周銅器中冊命制度及其關鍵問題新考〉，《考古學研究》（西安：三秦出版社，1993 年 10 月），頁 402～427。
〔註 87〕　黃盛璋：〈西周銅器中服飾賞賜與職官及冊命制度關係〉，《傳統文化與現代化》，1997 年第 1 期，頁 37～45。
〔註 88〕　黃盛璋：〈西周銅器中服飾賞賜與職官及冊命制度關係發覆〉，《周秦文化研究》

女士〈西周金文所見的賞賜〉〔註 89〕等文章，其中以陳夢家、黃然偉、陳漢平、汪中文等四位先生考釋精細，自成體系。

雖然賞賜和冊命是相關的，但是學界多數集中於討論冊命，所提出的意見多以冊命禮為主，在前人的研究基礎上，對於冊命銘文，可以歸結出一些條例來，下面就這些條例論述之：

（一）冊命禮舉行時間

冊命禮舉行的時間以年初為多（一月至三月），時辰多由大清早（昧爽、旦）開始。

（二）冊命禮舉行地點

依銅器銘文所記的情形來看，舉行地點以宗廟為主（宗周大廟、宗周穆廟、周大廟、周康廟、周宣射、周廟圖室、吳大廟、雍应廟、周康穆宮、周康剌宮、周康邵宮大室、周康穆宮大室、周康宮穆大室、周康宮大室、康宮大室、康宮新宮大室、周穆王大室、周成大室等）為主，但也在某宮殿（鎬京濕宮、周般宮、射日宮等）或臣工的宮室（宗周大師宮、周師彔宮大室、師汓父宮大室、師戲大室等）舉行，因此，我們可以得到一個看法：舉行冊命地點多在宗廟大室，應變時則在宮殿、諸侯或臣工宮室的大室，至於其他情況則是零星的現象。

（三）冊命禮相關人物

參與冊命的人物有周王（諸侯亦可對其下屬冊命）、書寫冊命文書者（史官）、宣讀冊命者（史官或王朝重臣）、受冊命者、儐（右者）。

（四）冊命禮的完整儀式

周王各于某（地），即立，南嚮。儐右受冊命者入門，立中廷，北嚮，儐在受冊命者右側。周王呼宣讀冊命者（史官）北嚮宣讀冊命辭，受冊命者答禮捧頡首，受冊，佩以出。反入覲章。

（五）冊命賞賜物的類項

冊命的賞賜除了官職之外，常伴隨著其他賞賜物，諸如：鬯卣、圭瓚、

（西安：陝西人民出版社，1998 年 11 月），頁 409～422。

〔註89〕彭美玲：〈西周金文所見的賞賜〉，《中國文學研究》，1997 年，第十一期，頁 1～22。

冕服（冂、衣、市、帶、舄）、鞍鞯、佩玉、車馬及飾品、兵器、旂、土田、金貝、臣民等。

（六）冊命與職官

冊命授職爲西周封建官制的重心，銅器銘文中提及者如：時王重申先王舊命、時王命承襲其先祖舊職、時王既命又再命等，這些冊命授官所提及的官職補足了文獻對西周職官與授職制度的不足。

對於賞賜制度的研究上，可留意者如：賞賜除了冊命外，其原因以戰功和蔑曆爲多，尚有祭祀、見事等緣由。軍功的賞賜物以車馬和兵器爲多，另外賞賜物「金和貝」少見於冊命賞賜，時代上多見於西周早期。賞賜物如牛、丹等，亦不見於冊命，這些都是非冊命賞賜與冊命賞賜的差異。

西周銅器銘文中提到賞賜之事者甚多，這和作器緣由有關，得到賞賜是非常榮耀的事，於是鑄器彰顯美德以告父祖，在器上記有銘文，以爲子子孫孫相傳。在探討上，可分爲（甲）「冊命賞賜部分」和（乙）「非冊命賞賜部分」來整理：

（甲）「冊命賞賜部分」

由於本論文探討的重點在「賞賜物」、「身分」與「時代」的關係，因此在整理銅器銘文資料尤特別留意這方面的現象，茲將銘文資料製成一表，以便探討：

◎集成序號：《殷周金文集成》的編號，爲一致起見，皆以五位數字表示。凡集成未收者，則以加Ｎ表示，後數字以六位數字表示，前四位數字爲公布西元年，接著二位數字爲編次，並於其後加註說明。如Ｎ199001中1990爲該器公布年，01爲本文給予之編號。

◎器名：暫依《殷周金文集成》名稱，《集成》未收者，則依銘文作器人命名原則稱之。

◎賞賜銘文內容：由銘文中擇出賞賜物，包含授予職官。

◎受賜者身分職事：列出其爵位或官位，依銘文所載而寫，原身分在「→」之左，後來身分在「→」之右。

◎時代：西周早期〔Ａ〕武成康昭、中期〔Ｂ〕穆恭懿孝、晚期〔Ｃ〕夷厲宣幽區別之。

◎銅器銘文引文不加斷句，直接隸定。

◎凡於器名前加「α」者，表示爲摹本或刻本。加「β」者表示非周王賞賜，爲王后、諸侯或官員賞賜下屬。加「γ」表示銘文殘泐，不能全讀或不易由拓片隸定。

◎凡空格中塡入「／」者，表示資料不詳。

集成序號	器名	原因：賞賜銘文內容	受賜者身分職掌	時代
00060-063	β逆鐘	且考許政于公室：冊五錫戈彤㡓、觌于公室僕庸臣妾小子室家	→觌于公室僕庸臣妾	C
00133-139	柞鐘〔註90〕	載朱黃緐嗣五邑佃人事	／→嗣五邑佃人事	C

〔註90〕本器銘文隸定：「隹王三年三月初吉甲寅，中大師右柞＝，（柞）易（賜）載朱黃、緐、嗣五邑佃人事。柞捧手對䚇（揚）中大師休，用乍（作）大鑞鐘，其子＝孫＝永寶。」

這件器有個問題：賞賜柞的人是誰？

關於這個問題，可以如下思考：

（1）若爲周天子賞賜柞，那麼何以柞是「對䚇中大師休」？

（2）若爲中大師賞賜柞，那麼何以又是中大師右？而賞賜物載朱黃、緐、職務嗣五邑佃人事，是不是中大師能賜的權限？

由銘文中可以肯定的是中大師是右柞的人。金文中未見賞賜者爲右者的其他例子，而「載朱黃、緐」是標幟身分的賞賜物，「嗣五邑佃人事」則爲授職，在西周諸侯冊命其臣屬時是不是能有如此的賞賜，這一點是不得不考慮的，本文在整理銘文的結果得到的看法是：非冊命賞賜銘文中，沒有賞賜「市」的例子，而非王賞賜也沒有任何賜「市」的例子。再者，銘文中「對揚某人休」，其例當爲對某人表現感謝，並且有臣服之意（賞賜本身帶有彼此身分的約定意圖），也就是說「對揚」的某人是受賜者的上司或主人。因此在（1）和（2）兩個思考角度來比較，似乎可以做以下解釋「柞原可能是中大師的下屬或親族，因爲表現極好，得到中大師向周天子推薦，周天子冊命柞，並由中大師爲冊禮的右者，而這個典禮的舉行，周天子並未臨幸，而由中大師代王賞賜，並爲右者，柞感謝中大師，對揚中大師休」這樣或許可以合理地解釋這個銘文的現象，也就是說：賞賜柞的人是周天子，而由中大師代爲執禮。這種情況與〈師𩫊鼎〉02830相近，其銘文云「王曰：『師𩫊！女（如）克盍乃身，臣朕皇考穆王，用乃孔德琭屯，乃用心引正乃辟安德。重（唯）余小子肇盄（淑）先王德，易（賜）……事余一人。』𩫊捧頭首休白（伯）大師肩㗊，𩫊臣皇辟天子，亦弗諲（忘）公上父㝬（胡）德，𩫊禨暦白（伯）大師，不自乍（詐）。……𩫊敢對王休，用妥乍（作）公上父𦤼，于朕考覃季易父敔（秩）宗。」是伯太師提拔師𩫊，師𩫊對揚伯太師休，亦對揚王休，可見對揚的對象可以是對自己有恩之人，未必只限於賞賜者。

朱鳳瀚先生在討論〈師望鼎〉的「小子」一詞時，提出以下的看法：

其銘言「大師小子師望」。所稱「大師」即扶風強家村所出師𩫊鼎銘中之「伯

02531	雍白鼎	啻于屮為宮	／	A
02638	β 眞侯弟鼎〔註91〕	嗣戜	／→嗣戜	BC
02755	β 宎鼎	剌嗣奠田	／→剌嗣奠田	B
02756	γ 寓鼎	蔑曆：吏䢉大人〔註92〕、□	作冊→作冊、吏䢉大人	B
02765	β 蟎鼎	事僚乓家、乓且僚僕二家	／→事僚妊氏家	B
02781	庚季鼎〔註93〕	赤⊘市玄衣㠯屯緣斿〔註94〕、用又右俗父嗣寇	／→又右俗父嗣寇〔註95〕	B

大師」或其子，師𩇕是師望之父，其銘又稱「伯大師」爲伯，可見其是師𩇕之兄輩。他們共祖（公上父）但不同父。伯大師一支屬此一家族中大宗本家，世代承繼大師職，師望一支則是此一家族中小宗分支。師望因尊伯大師一支爲宗子，故自稱「大師小子」。（朱鳳瀚：《商周家庭形態研究》，天津：天津古籍出版社，1990年8月，頁330）

屬于西周貴族家族成員的「小子」，即該家族中的小宗，他們以「某（該家族之長或其族名）小子」爲稱，是相對于家族長（多是其父或其長兄）稱「子」而言。這種稱謂本身亦即體現了濃厚的宗法等級關係。……在西周貴族家族中，作爲家族長的父兄與其下屬子、弟之間的親族關係，雖仍是維繫家族共體的根本紐帶，但已完全採取了嚴格的宗法等級關係的形式，亦即染上了濃厚的宗法等級制的色彩。而此種關係進一步發展的結果即是其走向政治化，演化爲家族內部的君（宗君）臣關係（或說主臣關係），以及一整套強化此種關係的禮儀制度。（頁331）

那麼師𩇕和伯太師的關係是小子與宗子，可能柞與中太師的關係也是這樣。另外，這類器出現時代多在中期以後，或許和王權漸弱有關。

〔註91〕 本器銘文「眞厌（侯）易（錫）弟遺嗣戜，弟遺乍（作）寶鼎，其邁（萬）年子＝孫＝永寶用。」眞侯賜弟遺掌管戜地，銘文內容屬於授職之事，具有冊命之意。受賜者弟遺，弟可能是眞侯之弟的意思，也可能弟遺是人名，兩種可能都不能排除，故未能確定其身分。

〔註92〕 關於此器《商周青銅器銘文選（三）》對「吏䢉大人」作以下註解：事䢉，䢉从广䢉聲，當讀爲譚。䢉、譚古音相同。在此用爲佐義。《國語·晉語九》『以譚趙鞅之故』，韋昭《注》：『譚，佐也。』」、「大人，官名。《詩·小雅·斯干》：『大人佔之，維熊維羆。』朱熹《詩集傳》：『大人，太卜之屬，占夢之官也。』寓的官名爲作冊，王命作冊使譚大人都是史官。」（頁234）

依此則「吏（使）䢉大人」讀爲「使譚大人」。

〔註94〕 原字作「旅」，依例當是「斿」字之訛。

〔註93〕 此器作器人名第一字銘文如𢆷，《殷周金文集成釋文·第二卷》將此字隸定爲「爾」（中國社會科學院考古研究所編，香港中文大學中國文化研究所出版，2001年10月，頁357）。本文認爲此字仍宜依《殷周金文集成》原書所提器名隸定爲「庚」，庚族爲西周前期的大族，如「庚嬴」即是庚族宗婦。

〔註95〕 「又右」讀爲「ナ右」，即「左右」、「佐佑」，ナ字誤鑄爲又。

02783	七年趞曹鼎	載市冋黃縊	/	B
02785	α 中方鼎〔註96〕	裛人、裛土（采）	/	A
02786	康鼎	幽黃鋚革	/	BC
02789	β 致方鼎〔註97〕	玄衣朱襮裣	/	B
02790	α 微縊鼎	觏嗣九陂	/→觏嗣九陂	C
02804	利鼎	赤⊘市縊旂	/	B
02805	南宮柳鼎	嗣六自牧陽大□嗣義夷陽佃史、赤市幽黃攸勒	/→嗣六自牧陽大□嗣義夷陽佃史	C
02813	師至父鼎	載市冋黃玄衣黹屯戈瑪戠旂用嗣乃父官友	師	B
02814	無重鼎	官嗣穆王遺側虎臣、玄衣黹屯戈瑪戠厚必丹沙攸勒縊旂	/→官嗣穆王遺側虎臣	C
02815	趞鼎	玄衣屯黹赤市朱黃縊旂攸勒	/→（鏊白）	C
02816	伯晨鼎	司且考医于䵼、蠶邑一卣玄袞衣幽夫赤舄駒車畫🐚輇爻虎幃覍裛里幽攸勒旅五旅〔註98〕弓彤旅弓旅矢🔲戈皋胄	医	BC
02817	r 師晨鼎	疋師俗嗣邑人隹小臣善夫守□官犬眔奠人善夫官守友、赤舄	師→疋師俗嗣邑人隹小臣善夫守□官犬眔奠人善夫官守友	B

〔註96〕本器銘文隸定：「隹（唯）十又三月庚寅，王才（在）寒眴（次），王令大史貺裛土，王曰：『中！玆（茲）裛人入史（事），易（賜）于珷王乍（作）臣，今貺畀女（汝）裛土，乍（作）乃采。』中對王休令，鼎父乙障，隹（唯）臣尚（常）中臣。」所賜爲裛人裛土，裛可能是邊緣地區的異族，曾於武王時稱臣，今將之賜與中。

〔註97〕本器銘文隸定爲「隹（唯）九月既望乙丑，才（在）臺自。王卹姜吏（使）內史友員易（賜）致玄衣朱襮裣。致拜䭫頣首對覯（揚）王卹姜休，用乍（作）寶彝障鼎，其用夙（夙）夕亯（享）孝于皇文且（祖）乙公、于文妣（姬）日戊，其子＝孫＝永寶。」所賜物具有身分象徵，可視爲冊命賞賜。王卹姜當爲周王后。

〔註98〕「旅五旅」爲「旂五旂」之訛。

02819	α寰鼎	玄衣黹屯赤市朱黃䜌旂攸勒戈琱戟厚必彤沙	／→（奠白）〔註 99〕	C
02820	善鼎	ナ疋𩰫戻監㸒師戍：且旂	ナ疋𩰫戻→ナ疋𩰫戻監㸒師戍	B
02821-823	此鼎	玄衣黹屯赤市朱黃䜌旂	／→旅邑人善夫	C
02825	善夫山鼎	官嗣歓獻人于𡴊用乍𡨦司賓、玄衣黹屯赤市朱黃䜌旂	官嗣歓獻人于𡴊用乍𡨦司賓	C
02827-829	頌鼎	官嗣成周賓廿家監嗣新寤賓用宮御、玄衣黹屯赤市朱黃䜌旂攸勒	官嗣成周賓廿家監嗣新寤賓用宮御	C
02830	師訊鼎	玄袞𪓐屯赤市朱𧝝䜌旂大師金膺攸勒	師	B
02836	大克鼎	𤔲𦣞乃令：叔市參冋莽悤、田于埜、田于渒、井家田于𤲞吕氒臣妾、田于康、田于匽、田于陣原、田于寒山、史小臣霝龢鼓鐘、井𩯈人、井人奔于量	膳夫	C
02837	大盂鼎	井乃嗣且南公：鬯一卣冂衣市舄車馬、乃且南公旂用獸、邦嗣三白人鬲自駿至于庶人六百又五十又九夫、夷嗣王臣十又三白人鬲千又五十夫逦遷自氒土	／	A
02838	γ曶鼎	更且考嗣卜事：赤⊗市、赤金㔽	嗣卜事	B
02841	毛公鼎	𤔲先王命：尹卿事寮大史寮、䋣嗣公族雩參有嗣小子師氏虎臣、取徵卅守、䰜鬯一卣鄆圭鬲寶朱市悤黃玉環玉瑑金車𣪠縟較朱鬣㔾靳虎冟熏裏右厄畫轉畫轄金甬錯衡金踵金豙約𩋙金簟弼魚葡馬三匹攸勒金巤金膺朱旂二鈴	尹卿事寮大史寮、䋣嗣公族雩參有嗣小子師氏虎臣	C

〔註 99〕本器銘文提到「皇考奠（奠；鄭）白（伯）姬𨾏鼎」，由於是摹本，有漏字，與此同爲寰所作而銘文相同的〈寰盤〉10172：「朕皇考奠（鄭）白（伯）、奠（鄭）姬寶般（盤）」相校可知〈寰鼎〉「白」字後、「姬」字前當有「奠（鄭）」字，唯不知是漏鑄或漏摹。

04184-187	β公臣設〔註100〕	嗣百工、馬乘鐘五金	／→嗣百工	C
04192-193	鮮設	穰曆：緐旂〔註101〕	／	B
04196	α師毛父設	赤市	師	B
04197	卻智設	哉衣赤𢆶市、訇且考事乍嗣土	／→嗣土	C
04199-200	恒設蓋	更𣪠克嗣直昌：緐旂	嗣直昌	B
04202	α阿設	赤市朱亢緐旂	／	C
04208	段設	穰曆、念畢中孫子：令龏颯逆大則于段〔註102〕	畢中孫子	B
04209-212	衛設	曾令：🈂赤市攸勒〔註103〕	／	B
04215	朇設	嗣成周里人罘者厇大亞訊訟罰取償五守、尸臣十家	／→嗣成周里人罘者厇大亞訊訟罰取償五守	C
04240	免設	足周師嗣叡、赤𢆶市	／→足周師嗣叡	B
04241	熒作周公設	臣三品州人重人𩫏人	井厇	A

〔註100〕 本器銘文隸定：「虢中（仲）令公臣嗣朕百工。易（賜）女（汝）馬乘、鐘五、金，用事。公臣拜頜首敢🈂（揚）天尹不（丕）顯休，用乍（作）隩設，公臣其萬年用寶丝（茲）休。」由銘文來看，應是天尹令虢中傳命，冊命公臣嗣百工，故首句「嗣朕百工」爲天尹語氣，虢中傳達這樣的命令。公臣一詞可能是職官，也可能是私名。

〔註101〕 本器銘文隸定：「唯十又二月既生霸丁亥，王吏（使）熒穰（薦）曆（曆）、令祕邦，乎（呼）易（賜）緐（鑾）旂，用保弘邦。鮮對玥（揚）王休，用自乍（作）寶器，萬年目弘孫子寶用。」薦曆和令爲兩個動作，王使熒去薦曆並且對該邦冊命或施命。鮮可能受到冊命封邦而作器。該器年代：《殷周金文集成》定爲西周中期，《商周青銅器銘文選》定爲昭王時器（第三卷，頁85），其器形爲斂口、鼓腹、器蓋子母口、蓋上有圈狀捉手、附耳，全器飾瓦紋，與西周中期流行器身全飾瓦紋的流行相類，將時代定在西周中期較佳。

〔註102〕 此器段受王賜大則，此於銘文獨見，郭沫若先生提出則爲采地的說法：
當即《周官·大宗伯》「五命賜則」之則。鄭注云：「則，地未成國之名。王之下大夫四命，出封加一等五命，賜之以方百里、二百里之地者。方三百里以上爲成國。……」……余意「則」即采地，謂宰割土地也。土地之宰割有大有小，故此言「大則」也。（《兩周金文辭大系圖錄考釋》頁51）
茲依其說釋則爲采，如此則〈段設〉可歸入冊命賞賜類。

〔註103〕 🈂字就文例推之當是「易」字，但四件〈衛設〉器蓋銘文皆如此作，就字形釋文，形近「厝」字，但此字於銘文當是「易（賜）」的意思。

	（井侯設）〔註104〕			
04243	羖設蓋（救設蓋）〔註105〕	玄衣黹屯旂三日用大甫于五邑守堰	／→五邑守堰	B
04244	α γ 走設	靬足□、赤⊘旂	／	C
04246-249	楚設	赤⊘市縊旂取賣五守𤔲莽鄙官內師舟	／→𤔲莽鄙官內師舟、取賣五守	C
04250	即設	赤市朱黃玄衣黹屯縊旂、𤔲琱宮人虢旟	／→𤔲琱宮人虢旟	B
04251-252	大師虘設	虎裘	大師	B
04253-254	弭叔師察設	赤舄攸勒用楚弭白	師（弭白師）	C
04255	α 戠設	乍𤔲土官𤔲耤田、戠玄衣赤⊘市縊旂胥徒馬取賣五守	／→乍𤔲土官𤔲耤田、胥徒馬、取賣五守	C
04256	廿七年衛設	載市朱黃縊	／〔註106〕	B
04257	弭伯師耤設	玄衣黹屯鋚市金鈧赤舄戈琱䝙井沙攸勒縊旂五日	弭白、師	C
04258-260	α 害設	奉朱帶玄衣黹屯旂攸革、戈琱䝙彤沙用𢧭乃且考事官𤔲尸僕小𤔲底魚	／→官𤔲尸僕小𤔲底魚	C
04266	趩設	乍𤔲自冢𤔲馬嗇官僕射士訊小大又陞取賣五守、赤市幽亢縊旂	𤔲自冢𤔲馬嗇官僕射士訊小大又陞取賣五守	B
04267	申設蓋	更且考：疋大祝官𤔲豐人眔九戲祝、赤市縈黃縊旂	／→疋大祝官𤔲豐人眔九戲祝	B
04268	王臣設	朱黃奉親玄衣黹屯縊旂五日戈畫䝙厚必彤沙	／	B

〔註104〕本器銘文隸定：「隹（唯）三月，王令燮（榮）眔內史曰：『葊（勻）井（邢）戻（侯）服，易（賜）臣三品：州人、重人、鄩（庸）人。』捧（拜）頴（稽）首魯天子逆（造）氒（厥）瀕福，克奔徒（走）上下帝無冬（終）令𢦙（于）有周，追考（孝），對不敢家（墜；弛），卲（昭）朕福盟，朕臣天子，用典王令，乍（作）周公彝。」是作器人為井戻（邢侯），器名當稱為井戻設。

〔註105〕作器人名字形从求从攴，故當隸定為救，名其器為救設（蓋）。

〔註106〕關於作器人裘衛，裘可能本為先祖之職，而後為氏之稱，至裘衛時，其職未必為裘，而仍以裘為氏。同一作器人的尚有〈衛盉〉、〈五祀衛鼎〉、〈九年衛鼎〉，由諸器銘文來看，都未能證實其職掌與裘（𤔲裘）有關。

04270-271	同𣪘	差右吳大父𤔲𢎥林吳牧自淲東至于河氒至逆于玄水	／→左右吳大父𤔲𢎥林吳牧	B
04272	α 塑𣪘	死𤔲畢王家、赤⊗市縊	／→死𤔲畢王家	B
04274-275	元年師兌𣪘	足師龢父𤔲ナ右走馬五邑走馬、（乃）且市五黃赤舃	師→疋師龢父𤔲ナ右走馬五邑走馬	C
04276	豆閉𣪘	戠衣⊗市縊旂用俟乃且考事𤔲𢼸榦邦君𤔲馬弓矢	／→𤔲𢼸榦邦君𤔲馬弓矢	B
04277	師𢾭𣪘蓋	𧼪𤔲佳人、赤市朱黃旂	師→𧼪𤔲佳人	C
04279-282	元年師旋𣪘	備于大ナ官𤔲豐還ナ又師氏、赤市同黃麗般	師→備于大ナ官𤔲豐還ナ又師氏	C
04283-284	師㝬𣪘蓋	唯鬴先王令：官𤔲邑人師氏、金勒	師→官𤔲邑人師氏	B
04285	諫𣪘	鬴先王命：𧼪𤔲王宥、攸勒	𧼪𤔲王宥	B
04286	輔師嫠𣪘	更且考𤔲輔：載市素黃縊腹曾命：玄衣𢾭屯赤市朱黃戈彤沙琱𣪘旂五日	／→更且考𤔲輔	C
04287	伊𣪘	𧼪官𤔲康宮王臣妾百工、赤市幽黃縊旂攸勒	／→𧼪官𤔲康宮王臣妾百工	C
04288-291	師酉𣪘	𤔲且啻官邑人虎臣西門尸𣄰尸秦尸京尸𢏚身尸、赤市朱黃中絹攸勒	／→啻官邑人虎臣西門尸𣄰尸秦尸京尸𢏚身尸	B
04294-295	揚𣪘	乍𤔲工官𤔲量田甸𮦴𤔲応𮦴𤔲𢼸𮦴𤔲寇𮦴𤔲工司、赤𮜋市縊旂訊訟取貲五守	／→乍𤔲工官𤔲量田甸𮦴𤔲応𮦴𤔲𢼸𮦴𤔲寇𮦴𤔲工司、訊訟取貲五守	C
04296-297	α 鄩𣪘蓋	鬴𠬝命乍邑𧼪五邑祝、赤市同[圖]黃縊旂	鼻白子、乍邑𧼪五邑祝	C
04302	彔伯𢦔𣪘蓋	且考又爵于周邦：𩰬鬯一卣金車奉𩫗較奉商朱虢靳虎冟寀裏金甬畫轉金厄畫轉馬三匹鋚勒	彔白（𢇁王子）	BC
04303-310	此𣪘	玄衣𢾭屯赤市朱黃縊旂	／→旅邑人善夫	C
04311	α β γ 師𤡪𣪘	且考又爵于白龢父家：𧼪𤔲西扁東扁僕馭百工牧臣妾東裁內外、戈戠𣪘□必彤㫐丽五鍚鐘一𣪘五金	白龢父家師、𧼪𤔲西扁東扁僕馭百工牧臣妾東裁內外	C
04312	師頯𣪘	鬴先王令：乍𤔲土官𤔲汸闇、赤市朱黃縊旂攸勒	師（尹白子）→𤔲土𤔲汸闇	C

04316	師虎設	更且考啻官嗣ナ右戲緐荊、赤舄	師→啻官嗣ナ右戲緐荊	B
04318-319	三年師兌設	龏豪乃令：觏嗣走馬、鬯卣一卣金車幸較朱虢啇斳虎冟熏裏右厄畫轉畫輴金甬馬三匹攸勒	足師龢父嗣ナ右走馬→觏嗣走馬	C
04320	γ宜侯夨設	矢于宜、鬯卣一卣商禹一□彤弓一彤矢百旅弓十旅矢千易土氒川三百□氒□百又廿氒宅邑卅又五氒□百又卌易才宜王人□又七生易奠七白氒盧□又五十夫易宜庶人六百又□六夫	虞矢→宜矢	A
04321	訇設	啻官嗣邑人先虎臣後庸西門尸秦尸京尸橐尸師等側新□畧尸畀身尸譶人成周走亞戌秦人降人服尸、玄衣黹屯載市冋黃戈珛彘厚必彤沙緐旂鋚勒	／→啻官嗣邑人先虎臣後庸西門尸秦尸京尸橐尸師等側新□畧尸畀身尸譶人成周走亞戌秦人降人服尸	C
04324-325	師嫠設	龏豪乃令：嗣且舊官小輔鼓鐘、叔市金黃赤舄攸勒	師（輔白子）、小輔鼓鐘	C
04326	番生設蓋	龏圖大令：觏嗣公族卿事大史寮取償廿守、朱市悤黃鞶鞶玉睘玉瑑車電軫奉縟較朱禽啇斳虎冟熏裏造衡右厄畫轉畫輴金童金豪金簟弭魚葍朱旂旜金芳二鈴	觏嗣公族卿事大史寮	C
04327	β卯設蓋	嗣莽宮莽人、禹章四穀宗彝一肆寶、馬十匹牛十、于乍一田、于宣一田、于隊一田、于戲一田	／→嗣莽宮莽人（熒白家臣）	B
04332-339	頌設	官嗣成周賓監嗣新宕賓用宮御、玄衣黹屯赤市朱黃緐旂攸勒	成周賓監嗣新宕賓	C
04340	α蔡設	龏豪宰嗣王家、觏疋對各死嗣王家外內、嗣百工出入姜氏令、玄袞衣赤舄	宰嗣王家→觏疋對各死嗣王家外內、嗣百工出入姜氏令	C
04341	班設	毛白更虢輱公服粤王立乍三方亞秉緐蜀巢：鈴鑿	毛白→毛公	B

04342	α 師訇設	釐京乃令：鬱鬯一卣圭瓚夷允三百人	師	C
04343	α γ 牧設	設改令：辟百寮有同事 釐豪命：鬱鬯一卣金車奉較畫輯朱虢靣斳虎冟熏裏旂、□三匹取□守〔註107〕	嗣士／→辟百寮有同事（益白子）	B
04462-463	癲盨	敦（般）㹥虢歊攸勒	史〔註108〕	B
04467-468 N199401	師克盨	先且考又爵于周邦、釐豪乃令：更且考甸嗣左右虎臣、鬱鬯一卣赤市五黃赤舄牙僰駒車奉較朱虢靣斳虎冟熏裏畫轉畫輯金甬朱旂馬三匹攸勒素鉞〔註109〕	師→甸嗣左右虎臣	C
04469	α γ 瑒盨	鬱鬯一卣乃父市赤舄駒車奉較朱虢靣斳虎冟熏裏畫轉畫輯金甬馬三匹鍪勒	／	C
04626	免簠	嗣土嗣奠還歊眔吳眔牧、戠衣鑾	／→嗣土嗣奠還歊眔吳眔牧	B
05402	趞卣	采（趞）、貝五朋	／	A
05405	β 次卣	嗣田人、馬、裘	嗣田人	B
05418	免卣	載市冋黃乍嗣工	／→嗣工	B
05992	趞尊	采（趞）、貝五朋	／	A
05994	β 次尊	嗣田人、馬、裘	嗣田人	B
06006	免尊	載市冋黃乍嗣工	／→嗣工	B
06013	盠方尊	赤市幽亢攸勒、用嗣六自王行參有嗣＝土嗣馬嗣工、甸嗣六自眔八自埶	嗣六自王行參有嗣＝土嗣馬嗣工、甸嗣六自眔八自埶	B
06015	麥方尊〔註110〕	王饗醴京酹祀零若翌日才辟雝王乘弓舟爲大豐：玄周戈、者祦臣二百家劑用王乘車馬金勒冂衣市舄	井灰	A

〔註107〕缺字應可補爲「馬三匹取償廿守」。參本論文第三章第一節「參・取償」的部分。
〔註108〕此器於一九七六年陝西省扶風縣莊白一號窖藏出土，由各器知爲散氏家族器，而其祖爲史官，故推癲亦爲史官。
〔註109〕集成編號04467師克盨於銘文鑄造時漏冟字，由集成編號04468可以補足。
〔註110〕此器記載冊命井灰之事，故亦例入冊命賞賜銘文，而井灰賜麥爲非冊命賞賜，則收於非冊命賞賜類。

06016	矢令方尊〔註111〕	（明僳）尹三事三方受卿事寮	尹三事三方受卿事寮	A
06516	趩觶	更且考服：戠衣載市冋黃旂	／	B
09723-724	十三年瘐壺	畫袋牙僰赤舃	史	B
09728	曶壺蓋	更且考：乍冢嗣土于成周八𠂤、曩邑一卣玄袞衣赤市幽黃赤舃攸勒織旂	／→乍冢嗣土于成周八𠂤	B
09731-732	頌壺	官嗣成周貯廿家監嗣新寤貯用宮御、玄衣黹屯赤市朱黃鑾旂攸勒	官嗣成周貯廿家監嗣新寤貯用宮御	C
09898	吳方彝蓋	嗣𤔲罘叔金、曩邑一卣玄袞衣赤舃金車桒𩊅朱虢靳虎冟熏裹桒較畫轉金甬馬三匹鑾勒	乍冊→嗣𤔲罘叔金	B
09899-900	盠方彝	赤市幽亢攸勒、用嗣六𠂤王行參有嗣＝土嗣馬嗣工、𤔲嗣六𠂤罘八𠂤𦑣	嗣六𠂤王行參有嗣＝土嗣馬嗣工、𤔲嗣六𠂤罘八𠂤𦑣	B
09901	矢令方彝	王令周公子明僳尹三事三方受卿事寮	尹三事三方受卿事寮	A
10169	呂服余盤	更且考事疋備中嗣六𠂤服：赤黻幽黃鑾勒旂	／→嗣六𠂤服	B
10170	走馬休盤	玄衣黹屯赤市朱黃戈琱威彤沙厚必鑾旂人	走馬	B
10172	袁盤	玄衣黹屯赤市朱黃鑾旂攸勒戈琱威厚必彤沙	／（奠白子）	C
10360	豐圜器〔註112〕	啓進事旋走事皇辟君：畢土方五十里	／	A

<hr>

〔註111〕此器記載冊命明僳之事，故亦例入冊命賞賜銘文，明僳賜兗師及矢令，屬非冊命賞賜類。

〔註112〕本器銘文云：「隹（唯）十年二月初吉丁卯，豐啓（肇）進事，旋走事皇辟君，休王自𣪘事（使）賞（賞）畢土方五十里，豐弗敢墾（忘）王休異，用乍（作）𢼸歆宮旅彝。」此器記豐事王后，由「啓進事」和王封賞畢土考量可規入冊命賞賜類，畢土方五十里，應是采邑。郭若沫先生於《兩周金文辭大系圖錄考釋》（上海：上海書店出版社，1999 年 7 月，頁 93〜94）初以爲孝王器，所據乃將休王釋爲孝王，後作廢其說。陳夢家先生於〈西周銅器斷代（二）〉（《考古學報》第十冊，1955 年，頁 104〜106）提出「畢土乃王錫于召的采地」、「此王賞畢土之召疑是畢公高」，本以爲其說畢土是采地，甚是，而說召疑爲畢公高，則仍缺乏有力證據，此器之豐若爲畢公高，則其地位尊榮，於銘文內容「啓進事」、「王自𣪘事賞」都不合，所以本文認爲豐爲王室之臣而服事王后者。

N198601-02	殷設〔註113〕	市朱黃、更且考召嗣東畺五邑	／→召嗣司東畺五邑	B
N198701-03	逨鐘〔註114〕	先且考政德亯辟先王：先且服、靷嗣三方吳薈	／→靷嗣三方吳薈	C
N199001	太保罍〔註115〕	医于匽旅羌馬叡雩馭散克🔲匽入土眔氒嗣	／→匽医	A
N199002	太保盉〔註115〕	医于匽旅羌馬叡雩馭散克🔲匽入土眔氒嗣	／→匽医	A
N199601	虎設蓋〔註116〕	更且考（嗣虎臣）足師戲嗣走馬馭人眔五邑走馬馭人、載市幽黃玄衣黹屯緣旂五日	／→足師戲嗣走馬馭人眔五邑走馬馭人	B
N199701	餶伯慶鼎〔註117〕	／：焂戒賮弨狄雁虎裘豹裘用政于六𠂤用校于比用獄次	伯、政于六𠂤	C

───────────────

〔註113〕呼林貴、薛東星：〈耀縣丁家溝出土西周窖藏青銅器〉，《考古與文物》1986：4，頁4～5。

〔註114〕劉懷君：〈眉縣出土一批西周窖藏青銅樂器〉，《文博》1987：2，頁17～25。又〈陝西眉縣楊家村西周青銅器窖藏發掘簡報〉（陝西省考古研究所、寶雞市考古工作隊、眉縣文化館、楊家村聯合考古隊：《文物》2003：6，頁4～42）載所出土的〈逨盤〉N200310與此銘文有關，同為眉縣出土。〈逨鐘〉銘文為逨自言天子休賜其職，然與〈逨盤〉合著來看，〈逨鐘〉可以比照賞賜銅器處理。〈逨鐘〉和〈逨盤〉同事不同銘。

〔註115〕參見〈北京琉璃河1193號大墓發掘簡報〉，《考古》1990：1，頁25。

〔註116〕此器為1996年陝西丹鳳山溝村出土，僅存器蓋，公布於王翰章、陳良和、李保林：〈虎簋蓋銘簡釋〉，《考古與文物》1997：3，頁78。其銘文隸定為：「隹卅年三（四）月初吉甲戌，王才（在）周新宮，各于大室。密弔（叔）內右（佑）虎即立。王乎（呼）內（入）史曰：「冊令虎。」曰：「觑（哉）！乃且（祖）考事先王，嗣（司）虎臣。今令女（汝）曰：『更乃（乃）且（祖）考足（胥）師戲嗣（司）走馬馭人眔五邑走馬馭人。女（汝）女（毋）敢不譱（善）于乃政。易（賜）女（汝）載市幽黃、玄衣🔲（黹）屯、緣旂五日，用事。』」虎敢捧（拜）頴（稽）首對𧧻（揚）天子不（丕）杯（丕）魯休。虎曰：「不（丕）顯朕剌（烈）且（祖）考粦明克事先王，肄天子弗望（忘）乃（厥）孫子及乃（厥）尚官，天子其萬年齒（申）兹命虎，用乍（作）文考日庚隩設，子孫其永寶用，夙（夙）夕亯（享）于宗。」虎的祖考任職為「嗣虎臣」，而今王冊命虎更其祖考，是虎得嗣承嗣虎臣之職，而今王又加以新職「胥師戲嗣走馬馭人眔五邑走馬馭人」，所以這是承繼祖考職事而又增新職的冊命。

〔註117〕陳佩芬：〈釋焂戒鼎〉，《第三屆國際中國古文字學研討會論文集》（香港：香港中文大學中國文化研究所、中國語言及文學系，1997年10月），頁317～321。此銘文當有上文於他處（器蓋或另器），受賜者可能是餶伯。

集成序號	器名	原因：賞賜銘文內容	受賜者身分職掌	時代
N199802	宰獸段〔註118〕	龗蕶乃命：更且考事緎嗣康宮王家臣妾夏章外入、赤市幽亢攸勒	宰、緎嗣康宮王家臣妾夏章外入	B
N199804	靜方鼎〔註119〕	省南或：司才曾鄂自、罶旅市采霉	司才曾鄂自	A
N200102	士山盤〔註120〕	入于莽戻徝徵蛞荆方服罘亢虘服履服六孳服	士→入于莽戻徝徵蛞荆方服罘亢虘服履服六孳服	B
N200303-12	四十三年逨鼎〔註121〕	龗蕶乃令：官嗣曆人、罶罶一卣玄袞衣赤舄駒車奉較朱虢商靳虎冟熏裏畫轉畫輴金甬馬三匹攸勒	足燹兌緎嗣三方吳嗇用宮御→官嗣曆人	C
N200313	逨盤〔註122〕	亟先聖且考龗蕶乃令：足燹兌緎嗣三方吳嗇用宮御、赤市幽黃攸勒	／→足燹兌緎嗣三方吳嗇用宮御	C

（乙）「非冊命賞賜部分」

（表格原則與（甲）「冊命賞賜部分」同，唯「賞賜銘文內容」於賞賜物、爵職前加敘事由，以「：」隔開。）

集成序號	器名	原因：賞賜銘文內容	受賜者身分職掌	時代
00048	αγ鐘	／：白金十勻	／	BC

〔註118〕羅西章：〈宰睪簋銘略考〉，《文物》1998：8，頁83～87。

〔註119〕徐天進：〈日本出光美術館收藏的靜方鼎〉，《文物》1998：5，頁85～87。

〔註120〕朱鳳瀚：〈士山盤銘文初釋〉，《中國歷史文物》2001：1。此器銘文隸定爲：「隹（唯）王十又六年九月即（既）生霸甲申，王才（在）周新宮，王各大室，即立（位）。士山入門，立中廷，北鄉（嚮）。王乎（呼）乍（作）冊尹冊令（命）山曰：『于入莽戻。徝徵蛞荆方服、罘亢虘服、履服、六孳服。』莽戻、蛞方賓貝、金。山捧頜首，敢對揚（揚）天子＝不（丕）顯休，用乍（作）文考釐中（仲）寶障盤盉，山其萬年永用。」由銘文可以知道士山所受冊命是授於職務，屬於賞賜職嗣，而此銘文中的貝和金是莽戻、蛞方賞賜給士山的，不屬於冊命賞賜，故在處理上，冊命部分歸入冊命賞賜銘文，賞賜部分歸入非冊命賞賜銘文。

〔註121〕陝西省考古研究所、寶雞市考古工作隊、眉縣文化館、楊家村聯合考古隊：〈陝西眉縣楊家村西周青銅器窖藏發掘簡報〉，《文物》2003：6，頁4～42。鑄器人逨，或隸定爲達、逨，此二說於字形實較逨爲佳，然學界提及此組器多有分歧，姑暫依考古報告隸定爲逨，以免困擾。

〔註122〕出處同上註，此器由銘文所述冊命官職來看，鑄器當在〈四十三年逨鼎〉之前。

00107-108	雁侯視工鐘	遺王：弓一彤弓百馬三匹〔註123〕	雁侯	（B）C
00143	鮮鐘	／：吉金	／	C
00204-208	克鐘	遹涇東至于京自：甸車馬乘	／	C
00209	克鎛	遹涇東至于京自：甸車馬乘	／	C
00247-250	癲鐘	左尹氏：佩	左尹氏、史	B
00753	βγ公姞鬲	子中漁大池天君蔑公姞曆：〔註124〕魚三百	／	B
00754-755	β尹姞鬲	天君弗望穆公聖粦明𠁁事先王：〔註125〕玉五品馬三匹	／	B
00935	圉甗	王奉于成周：貝	／	A
00948	β遇甗	㪤医蔑遇曆：金	師雄父部屬	B

〔註123〕其銘文有「雁医視工遺王于周」（視字原釋爲見，今依裘錫圭先生〈甲骨文中的見與視〉一文改釋），《商周青銅器銘文選》云：此銘辭爲被動語態。遺，貽。《爾雅・釋言》訓貽爲『遺』也，又通作飴，董鼎銘『匽侯令菫龏（飴）大保于宗周』，與此句文例近似。」（第三卷，頁164）

將遺訓爲飴可從，然由董鼎可知以下對上亦可用飴字，則雁医飴王亦無不可，則不必視爲被動語態。

又「見工」爲雁医私名，之前有學者以爲見工爲「見事」，這是不正確的，吳鎮烽、尚志儒先生〈關於應侯鐘「見工」一詞的解釋〉（《文物》1977：8，頁28）指出：

在應侯鐘銘文中，「見工」一詞曾兩次出現，且都與應侯相連。在該期《文物》中（1975年第10期），靭松同志把「見工」解釋爲「見事」，說「應侯見工」就是「應侯效事于周王的意思。」我們認爲，如果把「見工」作爲應侯的私名來解，更顯得文從理順，古人多用單字爲名，但用兩個字爲名的也不在少數，銅器銘文中，如鄂侯馭方、韓侯伯晨、虢季子白、魯士商厥、王孫遺者都是用兩個字爲名的，可以爲證。

〔註124〕〈公姞鬲〉銘文隸定：「隹（唯）十又二月既生霸，子中漁大池，天君蔑公姞曆，史（使）易（賜）公姞魚三百，捧稽首對𩁹（揚）天君休，用乍（作）齋鼎。」公姞爲天君的臣屬，子中在池中表現好，子中可能是公姞之子，也有可能公姞是協助子中漁大池，而天君蔑公姞曆。天君應非周天子，而是先王之后。

〔註125〕〈尹姞鬲〉銘文隸定：「穆公乍尹敊宗室于緐林，隹（唯）六月既生霸乙卯，休天君弗望（忘）穆公聖粦明𠁁事先王，各于尹敊宗室緐林，君蔑尹敊曆，易（賜）玉五品、馬三匹，捧頴首對易（揚）天君休，用乍（作）寶齋。」由銘文來看，穆公爲尹敊夫，所以銘文一開始說「穆公在緐林立了尹敊宗室」，天君對穆公輔助先王表示感激，來到緐林賞賜尹敊，報答穆公對先王及國家的貢獻。陳夢家先生以爲公姞（〈公姞鬲〉）和尹姞是一人（陳夢家：〈西周銅器斷代（五）〉，《考古學報》1956年第3期，頁119）。

02405	德鼎	／：貝廿朋	／	A
02435	β 從鼎	／：貝卅朋	／	B
02453-455	β 䙪父鼎	／：貝	／	A 〔註126〕
02504	β 作冊𭥂鼎	康医才朾𠂤：〔註127〕貝	作冊	A
02505	β 圍方鼎	／：貝	匽医臣	A
02556	β 小臣𤿽鼎	𧅫公建匽：貝五朋	小臣	A

〔註126〕本器銘文載休王賜䙪父，休王之名又見於〈效父𣪘〉03822～03823，〈效父𣪘〉的時代應在西周中期穆王以後，由〈曶鼎〉02838 銘文中也見效父，而〈曶鼎〉銘文中已有穆王大室之稱，知其時代必在穆王後，所以〈效父𣪘〉的時代也應在穆王以後。那麼〈䙪父鼎〉也有休王，是否也該定在西周中期呢？這可由字體看出時代應在穆王早期以前，而由其器形來看，其方腹的曲線爲西周早期形式，方腹上的棱脊，和西周早期的〈太保方鼎〉、〈白各尊〉、〈伯各卣〉、〈旂觥〉、〈旂方彝〉、〈旂尊〉、〈令方彝〉相近，雖然這樣的棱脊也延伸使用到西周中期，如〈眞仲壺〉（銘文記錄佣生）、〈日己觥〉，但以西周早期爲典型，由此判斷〈䙪父鼎〉的時代應是西周早期。這樣有一個問題要解決，「休王」是一個什麼樣的詞？西周稱王的除了周天子外，尚有其他諸侯國，這些諸侯國可能都非周族人，如矢王，而休王有三種可能：一種可能「休王爲地方國休的國君」，第二種可能是以休爲美的意思，休王意指美好的國君；第三種則爲前人所釋以休王爲某一位周天子，如郭沫若先生在《兩周金文辭大系》中，先以爲指孝王，後又改爲孝王之前，但未指爲何王（台北：臺灣大通書局，頁 95、102）。事實上郭先生將效（〈效卣〉）與效父視爲同一人（頁 95），所以才有這樣的誤解。以上三說，第三說是不可行的，兩件提到休王的器，時代尚在周王名出現於銘文（武王至懿王皆見於銘文）之際，可稱其王號，何必以休王專稱某一王呢？所以休王不能視爲某王專稱。第一說的可能性是有，然而休王究指何處之王，則難爲說，再者休王做專有名詞似乎仍少有堅確證據。第二說的支持例子如西周早期的〈伯䣄父卣〉05390 銘「白䣄父曰：休父易余馬，對𤲊父休，用乍寶𲱛彝。」休父不是專有名詞，而是在父前加修辭詞或動詞，這和休王的結構是一樣的。又如〈圍方鼎〉02502「休朕公君匽医易（賜）圍貝，用乍（作）寶𲱛彝。」由此可知休王以釋爲「美好的王」是好的說法。（可參唐蘭先生〈論彝銘中的「休」字〉，對金文的休字和休王一詞皆有論述，該文發表於《申報・文史副刊》1948 年 2 月 14 日，又收於《唐蘭先生金文論集》，北京：紫禁城出版社，頁 62～65）

〈䙪父鼎〉銘文風格和器形來看，定爲西周早期即可，而與〈效卣〉應非一王世，故在討論其時代，可以分別視之。

〔註127〕在某𠂤常和軍隊戍守有關，此銘未云賞賜之因，然由此推之可能作冊𭥂從康侯於朾𠂤，也可能作冊𭥂本來戍守在朾𠂤，康侯來嘉賞。不論是那種原因，都不排除非軍功之賞。

02579	燹方鼎	董于王：貝二朋	／	殷A
02581	β小臣𧽊鼎	即事于西：鼎	小臣	A
02595	β臣卿鼎	公違省自東：金	／	A
02626-627	獻侯鼎	唯成王大㞷才宗周：貝	侯	A
02628	匽侯旨鼎	初見事于宗周：貝廿朋	侯	A
02654	β亳鼎	／：杞土麋土🔲禾🔲禾	／	A
02659	βγ鄰鼎	王初🔲🔲于成周：馬🔲🔲	／	A
02661	德方鼎	王延珷福咸：貝廿朋	／	A
02674	β征人鼎	丙午天君卿禳酒：斤貝〔註128〕	／	A
02678	β小臣鼎（昜鼎）	吏（使）于曾：金〔註129〕	小臣	B
02682	γ新邑鼎（柬鼎）	王來奠新邑：貝十朋	／	A
02696	β🔳鼎（內史龏鼎）	／：金一勻、非余〔註130〕	／	B
02702	β㜑方鼎	／：嬰貝朋二百	殷族、又正	殷A
02703	β董鼎	匽医令堇飴大儦：貝	匽医臣屬	A
02704	β旟鼎〔註131〕	／：田三于待劃	／	A

〔註128〕 本器銘文隸定為「丙午，天君卿（饗）禳酒，才（在）斤。天君寶（賞）𠂤（厥）征人斤貝，用乍（作）父丁障彝」，是斤為地名，斤所產之貝為賞賜物，此與天君殷內容相似。天君除征人鼎、天君殷外亦見於〈公姞鬲〉00753、〈尹姞鬲〉00754－00755、〈🔳鼎〉02696，〈公姞鬲〉與〈尹姞鬲〉藏於美國，〈征人鼎〉藏於日本、〈🔳鼎〉為容庚舊藏，除銘文及器形外，皆無出土地資料可為論斷。

〔註129〕 本器銘文隸定為「唯十月，吏（使）于曾，㰥白（伯）于成周休朕小臣金，弗敢喪，㿿（揚）用乍（作）寶旅鼎。」作器者使於曾，或是王命，或是㰥白之命，然由㰥白賞賜，故歸入諸侯賞賜之類。（當然不排除周天子派其使於曾，歸回成周後，使㰥白賞之，然由銘文看，此賞當主由㰥白）。

〔註130〕 本器銘文隸定：「內史令🔳事（使），昜（賜）金一勻（鈞）、非（緋）余（璵）。曰：『內史龏（恭）朕天君，其屬（萬）年，用為考寶障。』內史為天君之臣，而派🔳執事，天君乃讓內史賜🔳金一鈞與非余，所以銘文說「內史龏朕天君」。

〔註131〕 本器銘文隸定為「唯八月初吉，王姜昜（賜）旟田三于待劃，師櫨酷眂，用對王休，子＝孫其永寶。」王姜為賞賜者，旟為受賜者，而旟對揚王休，因王姜為王后，故對揚王休與對揚王姜休意同。待劃為地名，此句可有二讀，若將「旟田三于待劃」連讀，意指所賜田在待劃，若於三字後斷句，則指王

02705	β寤鼎（師眉鼎）〔註 132〕	嬴王爲周寤：貝五朋	師	B
02706	β麥方鼎	井医延鬲：赤金	井医吏、乍冊〔註 133〕	A
02712	β乃子克鼎	辛白蔑曆：絲五十爰	辛白臣屬	A
02718	β寓鼎	獻佩于王姛：曼絲	／	A
02719	β公貿鼎〔註 134〕	安員白：馬轡乘	／	B
02720	井鼎	王漁于池：魚	／	B
02721	β竅鼎（師雝父鼎）	師雒父省道至于猷：金	師雒父部屬	B
02723	α師龢鼎	王女上医：金	師	A
02725-726	歸俎方鼎	／：金肆〔註 135〕	／	A
02728	β旅鼎	大保來伐反尸：貝十朋	／	B
02729	β鼓𩵦方鼎	／：逐毛兩馬匹	／	A
02730	β厚趠方鼎	／：（儥）	／	A
02735-736	不栺方鼎	王才上医应奉祼：貝十朋	／	B

姜於待劃賜旟田。

〔註 132〕本器銘文隸定爲「眂乎師眉，嬴王爲周寤（客），易（賜）貝五朋，用爲寶器：鼎二、毀二，其用亯（享）于乎帝（嫡）考。」因嬴王爲周客，而師眉受賜，嬴王是外族的國君，這裡有要點應釐清：師眉是周王室的師，還是嬴王的師。這關健到是何人賞賜師眉。銘文首句「眂乎師眉」，主詞省略，其意當是「某眂乎師眉」，師眉是其臣屬，故加乎字，第二句指出受賜的理由「嬴王爲周寤」，就文意來看當是「嬴王爲周寤，眂乎師眉」，師眉爲嬴王之臣屬，其職爲師，而賞賜他的是嬴王。此器器名應更改爲「師眉鼎」。

〔註 133〕參〈麥方尊〉06015「……乍冊麥易金于辟医，麥䫏用乍寶障彝用鬲医逆復……」、〈井侯方彝〉09893「……辟井医光乎正吏，鬲于麥寛，易（賜）金……」可知。

〔註 134〕本器銘文隸定爲「隹（唯）十又一月初吉壬午，弔（叔）氏史（使）貧安員白（伯），賓貧馬轡乘，公貿用牧休𩁹，用乍（作）寶彝。」此器提到幾個人物：叔氏、貧、員伯、公貿（公或貿？），「賓貧馬轡乘公貿用牧休𩁹」一句難解，賓爲動詞，可釋爲賞賜，如：〈萳毀〉04195「……賓萳章一馬兩，吳姬賓帛束，萳對䫏天子休……」、〈史頌毀〉04229－04236「榯賓章馬三匹、吉金」等賓字皆做賞賜動詞。那麼受賞賜的是貧，賞賜物是馬轡乘，但是公貿又是何人？下文「用牧休𩁹」與上文的關係亦未能明，故闕疑待考。

〔註 135〕歸俎進爲人名，亦見於〈歸俎進壺〉09594「亞　歸俎進乍（作）父辛歔　朿」族徽文字皆爲朿，其父皆爲父辛；另一賞賜物不明。

02739	β 量方鼎（周公東征鼎）	周公驟于周廟：貝百朋	／	A
02742	α 癲鼎	／：駒兩	／	B
02747	α γ 師秦宮鼎	／：／（殘泐）	／	B
02748	α 庚嬴鼎	王客琱宮卒事：裸䫉貝十朋	／	A
02749	β 禼鼎	／：貝金	靈白子	A
02751-752	γ 中方鼎	先省南或貫行：生鳳〔註136〕	／	A
02754	γ 呂方鼎	王饗□大室：獸三卣貝卅朋	／	B
02758-761	β 作冊大方鼎	公束鑄武王成王異鼎：白馬	作冊	A
02775	α 小臣夌鼎	王𢔍于楚麓令先省楚应：貝、馬兩	小臣	A
02776	剌鼎	王蒥用牡于大室：貝卅朋	／	B
02778	史獸鼎	獻工于尹：裸、豕鼎一、爵一	史	A
02780	師湯父鼎	王才射廬：盛弓象弭矢臷彤犴〔註137〕	師	B
02784	十五年趞曹鼎	龏王射于射廬：弓矢虎盧九胄毌殳	史	B
02787-788	史頌鼎	徝穌𢟤友里君百生帥輯𣪘于成周：章馬三匹吉金	史	C
02791	伯姜鼎	天子妭宝：貝百朋	／（邵白日庚妻）	AB

〔註136〕銘文云：「中乎歸生鳳丂王」，爲被動用法，意指「乎中，王歸生鳳」，周王賞贈生鳳給中。

〔註137〕本器銘文隸定爲「隹（唯）十又二月初吉丙午，王才（在）周新宮，才（在）射廬，王乎（呼）宰雁易（賜）盛弓象弭、矢臷、彤犴。師湯父捧頴首乍（作）朕文考毛弔（叔）䵼彝，其邁（萬）年孫＝子＝永寶用。」師湯父受賜，而由銘文判斷，不必視爲冊命賞賜，所賜物爲弓矢兵器類，可知是王在射廬活動，師湯父當輔助有功，故王以事功賞賜，宰雁爲右。

關於「彤犴」，「犴」字學界或釋爲「欮」，《商周青銅器銘文選》考釋爲「犴」：犴字舊釋爲欮，非是。細審拓本，干字下端有鑄造缺陷，遂誤爲户字。實則字从欠从干。从欠與从人意義相似。《集韻‧翰部》云：「扞、捍、仟，《說文》『扝』，一曰衛也，或作捍仟。」欠是人形，象人守干，仍當讀爲干。彤干，彤色的盾。《禮記‧明堂位》：「朱干玉戚」，鄭玄《注》：「朱干，赤大盾也。」（第三卷，頁148）

釋犴可從，茲從其隸定。

02792	$\alpha\gamma$ 大夫始鼎〔註138〕	／：彡彡□歔 獻工：□、章	大夫（？）	B
02803	令鼎	令先馬走克至：臣十家	／	A
02806-808	大鼎 （己白鼎）	以夆友守䵼辰宮、王饗醴玟 王：誰騧卅二匹	／（䵼辰宮守）	B
02810	噩侯鼎 （噩侯馭方鼎）	內壺于王、卿王射： （玉）五毅馬三匹矢五（束）	医	C
02818	爾比鼎、 （喬攸从鼎、喬攸比鼎）	／：田〔註139〕	／	C
02835	（β）多友鼎	靜京自：（王賜武公）土田	公	C
		武公命伐嚴狁：圭㡀一湯鐘一䏢鐈鋚百匀	武公屬	
02839	γ 小盂鼎	伐鬼方：□弓一矢百畫𢎾一貝胄一金冊一戟戈二（矢臺八）	／	A
03712	β 鳳作且癸	／：玉〔註140〕	／	A

〔註138〕該銘文記載兩次賞賜，惜爲摹本，可能有誤摹的問題，再加殘泐，所以賞賜物或未能明晰。

〔註139〕本器銘文隸定爲：「隹（唯）卅又二年三月初吉壬辰，王才（在）周康宮䧁大室，爾比昌（以）攸衛牧告于王，曰：『女（汝）□我田，牧弗能許爾比。』王令省，史南昌即虢＝旅＝，（虢旅）迺吏（使）攸衛牧誓曰：『我弗具付爾比，其且射分田邑，則 [殺]（殺）。』攸衛牧則誓。比乍（作）朕皇且（祖）丁公、皇考重（惠）公䕼鼎，爾攸比其邁（萬）年子＝孫＝永寶用。」依銘文內容可知王授田予爾比。雖未能確定此爲冊命賞賜或非冊命賞賜，但賜田是可確定的，姑列在非冊命賞賜。

〔註140〕本器銘文隸定爲：「玥（揚）昜（賜）鳥（鳳？）玉，用乍（作）且（祖）癸彝戝。」第三字作 [字形]，或釋爲鳥（中國社會科院考古研究所編：《殷周金文集成釋文》‧第三冊，香港中文大學中國文化研究所，2001年），或釋爲鳳（張亞初：《殷周金文集成引得》，北京：中華書局，2001年），此字字形似鳳非鳳，故兩說並存。因形較鳳而簡，姑暫隸定爲鳥。首句「揚賜鳥玉」，又可有二解：其一「揚（賞賜人）賜給鳥（受賜人）玉」，其二「揚（受賜人）受賜鳥玉（鳥形之玉）」，銘文中被動用法亦爲常見，故第二說法尚不能排除其可能性，依第一說所賜爲玉，泛稱之名；第二說所賜爲鳥玉，專稱之名，然皆爲玉，在賞賜物研究上差別不大，故整理表中以玉登錄，不過若就賞賜者身分來看，就有差別了，第一說爲非周天子賞賜，而第二說則無可定，設以常理推之，周天子賞賜爲殊榮，或應於銘文中特別提及，故整理表中暫以非周天子賞賜登錄。

	設蓋（鳳段）			
03733	德設	╱：貝廿朋	╱	A
03743-744	β保侃母設	╱：貝〔註141〕	保	A
03790	臣栩殘設	╱：金	大保臣	A
03822-823	效父設	╱：金三	╱	A
03824-825	圍設	王奉予成周：貝	╱	A
03905	βr 弒父丁設	╱：貝廿朋	╱	A
03906	β攸設	╱：貝三朋	匽医臣〔註142〕	A
03942	叔德設	╱：臣孃十人貝十朋羊百	╱	A
03948	β臣卿設	公違省自東：金	臣	A
04020	αβ天君設	天君鄉飲酉：貝	╱	A
04030-031	史誥設	王誥畢公：貝十朋	史	A
04041	禽設	王伐楚医周公某禽祝：金百寽	祝	A
04042-043	β易旁設	╱：貝三朋臣三家	小臣	A
04044	β御正衛設	╱：馬匹（自王）	邘正	A
04046	燮設	╱：叶市㫃	╱	B
04060	β不壽設	╱：裘	╱	B

〔註141〕本器銘文隸定爲：「保侃母易（賜）貝于庚宮，乍（作）寶設。」保侃母爲作器人，也是受賜者，然銘文未提及賞賜者爲何人，此器爲西周早期器。另有一件器〈保侃母壺〉09646「王姛（姤）易（賜）保侃母貝，鮹（揚）姛（姤）休用乍（作）寶壺。」《殷周金文集成》以爲西周晚期器，此器由銘文來看，恐非西周晚期，而應爲西周早期器，其時代最晚也只能推到西周中期，此器現藏北京故宮博物院，器形爲一貫耳壺，於此類壺形相較，其頸不甚長，紋飾簡單，僅一弦紋，由器形來判斷也應在西周早期，《故宮青銅器》（故宮博物院編，北京：紫禁城出版社，1999年，頁154）定時代在西周早期，是很正確的。〈保侃母設〉和〈保侃母壺〉時代雖然同爲西周早期，然缺乏充分證據將兩器繫聯，（兩器侃字寫法有別，當然這可能和鑄工不同有關，不過即使同一人所鑄器，其名字寫法也可能不同）。作器人「保侃母」之保爲女官名，侃母爲其名，而〈保侃母設〉的賞賜人也可能是王姛，保侃母爲內宮女官，王姛爲其主，故由王姛賞賜的可能性很大。

〔註142〕此器爲一九七四年北京房山縣琉璃河鎮黃土坡村M53出土，由出土地推，銘文中的医當爲匽医。

	〔註143〕			
04097	β 窋段	嬴王爲周窋：貝五朋	師	A
04099	β 歔段	／：弓矢束馬匹貝五朋	／	B
04100-101	β 生史段	白令生史事于楚白：／	／	B
04104-106	β 賢段	公甹初見于衛：百畮糧	／	B
04112	命段	／：鹿	／	A
04121	燹段	／：鬲王祼〔註144〕、貝百朋	臣父〔註145〕	A
04122	β 彔作辛公段	蔑曆：赤金	／	B
04131	利段	珷征商：金	又事	A
04132-133	β 叔段〔註146〕	王姜史叔事于大保：鬱鬯白金芻牛	／	A
04134-135	β 御史競段	蔑曆：金	御史	A
04136	βγ 相侯段〔註147〕	／：帛金	相医臣	A
04140	大保段	王伐彔子耴降征令彴大保：余土	大保	A
04146	βγ 緐段殘底	伐于眞白：□□廿貝十朋	／	A
04159	β 鼉段	造公：宗彝一肆、鼎二、貝五朋	／	A
04162-164	β 孟段	征無需：臣自乒工	／	AB

〔註143〕本器銘文隸定爲：「隹（唯）九月初吉戊辰，王才（在）大室，王姜易（賜）不壽裘，對揚（揚）王休，用乍（作）寶。」賞賜人爲王姜，而受賜人不壽對揚的對象是王，感謝王亦即感謝王姜。

〔註144〕鬲爲瓚，祼禮所用禮器。

〔註145〕臣父一詞應是作器者榮爲時王之長輩，爲父輩又爲其臣，故稱爲臣父，由銘文中提到「燹（榮）格（佫）」一詞可以看出，銘文中常記載王各（佫）某地，而此處云榮格，則榮的身分是特殊的。

〔註146〕本器銘文隸定爲：「隹（唯）王蓉于宗周，王姜史（使）叔事于大（太）僳（保），寶（賞）叔鬱邕、白金、芻牛。叔對大（太）僳（保）休，用乍（作）寶隣彝。」既然是對太保休，那麼賞賜的人很可能是太保。

〔註147〕此器全銘隸定爲：「隹（唯）五月乙亥，相医休于乒臣乆，易（賜）帛金，乆珢（揚）医休，告文考，用乍（作）隣段，其萬年□待☑医。」由內容來看，器名當更爲〈乆段〉。

04165	大𣪘	穆曆：鈠華犅（用當考）	／	B
04166	敔𣪘	穆曆：玄衣赤🔲	／	A〔註148〕
04167	㝨𣪘	／：丼五量、袞胄干戈	匋君公白弟	B
04169	章伯取𣪘	王伐淶魚徒伐淖黑至燎：貝十朋	章伯	A
04170-177	瘨𣪘	王對瘨林：佩	史	B
04179-181	(β) 小臣守𣪘〔註149〕	吏于夷：馬兩金十鈞	小臣	B
04191	穆公𣪘蓋	王夕鄉醴、晉尸：貝廿朋	／	B
04194	睿𣪘	穆曆：牛三	／	B
04195	β 𧭫𣪘	王命𧭫罘弔緐父歸吳姬飴器： （自黃）章一馬兩； （吳姬）帛束〔註150〕	／ ／	B
04201	β 小臣宅𣪘	事白懋父：畫𠭤戈九易金車馬兩	小臣	A
04205	獻𣪘	㠱白于蔪王：金車	畢公家臣〔註151〕	A

〔註148〕此器時代主要有二說：《商周青銅器銘文選》第三卷以爲西周屬王（編號412，頁287。）；《殷周金文集成》器號4166以爲西周（未有細部分期）。此器圈足下加三獸形足，爲西周早期之特色，其頸飾鳳紋，亦近於西周早期。

〔註149〕本器銘文隸定：「隹（唯）五月既死霸辛未，王史（使）小臣守吏（使）于夷＝（？），賓馬兩、金十鈞。守敢對𩁩（揚）天子休令，用乍（作）盨（鑄）引中寶𣪘，子＝孫＝永寶用。」器04181之夷下有「＝」，而另二器無之。夷字下＝似可有兩說，第一說是將之視爲重文符號，如此則周王派小臣守使于夷，賞賜小臣守的是夷；第二種可能是此＝是夷字的一部分，如此則賞賜小臣守的是周王。

〔註150〕此器有兩次賞賜，一次是自黃賞賜𧭫「章（璋）一、馬兩」，第二次是吳姬賞賜𧭫「帛束」。

〔註151〕本器銘文隸定：「㠱白（伯）于遘王休，亡尤。朕辟天子，㠱白（伯）令𢀛（厥）臣獻金、車。對朕辟休，乍（作）朕文考光父乙，十世不諲（忘），獻身才（在）畢公家，受天子休。」是作器人獻爲畢公家之臣，而㠱伯和畢公的關係，《商周青銅器銘文選》認爲「此㠱伯當爲畢公的高等家臣」（第三卷，頁56），此說值得留意，畢公爲作器人獻的上司是肯定的，而㠱伯和作器人獻的關係則還可再考量，其間的可能的假設如：㠱伯遘王，而畢公爲國之重臣，以其部屬獻輔助禮儀進行，也不無可能；當然還有一種可能，㠱伯爲畢公之後，外封於㠱爲伯，如周公子封爲魯、蔣、邢、茅、胙、祭（《左傳·僖公二十四年》），㠱伯或爲畢公之後人，封於㠱，故其遘王，由畢公臣佐助。

04206	γ 小臣傳殷	／：非余、☒	小臣	A
04207	遹殷	王漁于大池、鄉西：雉	／	B
04213	β 屖敖殷蓋	戎獻金：金十鈞 〔註152〕	魯臣（盠）	C
04214	師遽殷蓋	王征正師氏：貝十朋	師	B
04216-218	五年師旋殷	羞追于齊：冊五易鞞盾生皇畫內戈琱畂厚必彤沙	師	C
04225-228	無具殷	王征南尸：馬三匹	／	B
04229-236	史頌殷	徸穌🐾友里君百生帥䚔盠于成周：章馬三匹吉金	史	C
04238-239	小臣謎殷	白懋父㠯殷八自、承王令易自：貝	小臣	A
04269	β 縣妃殷 縣改殷	乃任縣白室：爵訊之戈冃玉黃🔲	縣白婦	B
04273	靜殷	射于大池：鞞剢	斸射學宮	A
04278	爾比殷蓋	／：田	／	C
04298-299	大殷蓋	／：趞睽里 〔註153〕	剌白子	C

　　朱鳳瀚先生指出：

　　此約爲康王時器，出于陝西洛水上游保安。其大意是說，櫨伯去朝見王，休美而沒有過失，獻（可能是作爲櫨伯隨從同行）亦得進見天子。櫨伯賜予他的臣獻一輛金車（即用青銅車具裝飾的車子），獻因而對揚其君之休美，并作此器以祭文考父乙。十世不忘獻身在畢公家中而受到天子的休寵。櫨伯所以賞賜其家臣獻，可能是與獻進見天子有關，獻當是因在進見時能夠有禮于天子，而得到家主厚賞。故銘末雖揚其家主之休，更特意銘記永世不忘在畢公家所受天子之休賜，是獻認爲此次得到榮寵實乃沐浴天子之光澤。獻言「身在畢公家」，明其爲貴族家臣，但又稱櫨伯爲君，是櫨伯當屬畢公家族之小宗分支，伯是爵稱，陳夢家以爲即畢公之子畢仲封于櫨所稱。此是西周早期器，故知家臣制于西周早期即已存在。（《商周家庭形態研究》，天津：天津古籍出版社，1990 年 8 月，頁 335）

　　則以櫨伯爲畢公之後，出封爲伯，是爲畢公宗族中的小宗分支。

〔註152〕本器銘文隸定：「戎獻金于子牙父百車，而易（賜）盠（魯）屖敖金十鈞，易（賜）不韋。屖敖用毘、用璧、用偣（稽）首其右（佑）子歆、史盂。屖敖莫（謹）用豹皮于史盂，用乍（作）寶殷，屖敖其子＝孫＝永寶。」由銘文來看，似乎前一部分鑄在器身或同組器上，戎獻金和百車予子牙父，子牙父賜屖敖金十鈞，屖敖給子歆、史盂環璧，又給史盂豹皮以爲答謝。

〔註153〕本器銘文隸定：「隹（唯）十又二年三月既生霸丁亥，王才（在）醴徲宮。王乎（呼）吳師召（招）大，易（賜）趞睽里。王令譱夫豕曰趞睽曰：『余既易（賜）大乃里，睽賓豕章（璋）、帛束。』睽令豕曰天子：『余弗敢斁。』豕㠯（以）睽道（導）大易（賜）里，大賓豕觔章（璋）、馬兩；賓睽觔章（璋）、

04300-301	β 作冊矢令段	障宜于王姜：貝十朋臣十家鬲百人	作冊	A
04323	α 敔段	追劉南淮尸：圭鬲鉤貝五十朋、于敔五十田于旱五十田	／	C
04328-329	β 不嬰段	御追廠允：弓一矢束臣五家田十田用從乃事	白氏臣	C
04331	芈伯歸夆段	且克奉先王：貂裘	小裔邦芈白（武芈幾王子）	C
04465	善夫克盨	／：田人	譱夫	C
05319	蚰高卣	／：● ●（金）	／	A
05333	β 束乍父辛卣	／：／	／	A
05352	β 小臣豐卣	／：貝	小臣	A
05355	β 軓卣	／：／	／	A
05361	β 膃乍父辛卣蓋	／：／	／	A
05374	圉卣	王莽于成周：貝	／	A
05383	岡刧卣	王征埜：貝朋	／	A
05384	β 耳卣	／：／	／	A
05385-386	β 息伯卣〔註154〕	／：貝	息白	A
05388-389	β 顯卣	用鬶于姑弃〔註155〕：尊彝	／	A

帛束。大撜（拜）頜（稽）首敢對嘼（揚）天子不（丕）顯休，用乍（作）朕皇考剌白（伯）障段，其子＝孫永寶用。」由銘文可知，周王賜大原屬於趞睽的里，而周王派譱夫豕去告知趞睽，趞睽只能同意，以韜章、帛束爲償，這個補償由大支付，大支付了這些物品，並且也給譱夫豕韜章、馬兩來答謝譱夫豕的斡旋之功。這類賞賜的原因有很多可能，其中可能之一是：西周晚期周王已沒有多少土地可爲賞賜，對於大的賞賜只能以其他臣的土地改賜，而爲了對被奪土地者的損失，乃以器物來補償，這則銘文揭示西周賞賜制度的困境。

〔註154〕本器銘文隸定：「隹（唯）王八月，息白（伯）易（賜）貝于姜，用乍（作）父乙寶障彝。」銘文賜字爲被動用法，指息伯受賜貝，姜或爲王姜之省，也可能爲地名，或爲人名。然就受賜者爲伯，賞賜者身分當不低，爲王姜之可能性較大。

〔註155〕本器銘文隸定：「頂乍母辛尊彝。頂易（賜）婦 ⿱⿰⿱𠂤曰：『用鬶于乃姑弃』。」最後一字爲弃，而《殷周金文集成釋文》與《殷周金文集成引得》皆隸定爲宓，於字形辨識不確，應更正。此字从宀从升，當隸定做弃，甲骨文有升、祎，于省吾先生釋做神宮（然其隸定爲宓），楊樹達已考定爲升，陳夢家先生釋爲「藏主之所在」（以上說法皆收錄於于省吾主編《甲骨文字詁林》第四冊：

05390	β伯霝父卣	／：馬	／	A
05391	αβ執卣	／：⚫〔註156〕二聿二	／	殷A〔註157〕
05397	α崇屮乍兄癸卣	／：貝	／	？〔註158〕
05398	β同卣	／：金車弓矢	矢王臣	B
05399	β盂卣	／：鬯束貝十朋	兮公臣	A
05400	β乍冊翻卣	（朙僳殷成周）：鬯貝	作冊	A
05403	β豐卣	殷大矩：金貝	史〔註159〕	B
05404	β商卣〔註160〕	／：貝卅朋迲絲廿孚	／	A

北京：中華書局，1996 年 5 月。字碼 3220，頁 3235～3241）金文字形隸定爲宇，其義則依于省吾與陳夢家兩位先生的意見，釋爲藏主之所，由是此器銘文乃頂爲其母辛作器，並賜婦⬛⬛，使其祭賜其姑（即頂之母辛）。婦⬛⬛與頂的關係很可能是夫婦，也不排除婦⬛⬛爲頂弟媳的可能。

〔註156〕本器銘文爲傳世刻本，⚫字右旁似有殘泐。然觀〈執尊〉05971 則似⚫字爲完整字形，但與他字相較，字形甚小。

〔註157〕此器與〈執尊〉05971 異器同銘，爲一人所作，而《殷周金文集成》對二器的時代卻是分歧的：〈執卣〉定爲西周早期器而〈執尊〉定爲殷器。因爲是刻本或摹本，所以字體不免失眞，而殷晚期與西周早期銅器及銘文風格相近。

〔註158〕此器銘文爲傳世刻本，隸定如下：「丁巳，王易（賜）篇屮貝，才（在）寢。用乍（作）兄癸彝，才（在）九月，佳（唯）王九祀翌日。」《殷周金文集成》定其時代爲西周早期，然由銘文內容來看，似乎爲殷商較宜。

〔註159〕此器爲一九七六年陝西省扶風莊白一號窖藏出土，由同出器銘文知爲散氏家族器，散氏爲史官。

〔註160〕此器於一九七六年陝西扶風莊白一號窖村，爲散氏家族器之一，銘文隸定：「佳（唯）五月辰才（在）丁亥，帝（嫡）司（后）貫（賞）庚姬貝卅朋、迲絲廿孚（鋝）。商用乍（作）文辟日丁寶䵼彝。𡨄。」在銘文釋讀上，《商周青銅器銘文選》（第三卷，頁 94）將帝司讀爲禘祠，然如此讀成立的可能性不高。庚姬之姬字或釋爲嬴（伍仕謙：〈微氏家族銅器群年代初探〉，《西周微氏家族青銅器群研究》，北京：文物出版社，1992 年 6 月。頁 189～190。），然由比對此器與同銘的〈商尊〉器銘與蓋銘四處，仍釋爲姬較佳。至於商，可能是庚姬的名，有學者釋爲商婦的簡省（伍仕謙：〈微氏家族銅器群年代初探〉，頁 190～191。）此說不無可能，另外一說爲《商周青銅器銘文選》將商字上讀，「迲絲廿孚商」，指「取此廿守以賞」，此說也值得留意。作器人庚姬（商）爲婦人，是日丁的妻子，她稱已逝世的丈夫爲文辟日丁（辟字可用於妻稱亡夫），由散氏家族器〈史墻盤〉銘文相關器銘都未能繫聯，很可能庚姬爲此家族的另一支族成員。

05407	β作冊睘卣	王姜令安尸白：貝布	作冊	A
05408	靜卣	／：弓	／	A
05409	貉子卣	王各于呂龏、王牢于廐：鹿三	己妟〔註161〕	A
05411	β穪卣	從師淮父戍于古自：貝卅守	／	B
05415	保卣	王令保及殷東國五妟：六品	殷族（征）〔註162〕	A
05416	β鹽卣	／：白馬姝黃猶敓用𩰞	／	A
05419-420	β彔致卣	呂成周師氏戍于古自：貝十朋	／	B
05421-422	士上卣	𥅽于成周、𤔲百生豚：卣鬯貝	／	A
05425	β競卣	白犀父呂成自既東命戍南尸、蔑曆：章	／	B
05426	庚嬴卣	穬曆：貝十朋又丹一柝	／	A
05428-429	β叔趯父卣	用鄉辥軝妟逆艏出內事人：小鬱彝	軝妟臣	A
05430	β緐卣	公啻酊辛公祀卒事亡冘、穬	公之弟〔註163〕	B

〔註161〕尚有一器〈己侯貉子𣪘蓋〉03977，載明己妟名爲貉子。

〔註162〕本器銘文隸定：「乙卯，王令保及殷東國五侯，征𥅽六品，蔑曆于保，易（賜）賓：用乍（作）文父癸宗寶隫彝。遘于四方迨王大祀祓于周，才（在）二月既朢（望）。」關於本器作器人，學者習將「征」做語氣詞解釋，白川靜先生首先提出征爲作器人，征是五侯，他的說法如下：

「𥅽六品」の主語は五侯征よいう人物である。保の東國巡撫の際、五侯征が逸早く恭順の意を表してその徒隷六品を保に𥅽りがくて保とり蔑曆を受けてけこの器を作つたまのよ解される。（白川靜：〈康侯關係諸器：保卣〉，《白鶴美術館誌》，第四輯，昭和三十八年六月，頁184。亦收錄於白川靜：《金文通釋》・卷一上）

夏含夷先生提出征是人名，屬殷族：

〈保卣〉銘文裡受賞的「征」是商氏，而〈保卣〉一器本身又出土於洛陽，所以其作者應該就是洛陽附近商族的征。嚴格地說，〈保卣〉應該改稱爲〈征卣〉。（夏含夷：《溫故知新錄——商周文化史管見》，臺北：稻禾出版社，1997年9月，頁146～147）

此說可從，故本器受賜人爲征，非前人所謂太保或太保之子。

〔註163〕本器銘文隸定：「唯九月初吉癸丑，公酊祀，雪旬又一日辛亥，公啻（禘）酊辛公祀，卒事亡冘（尤）。公穬緐曆，易（賜）宗彝一肆（肆）、車、馬兩。緐捧（拜）手顗（稽）首對𩰬（揚）公休，用乍（作）文考辛公寶隫彝，其萬年寶。或。」公所啻酊的辛公和緐的文考辛公若爲一人，則公與緐爲兄弟，若非一人，則純爲君臣關係，然由文意推測，賞賜物爲宗彝一肆（宗彝是宗

		曆：宗彝一般車馬兩		
05431	α β 高卣	王飲西宮쵑咸釐：臣隹小夒	具医孫	A
05432	β 作冊魖卣	公大史咸見服于辟王辨于多正：馬	作冊	A
05433	效卣〔註164〕	（王賜公）公東宮內鄉于王：貝五十朋	公	A
		（公賜效）：王休貝廿朋	公之涉子	
05962	β 叔匙方尊	／：貝	／	A
05971	α β γ 執尊	／：▓二丯二	／	殷A〔註165〕
05973	α β 𢎨（殳）父乙尊	／：金	／	A
05974	蔡尊	／：貝十朋	／	AB
05975	β 徵作父乙尊	／：貝	／	A
05977	犅刼尊	王征埶：貝朋	／	A
05978	β 復作父乙尊	／：冂衣臣妾貝〔註166〕	匽医臣	A
05981	β 歔尊	休于匽季：貝二朋	／	B
05984	β 能匋尊	／：（矢冏）貝五朋	／	A

廟之器），兩處提及的辛公爲一人的可能性很大，若然則餗與公爲兄弟輩。

〔註164〕本器銘文所載乃王賜公，公又以王所賜部分貝賜效，故一銘文中提到兩件賞賜，由此則乃視爲王賞賜臣下之例。

〔註165〕此器與〈執卣〉05971 異器同銘，爲一人所作，而《殷周金文集成》對二器的時代卻是分歧的：〈執卣〉定爲西周早期器而〈執尊〉定爲殷器。因爲是刻本或摹本，所以字體不免失眞，而殷晚期與西周早期銅器及銘文風格相近。

〔註166〕此器賞賜物「冂衣」當是「冕衣」，是具有身分代表性的賞賜物，但是由銘文來看，沒有關於冊命的文字，加上本器是西周早期器，由是可以考量的有以下幾點：第一．銘文中出現冊命文字，以西周中期較爲明確，本器屬於早期（西周建國之初），所以即使有冊命儀式，也罕見載於銘文。第二．冕衣之賜也可能當作一般賞賜，如〈叔矢方鼎〉N200101 銘文中也提到賞賜「冂衣」，而賞賜的主要原因是周王舉行酌、奢，叔矢可能參與祭禮而受賜，足見冕衣之賜是不足以斷定爲冊命賞賜的。因爲本器銘文沒有直接證實爲冊命賞賜的證據，所以列在非冊命賞賜銘文中。

05985	嚉士卿父戊尊	王才新邑初🔲：貝朋	／	A
05986	β 隩作父乙尊	從公🔲🔲洛于官：貝	公之臣	A
05987	β 臣衛父辛尊	／：貝三朋	公之臣	A
05988	β 斳尊	王工从：禹〔註167〕	／	B
05989	β 作冊睘尊	君令安尸白：貝布〔註168〕	作冊	A
05991	β 作冊䰜父乙尊	朙儠殷成周：罍貝	作冊	A
05995	α 師艅尊	从王🔲功：金	師	A
05996	β 豐作父辛尊	殷大矩：金貝	／	B
05997	β 商尊	／：貝卅朋迠絲廿孚	／	A
05999	士上尊	殷于成周、🔲百生豚：卣罍貝	／	A
06000	γ 子黄尊	／：□□一□琅九屮百牢〔註169〕（王賞）／：禹一貝百朋	／	殷A
06001	α γ 小子生尊	王令辨事于公宗：金鬱罍	／	A
06002	作冊折尊	眤皇土于相灰：金、臣	作冊	A

〔註167〕 本器銘文隸定：「隹（唯）三（四）月，王工从斳各（洛）中﹦，（中）易（賜）斳禹，斳昜（揚）中休，用乍（作）文考障彝永寶。」銘文「王工从」張亞初《殷周金文集成引得》釋爲「王貢，從」，可備一說。

〔註168〕 與此器同一作器人的〈作冊睘卣〉05407，其銘文隸定爲：「隹（唯）十又九年，王才（在）庤，王姜令乍（作）冊睘安尸（夷）﹦白（伯）﹦，（尸白）賓睘貝、布，魠（揚）王姜休，用乍（作）文考寶障器。」兩器銘文可互相參證，〈作冊睘尊〉所稱的「君」是「王姜」，那麼銘文中出現的「君」、「天君」可由此加以思考；作冊睘的文考由尊銘可知爲日癸；尊銘文例「賓用貝布」而卣銘「賓睘貝布」，皆以賓爲賞賜動詞。由此例可知同一作器人、同一事件，而鑄造的組器其銘文可不同，尊卣自西周早期既爲組器，多數銘文內容相同，而〈作冊睘尊〉、〈卣〉顯出特例。

〔註169〕 此處字有殘泐，故列於此爲參考，然於下文統計整理時不列入。器於時代上在殷周之間，不能定，若視爲西周初期器，則可理解爲周天子賞殷人爲周臣者。

06003	保尊	王令保及殷東國五灰：六品	殷族（征）	A
06004	β 鼉尊	／：白馬姅黃猏敚用𤔲	／	A
06007	β 耳尊	／：臣十家	／→𤔲師	AB
06008	β 臤尊	从師雝父戍古自、蔑曆：赤金	／	B
06009	效尊	（王賜公）公東宮內鄉于王：貝五十朋	公	A
		（公賜效）：王休貝廿朋	公之涉子	
06011	盠駒尊	（蓋）王拘駒啟：駒𤔲雷雖子	／	B
		（器）王初執駒于啟：駒易兩		
06012	盠駒尊蓋	王拘駒𣪊：駒𤔲雷駱子	／	B
06014	何尊	唯王初遷宅于成周復禀武王豐福自天：貝卅朋	／	A
06015	麥方尊	王賜井灰：金	井灰臣、作冊	A
06016	矢令方尊	朙公歸自王：（令）鬯金小牛	令〔註170〕	A
		朙公歸自王：（亢）鬯金小牛	師	
06509	β 厝觶	／：貝	／	A
06510	γ 庶觶	／：貝十朋	／	A
06512	β 小臣單觶	王後臤克商：貝十朋	小臣	A
06514	α 中觶	王大省公族：馬自𩵋灰三𢎙	／	A
07310	β 貝父乙觚	／：／	／	A
09094	β 聖父甲爵	／：貝	／	A
09099	β 從作父辛角	／：貝	／	A

〔註170〕此器受賜人有二，除了作器人矢令外，還有亢師，由銘文「朙公易（賜）亢師」、「易（賜）令」、「我隹（唯）令女（汝）二人：亢眔矢」，可見矢和亢爲私名，令和師爲職官。

09103	β御正良爵	／：貝	卭正	A
09104	盂爵〔註171〕	王令寧弄白：彝貝	／	A
09303	作冊折觥	貺朢土于相医：金、臣	作冊	A
09439	β亞㠱侯父乙盉	／：貝	匽医臣	A〔註172〕
09451	β麥盉	／：金	井医臣	A
09453	義盉蓋	王才魯鄉即邦君者医正有𤔲大射、蔑曆：貝十朋	／	B
09454	士上盉	𣪘于成周、百生豚：卣鬯貝	／	A
09646	α保侃母壺	／：貝	保	A〔註173〕
09702	γ伯壺蓋	／：□束素絲束〔註174〕	白	B
09714	史懋壺	王窺令路筮咸：貝	史	B
09721-722	β幾父壺	／：奉六僕三家金十鈞〔註175〕	同中臣	B

〔註171〕本器銘文隸定：「隹（唯）王初奉于成周，王令盂寧弄（鄧）白（伯），賓貝，用乍（作）父寶障彝。」未確言賞賜盂爲周王或弄白，暫列爲周王賞賜。

〔註172〕此器《殷周金文集成》定時代爲殷，然由銘文內容來看當在西周早期。作器人亞㠱亞（㠱族，私名亞）爲殷遺民，匽侯分封時屬匽侯臣。

〔註173〕此器《殷周金文集成》以爲西周晚期器，非是。器藏北京故宮博物院，器形爲一貫耳壺，由器形來判斷時代應在西周早期。

〔註174〕本器銘文殘泐，「□束素絲束」束字前由拓片不可識，根據張亞初《殷周金文集成引得》隸定爲「矢」，值得參考。

〔註175〕本器銘文隸定：「隹（唯）五月初吉庚午，同中（仲）宭（居）西宮，易（賜）幾父奉六、僕三家、金十鈞。幾父捧（拜）䭫（稽）首對䫨（揚）皇君休，用乍（作）朕剌（烈）考障壺，幾父用追孝，其萬年子＝孫＝永寶用。」賜幾父的是同中，故幾父對揚皇君休，皇君是指同中，若同中代周天子賞賜，則依當時人的習慣爲對揚天子休，只有周王可以稱天子，皇君則爲臣子稱其諸侯國君或天子后妃。

另外，朱鳳瀚先生有一個推論：

或是同宗小宗分支，奉同仲爲宗君。同仲又見元年師兑簋，爲師兑右者，該簋有「師和父」名，學者多以爲即共伯和，此器應屬宣王元年，同仲爲右者，知其當時是王朝要臣。由此亦知幾父有可能屬厲王至宣王時人。（《商周家庭形態研究》，天津：天津古籍出版社，1990年8月，頁371）

其說不無可能。

09725	α β 伯克壺	／：僕卅夫	／	C
09726-727	三年瘋壺	王鄉醴：羔俎 王鄉逆酉：厽俎	史	B
09888	β 叔匙方彝	／：貝	／	A
09893	α β 井侯方彝（麥方彝）	／：金	井戻臣	A
09895	折方彝	覜皇土于相戻：金、臣	作冊	A
09897	師遽方彝	王鄉醴、蔑曆：瑁圭一環章三	師	B
09901	矢令方彝	明公歸自王：（令）鬯金小牛	令	A
		明公歸自王：（亢）鬯金小牛	師	
10105	β 陶子盤	／：金一鈞	／	A
10161	免盤	／：鹵百隊	／	B
10166	鮮殷	王啻于珀王、禚曆：鄄王䘏、鄄玉三品貝廿朋	／	B
10168	β 守宮盤	周師光守宮事鄄周師：絲束蘵膜五蘵寡二馬匹毳布三專俸三奎朋	守宮	B〔註176〕
10173	虢季子白盤	博伐厰狁：乘馬、用弓彤矢、用戉	／	C
10174	兮甲盤	從王伐厰狁：馬三匹駒車、政矞成周三方責至于南雒尸	政辭成周三方責至于南雒尸（？）	C
10322	永盂	／：𤰇田陰易洛彊罘師俗父田	昊師	B
10581	β 玕器	／：貝五朋	／	A
N198704	尸伯殷〔註177〕	尸白尸于西宮：貝十朋	（尸白）	B

〔註176〕此器《殷周金文集成》定時代爲西周早期，然視諸字形風格及行氣，宜定在西周中期，《商周青銅器銘文選》定爲西周懿王時代器（第三卷，頁181）；張長壽、陳公柔、王世民等著《西周青銅器分期斷代研究》（北京：文物出版社，1999年11月，頁152）定爲西周中期偏早，可爲參考。

〔註177〕周原扶風文管所：〈陝西扶風強家一號西周墓〉，《文博》1987：4，頁9。

N198801	α 小臣伯鼎〔註178〕	╱：貝二朋	小臣	A
N198901	β 孟員鼎〔註179〕	╱：貝十朋	╱	AB
N198902	β 孟員甗	╱：貝十朋	╱	AB
N198903	γ 伯唐父鼎〔註180〕	王奉奇舟臨舟龍、用射、蔑曆：鼍鼖一卣、貝廿朋	╱	B
N199003	β 僕歷卣州子卣〔註181〕	╱：帛賣貝蔑女王休二朋	╱	A
N199004	高鼎〔註182〕	╱：貝十朋	╱	A
N199005	達盨蓋〔註183〕	執駒于滆应：駒	╱	B
N199101	β 保員毁〔註184〕	邐公：金車	╱	A
N199102	敔毁〔註185〕	╱：貂裘	╱	B
N199301	β 冒鼎〔註186〕	追于佣休又禽：皋冑冊戈弓矢束貝十朋	晉医臣	B

〔註178〕綿竹縣文管會：〈四川綿竹縣發現西周小臣伯鼎〉，《考古》1988：6，頁571。

〔註179〕張政烺：〈伯唐父鼎、孟員鼎、甗銘文考釋〉，《考古》1989：6，頁551～552。

〔註180〕張政烺：〈伯唐父鼎、孟員鼎、甗銘文考釋〉，《考古》1989：6，頁551～552。

〔註181〕王長啓：〈西安市文物中心收藏的商周青銅器〉，《考古與文物》1990：5，〈州子卣〉該文稱爲〈父丙卣〉介紹見於頁29、器形見於頁34、拓片見於頁38。

〔註182〕同上註。〈高鼎〉該文稱爲〈臣高鼎〉介紹見於頁28、器形見於頁33、拓片見於頁37。

〔註183〕張長壽：〈論井叔銅器——1983～1986年澧西發掘資料之二〉，《文物》1990：7，頁32～33。

〔註184〕張光裕：〈新見保鼎毁銘試釋〉，《考古》1991：7，頁649～652。馬承源：〈新獲西周青銅器研究二則〉，《上海博物館集刊》第六期（上海：上海古籍出版社，1992年10月），頁150～153。

〔註185〕劉自讀、路毓賢：〈周至敔篹器蓋銘文考釋〉，《考古與文物》1991：6，頁63～69。

〔註186〕馬承源：〈新獲西周青銅器研究二則〉，《上海博物館集刊》第六期（上海：上海古籍出版社，1992年10月），頁153～154。

N199602	β 鼄卣〔註187〕	丙公獻王餗器：馬	／	B
N199603	晉医穌編鐘〔註188〕	逨自广沰邊北沰伐夙尸、伐氟韍：駒三匹、鬯鬯一卣弓矢百馬三匹	晉医	C
N199801	柞白殷〔註189〕	大射無醹矢：赤金十反、稅虎	柞白	A
N199803	β 匍盉〔註190〕	即于氒青公：麀幸韋兩赤金一勾	／	B
N199805	吳虎鼎〔註191〕	／：取吳蓋舊彊付吳虎氒北彊窞人眔彊氒東彊官人眔彊氒南彊畢人眔彊氒西彊莽姜眔彊	／	C
N199901	β 从殷〔註192〕	／：金	／	A
N199902	應國再殷〔註193〕	王弗望雁公室：貝卅朋馬三匹	雁公	B

〔註187〕唐友波：〈鼄卣與周獻功之禮〉，《上海博物館集刊》第七期（上海：上海書畫出版社，1996年9月），頁45～52。

〔註188〕馬承源：〈晉侯穌編鐘〉，《上海博物館集刊》第七期（上海：上海書畫出版社，1996年9月），頁1～17。

〔註189〕王龍正、姜濤、袁俊杰：〈新發現的柞伯簋及其銘文考釋〉，《文物》1998：9，頁53～58。

〔註190〕王龍正、姜濤、婁金山：〈匍鴨銅盉與頫聘禮〉，《文物》1998：4，頁88～91、95。此器銘文爲：「隹（唯）四月既生霸戊申，匍即于氐（軑），青公史（使）嗣史KG曾（贈）匍于東：麀幸、韋兩、赤金一勾（鈞），匍敢對𩁹（揚）公休，用乍（作）寶障彝其永用。」青公，三位學者以爲即井公（邢侯）。東，或可釋爲地名，指嗣史KG在東贈送匍禮物，三位學者以爲「于，指所贈送的對象。與大保簋銘『王降征命于大保』的語法結構一致。」（頁89）此說可商，本銘文例與所舉大保簋銘實有不同，「王降征命于大保」的于有「予、給」的意思，而此名「贈匍于東麀幸……」而不作「贈于匍……」，故其文例有別，「贈（某人）于……」應理解爲「贈送（某人）在……」。

〔註191〕李學勤：〈吳虎鼎考釋——夏商周斷代工程考古學筆記〉，《考古與文物》1998：3，頁29～31。

〔註192〕保利藏金編輯委員會：《保利藏金》（深圳：嶺南美術出版社，1999年9月），頁64。

〔註193〕保利藏金編輯委員會：《保利藏金》（深圳：嶺南美術出版社，1999年9月），頁75～78。

N199903	β蓍殷〔註194〕	博戎：馬三匹臣一家貝五朋	橋厌臣	B
N199904	老殷〔註195〕	王魚于大瀗：魚百	／	B
N200101	叔矢方鼎〔註196〕	王配大褍奉：亇衣車馬貝卅朋	／（晉厌）	A
N200102	β士山盤〔註197〕	入于莽厌：貝金	士、入于莽厌徝徵蛞荊方服朶亢虐服履服六孳服	B
N200301-02	四十二年逨鼎〔註198〕	追搏戎、敏于戎工：鐇邑一卣田于寠卅田于徲廿田	奠楊厌（疋燮兑鞒釁三方吳薔用宮御）	C

以上諸器中，不乏同銘器，爲了在探討上的需要，在此將同銅器提列如下（只列器號）：

克鑄器：鐘00204、鎛00209

〔註194〕李學勤：〈蓍簋銘文考釋〉，《故宮博物院院刊》2001：1，頁1～3。

〔註195〕本器銘文隸定見於張光裕：〈虎簋甲、乙蓋銘合校小記〉（中國古文字研究會、中山大學古文字研究所編：《古文字研究》第二十四輯，北京：中華書局，2002年7月）據該文隸定爲：「隹五月初吉王在莽京，魚于大瀗，王蔑老曆，易魚百，老拜頴首，皇揚王休，用乍且日乙隩彝，其萬年用夙夜于宗。」（頁183），又據其文知原有〈新見老簋銘文及其年代〉，1999年發表於新竹清華大學舉辦第二屆中國古典文學研討會——紀念聞一多先生百周年誕辰論文。因未見其文，故引其隸定於此，本論文附圖則暫闕。

〔註196〕北京大學考古文博院、山西省考古研究所：〈天馬——曲村遺址北趙晉侯墓地第六次發掘〉，《文物》2001：8，頁4～21。

〔註197〕朱鳳瀚：〈士山盤銘文初釋〉，《中國歷史文物》2001：1。此器在處理上，冊命部分歸入冊命賞賜銘文，賞賜部分歸入非冊命賞賜銘文。

〔註198〕陝西省考古研究所、寶雞市考古工作隊、眉縣文化館、楊家村聯合考古隊：〈陝西眉縣楊家村西周青銅器窖藏發掘簡報〉，《文物》2003：6，頁4～42。由同出器〈逨盤〉可知其職務於第二次冊命（宣王四十三年）前爲「疋（胥）燮（榮）兑鞒釁三（四）方吳（虞）薔，用宮御」，由於四十三年才第二次冊命，故可推此器所作當在〈逨盤〉所述職務之時，至於〈四十二年逨鼎〉銘文提到「余肇建長父厌（侯）于楊，余令女（汝）奠（奠）長父，休，女（汝）克奠（奠）于坖（厥）自。女（汝）隹（惟）克弗（井之誤字）乃先且（祖）考罰嚴（玁）鞒（狁），出藏于井阿，于曆徹。女（汝）不艮戎，女長父，已追搏戎，乃即宕伐于弓谷，女（汝）執訊隻（獲）馘，孚（俘）器車馬，女（汝）敏于戎工。」是其當時有佐楊厌長父的任務。

圍鑄器：甗 00935、段 03824－825、卣 05374

德鑄器：鼎 02405、段 03733

臣卿鑄器：鼎 02595、段 03948

窑鑄器：鼎 02705、段 04097

師艅鑄器：鼎 02723、尊 05995

史頌鑄器：鼎 02787、段 04229－236

爾比鑄器：鼎 02818、段 04278

袁鑄器：鼎 02819、盤 10172

此鑄器：鼎 02821－823、段 04303－310

頌鑄器：鼎 02827－829、段 04332－339〔註 200〕、壺 09731－732

𤔲劓〔註 201〕鑄器：卣 05383、尊 05977

執鑄器：卣 05391、尊 05971

作冊翩鑄器：卣 05400、尊 05991〔註 202〕

趞鑄器：卣 05402、尊 05992

豐鑄器：卣 05403、尊 05996

商鑄器：卣 05404、尊 05997

次鑄器：卣 05405、尊 05994

保鑄器：卣 05415、尊 06003

䙴鑄器：卣 05416、尊 06004

免鑄器：卣 05418、尊 06606〔註 203〕

士上鑄器：卣 05421－422、尊 05999、盉 09454

效鑄器：卣 05433、尊 6009

叔匙鑄器：方尊 05962、方彝 09888

作冊折鑄器：尊 06002、觥 09303、方彝 09895

〔註 200〕段銘較其他同銘器於「官翩成周實」下無「廿家」，當爲失刻。

〔註 201〕此二器作器人相同，然寫法有別：卣銘作岡，而尊銘作𤔲。作器人名第二字
姑隸定爲劓，此字右從大從口，左從似刀形之字，故以「劓」形暫用。

〔註 202〕二器中，卣與尊同銘，唯尊於族徽文字末字「舟」視拓片似無之，然不知爲
失鑄或鏽蝕未拓。又二器自當稱爲〈作冊翩卣〉與〈作冊翩尊〉，後者《殷周
金文集成》稱爲〈作冊翩父乙尊〉，可以修改，以便統一稱呼。

〔註 203〕免鑄器尚有段 04240。

　　盠鑄器：尊 06013、方彝 09899－900

　　矢令鑄器：方尊 06016、方彝 09901

　　孟員鑄器：鼎 N198901、甗 N198902

　　大保鑄器：罍 N199001、盉 N199002

　　（癲鑄器：鐘 00247－250 和段 04170－177 可能為同一事而不同銘）

　　（保侃母鑄器：段 03743－744、尊 09646 可能是同一件事）

　　（作冊睘鑄器：卣：05407、尊 05989〔註204〕）

　　由以上的條列，可以看出同銘成組器以「鼎——段」、「卣——尊」、「尊——方彝」為主，在討論上可以將同銘成組器各組視為一筆來看待，下面的表格中數量的統計，便將同銘成組器視為一筆來統計（例如卣尊同銘，視為一筆，而不視做兩筆）。

（丙）「分析與比較」

　　如果將賞賜職官及器物加以分類，可以將之約略歸為十類：

甲：榮譽身分（如助祭）

乙：職嗣

丙：服飾

丁：車馬

戊：鑾旂

己：兵器

庚：祭器、玉器

辛：貝

〔註204〕卣銘：「隹（唯）十又九年，王才（在）庠，王姜令乍（作）冊睘安尸（夷）＝白（伯）＝，（尸白）賓睘貝、布。覲（揚）王姜休，用乍（作）文考寶隩器。」

　　　　尊銘：「才（在）庠，君令余乍（作）冊睘安尸（夷）＝白（伯）＝，（尸白）賓用貝、布。用乍（作）朕文考日癸肇寶　〔族徽〕」

　　　　所記為同一件事，而其文辭多所出入，尊銘少「隹十又九年王」諸字，而卣銘稱「王姜」即為尊銘所稱之「君」，由此何知王后（太后）可稱君。尊銘於令後有「余」字而卣銘無之，尊銘「賓用貝布」而卣銘「賓貝布」句法不同。尊銘提到其父日名：「日癸」，而卣銘無之。卣銘有對揚句而尊銘無之，卣銘稱「寶隩器」而尊銘稱「肇寶」，在此二者之意應是相同的。尊銘有族徽文字而卣銘無之。

壬：金

癸：其他

若以「冊命賞賜」與「非冊命賞賜」為類，將其以「組合」與「次序」
交叉整理，其結果如下：

說明：

一、由於甲類與各類性質有異，而且甲類是在賞賜各類時提及，所以甲
　　類不列入以下討論。

二、時代仍以 A 代表西周早期(武成康昭)、B 代表西周中期(穆恭懿孝)、
　　C 代表西周晚期（夷厲宣幽）。

三、數量為賞賜次數，非器物數，有時一器銘提到兩次賞賜，則分兩筆
　　處理。

四、說明欄為附註，參見當頁註。註中天干的順序正是賞賜物種類的陳
　　述次序，如「(乙庚丙)」指賞賜物種類及次序為「乙類、庚類、丙類」。
　　至於「B4（04267、04272、04626、N199601）」意指西周中期（即 B）
　　有 4 件，括號內是器銘的編號。

五、說明欄中的文字是指該列中「癸類」的內涵。

（Ⅰ）{冊命賞賜∩組合}

乙	丙	丁	戊	己	庚	辛	壬	癸	時代	數量	說　明
＊	＊		＊						BC	14	〔註205〕
＊	＊								BC	10	〔註206〕
＊	＊	＊							BC	8	〔註207〕

〔註205〕.（乙丙戊）：　B4（04267、04272、04626、N199601）、C5（02825、04244、
　　04277、04286、04296）
　　（丙戊乙）：　B4　（02781、04243、04250、04276）、C1（00133）
〔註206〕（乙丙）：B3（02817、04240、04316）、C3（04274、04279、04340）
　　（丙乙）：B2（05418、N198601）、C2（204197、N198701）
〔註207〕（乙丙丁）：B2（04288、N199802）、C3（02805、04324、N200313）
　　（乙丁丙）：B1（05405）
　　（丙丁乙）：B1（06013）、C1（04253）

※								ABC	8	〔註208〕
	※		※					BC	6	B 多〔註209〕
							※	AB	5	A 多；人臣、土田、大則〔註210〕
※	※	※	※					BC	4	C 多〔註211〕
※	※					※		BC	4	〔註212〕
	※		※	※				BC	4	〔註213〕
	※							B	4	〔註214〕
※	※	※	※	※				C	3	〔註215〕
※		※						B	3	〔註216〕
	※	※						BC	3	〔註217〕
※	※	※			※			BC	2	〔註218〕
	※	※	※					BC	2	〔註219〕
			※					B	2	〔註220〕

〔註208〕A2（06016、N199001）、B4（02755、02756、04270、N200102）、BC1（02638）、C1（02790）

〔註209〕（丙戊）：B4（02783、02804、04256、06516）、C2（02821、04202）

〔註210〕A4（02531、02785、04241、10360）、B1（04208）

〔註211〕（乙丙戊丁）：C3（02827、04287、04312）
（乙丙丁戊）：B1（10169）

〔註212〕（乙丙戊壬）：C1（04294）
（乙壬丙戊）：B1（04266）
（丙戊壬乙）：C1（04246）
（乙丙戊乙壬）：C1（04255）

〔註213〕（丙己戊）：B1（10170）、C2（04257、04286）
（丙戊己）：B1（04268）

〔註214〕B4（02789、04196、04251、09723）

〔註215〕（乙丙己丁戊）：C1（02814）
（乙丙己戊丁）：C1（04321）
（丙戊丁己乙）：C1（04258）

〔註216〕（乙丁）：B3（04283、04285、04341）

〔註217〕（丙丁）：B2（04209、04462）、BC1（02786、）

〔註218〕（乙庚丙丁）：B1（09898）、C1（N200303）

〔註219〕（丙戊丁）：B1（02830）、C1（02815）

〔註220〕B2（02820、04192）

※	※	※	※		※		※	C	2	〔註221〕
※	※	※	※	※	※			C	1	〔註222〕
※	※	※	※		※			B	1	〔註223〕
※	※		※		※		※	A	1	采〔註224〕
※		※	※		※		※	B	1	〔註225〕
※	※		※	※				B	1	〔註226〕
	※	※	※	※				C	1	〔註227〕
	※	※	※		※		※	A	1	人鬲、夷嗣等〔註228〕
	※	※		※	※			BC	1	〔註229〕
※		※		※			※	B	1	牛田〔註230〕
※		※				※	※	C	1	鐘〔註231〕
※			※			※	※	C	1	鐘磬〔註232〕
※			※	※			※	A	1	土川邑〔註233〕
	※	※		※			※	A	1	臣〔註234〕
※	※			※				C	1	〔註235〕
※	※					※		B	1	〔註236〕

〔註221〕　（乙壬庚丙庚丁戊）：C1（02841）
　　　　　（乙壬丙庚丁戊）：C1（04326）
〔註222〕　（乙庚丙丁戊丁己）：C1（04467）
〔註223〕　（乙庚丙丁戊）：B1（09728）
〔註224〕　（乙庚戊丙癸）：A1（N199804）
〔註225〕　（乙庚丁戊丁壬）：B1（04343）
〔註226〕　（丙己戊乙）：B1（02813）
〔註227〕　（丙戊丁己）：C1（02819）
〔註228〕　（庚丙丁戊癸）：A1（02837）
〔註229〕　（庚丙丁己）：BC（02816）
〔註230〕　（乙庚丁癸）：B1（04327）
〔註231〕　（乙丁癸壬）：C1（02841）
〔註232〕　（乙己癸壬）：C1（04311）
〔註233〕　（乙庚己癸）：A1（04320）
〔註234〕　（己癸丁丙）：A1（06015）
〔註235〕　（己丙乙）：C1（N199701）
〔註236〕　（乙丙壬）：B1（02838）

※		※			※				C	1	〔註237〕
※							※	※	C	1	尸臣〔註238〕
	※	※			※				C	1	〔註239〕
※			※						B	1	〔註240〕
※				※					C	1	〔註241〕
※							※		B	1	僕〔註242〕
	※						※		C	1	田、人〔註243〕
	※			※					B	1	〔註244〕
				※			※		C	1	夷允〔註245〕
					※		※		A	1	采〔註246〕
74	78	39	49	13	16	1	11	17		109	

　　由上表可以看出完整的冊命賞賜為「乙丙丁戊己庚」、「乙丙丁戊己」、「乙丙丁戊庚」（以上排列不表次序），這是較完整的賞賜物的成套現象，當然大多數的情況並非如此完整，而是以「乙丙丁戊」四項為主，「己庚」為輔，也就是說賞賜物主要為「職官、服飾、車馬、鑾旂」而「兵器、祭器、玉器」也常在賞賜之列，此外「癸」這一類中「土田、臣民」之賜也是實例較多的。我們不難了解，「職官、服飾、車馬、鑾旂」這些器物是最易表現身分層級，「祭器（玉器）與兵器」是「祀與戎」的器物，也是與身分權勢有關的器物，土田與臣民則是最實質的財產。服飾與鑾旂兩類的身分代表性最高。

　　在冊命賞賜的組合上若兩兩分析，超過十例以上的如下：

　　「乙丙」有 53 例

　　「乙丁」有 28 例

　　「乙戊」有 33 例

〔註237〕（乙庚丁）：C1（04318）
〔註238〕（乙壬癸）：C1（04215）
〔註239〕（庚丙丁）：C1（04469）
〔註240〕（乙戊）：B1（04199）
〔註241〕（己乙）： C1（00060）
〔註242〕（乙癸）：B（02765）
〔註243〕（丙癸）：C1（02836）
〔註244〕（庚丁）：B1（04302）
〔註245〕（庚癸）：C1（04342）
〔註246〕（癸辛）：A1（05402）

「丙丁」有 31 例

「丙戊」有 45 例

「丙己」有 12 例

「丁戊」有 16 例

「戊己」有 10 例

　　若再細部分析，「乙丙」的 53 例中，只賞賜「乙丙」兩項的共有 10 例，且時代都在西周中晚期，而其中的「乙丙戊」就有 15 例、「乙丙丁」有 9 例，此外還有「乙丙丁戊」、「乙丙戊癸」、「乙丙丁戊己」、「乙丙丁戊庚」等（以上所述各組可濃縮爲「乙丙丁＋其他」），這 53 列中，時代除一例爲西周早期外，其餘都在西周中晚期，這和西周中晚期賞賜制度較多記錄在銅器銘文中有關，所以西周中晚期呈的實例自然較多。

　　「乙丁」的 28 例中，其中的「乙丙丁＋其他」就占了 21，所以在冊命賞賜中車馬常和服飾一起賞賜（也就是說在賞賜丁類及乙類時，較常伴隨丙類，而不伴隨類的例子較少），在時代上也以西周中晚期爲主，而西周晚期又稍多。

　　「乙戊」有 33 例，也與「乙丁」一樣大都與「丙」或「丙＋其他」一同賞賜。時代也以西周中晚期爲多。

　　「丙丁」有 31 例，服飾和車馬向來被學者認爲是冊命賞賜的必要賜品，丙丁成組的賞賜以西周中晚期爲主，西周早期僅有 2 例。

　　「丙戊」有 45 例，而西周早期僅 1 例。其中的「乙丙戊」15 例就佔了三分之一，若加上「乙丙戊＋其他」（17 例）則佔了十分之七。

　　「丙己」有 12 例，時代集中在西周中晚期，早期僅 1 例。其中的「乙己＋其他」有 6 例、「丁己＋其他」有 7 例，相較之下，冊命時與兵器一同賞賜的，以服飾爲常。

　　「丁戊」有 16 例，鑾旂類常立於車上，故這兩類成組易於理解。

　　「戊己」有 10 例。

　　由以上的討論可以知道，賜職事時最常伴隨的是服飾之賜，而「丙戊及丙戊＋其他」的數量大於「丙丁及丙丁＋其他」、「丙己及丙己＋其他」，說明在幾類共同賞賜物中，服飾和鑾旂關係最大，也就是說服飾和鑾旂對身分的代表性最爲明確。

　　（Ⅱ）{非冊命賞賜∩組合}

乙	丙	丁	戊	己	庚	辛	壬	癸	時代	數量	說明
						※			AB	60	A 多〔註247〕
							※		ABC	31	魚、鼎、土田里畮糧禾牧、羍犅牛、絲帛、生鳳、臣僕、鹿、䊷、田人、六品、俎、鹵，AB 多〔註248〕
							※		ABC	24	A 多〔註249〕
			※						ABC	17	AB 多〔註250〕
					※	※			AB	10	A 多〔註251〕
					※				AB	7	B 多〔註252〕
				※					ABC	7	〔註253〕
					※		※		A	7	丹、臣孈帛、羊、帛布絲〔註254〕

〔註247〕殷 A2（02579、N199004）、A42（00935、02405、02453、02504、02505、02556、02626、02628、02661、02674、02682、02702、02703、02739、02791、03743、03905、03906、04020、04030、04169、04238、05352、05383、05385、05433、05962、05975、05984、05985、05986、05987、06014、06509、06510、06512、09099、09013、09094、09439、10581、N198801）、AB3（04162、05974、N198901）、B13（02435、02705、02728、02735、02776、04191、04214、05411、05419、05981、09453、09714、N198704）、西周 1（05397）

〔註248〕A11（02581、02654、02704、02712、02751、02803、04112、04140、05409、05415、05431）、AB2（02718、06007）、B12（00753、02720、04104、04162、04165、04194、04195、04207、09726、10161、10322、N199904）、C5（02818、04298、04465、09725、N199805）

〔註249〕A16（02595、02706、02723、02725、03790、03822、04041、04131、04134、05319、05973、06015、09451、09893、10105、N199901）、B5（00948、02678、02721、04122、06008）、BC1（00048）、C2（00143、04213）

〔註250〕A8（02758、04044、04205、05390、05416、05432、06514、N199101）、B8（02719、02742、02806、04225、06011、06012、N199005、N199602）、C1（00204）

〔註251〕（庚辛）：A7（02748、04121、04159、05400、05421、06000、09014）、AB3（02754、10166、N198903）

〔註252〕A2（05388、05428）、B5（00247、02792、03712、05425、05988）

〔註253〕A3（02839、04273、05408）、B3（02780、02784、09897）、C1（04216）

〔註254〕（辛癸）：A5（04042、05426、04300、5404、05407）
　　　　（癸辛）：A1（N199003）

						※	※	AB	6	牽、麑牽韋、臣僕、聿、税虎、帛〔註255〕
	※							ABC	5	〔註256〕
		※	※					ABC	4	〔註257〕
		※		※				B	3	〔註258〕
			※				※	BC	3	絲、丼五量、田、臣〔註259〕
				※	※		※	ABC	3	鼎、田、束〔註260〕
				※		※	※	AC	3	小牛、羁牛、湯鐘〔註261〕
				※			※	AC	3	田、豕鼎、爵、百牢〔註262〕
		※	※	※				C	2	〔註263〕
		※			※			AB	2	〔註264〕
		※					※	BC	2	〔註265〕

（癸辛癸）：A1（03942）

〔註255〕（壬癸）：般 A1（05391）、A2（06002、N199801）

（癸壬）：A1（04136）、B2（09721、N199803）

〔註256〕A2（04060、04166）、B1（N199102）、C2（04213、04331）

〔註257〕（己丁）：A1（04201）、BC1（00107）

（丁己）：B1（05398）、C1（10173）

〔註258〕（庚丁）：B3（00754、04195、05430）

〔註259〕（己癸）：B1（09702）、C1（04328）

（癸己）：B1（04167）

〔註260〕（庚辛癸）：C1（04323）

（庚癸辛）：A1（05399）、B1（04159）

〔註261〕（庚壬癸）：A2（06016、04132）

（庚癸壬）：C1（02835）

〔註262〕（庚癸）： A1（02778）、C1（N200301）

（癸庚癸）：般 A1（06000）

〔註263〕（庚丁己）：C1（02810）

（丁庚己丁）：C1（N199603）

〔註264〕（辛丁）：A1（02775）、B1（N199902）

〔註265〕（丁壬）：B1（04179）、C1（04213）

					※		※		AB	2	〔註266〕
						※	※		AB	3	〔註267〕
※		※							C	1	〔註268〕
	※	※			※				A	1	〔註269〕
	※		※						B	1	〔註270〕
※					※		※		A	1	臣妾〔註271〕
	※	※							A	1	〔註272〕
	※		※		※				B	1	〔註273〕
	※			※		※			C	1	〔註274〕
	※			※			※		B	1	絲、毳布、叀俸〔註275〕
	※				※		※		B	1	臣〔註276〕
			※	※			※		B	1	爵〔註277〕
			※		※				B	1	〔註278〕
1	8	37	2	19	35	88	41	58		212	

　　非冊命賞賜物較無成組現象，唯一可留意的是庚類和辛類相伴隨的例子有 13 筆，其中時代多爲西周早期。賞賜單類的例子有 149 例，與冊命賞賜相較，可以清楚看出其間的差異：冊命賞賜有其一套禮儀和身分象徵意味，而非冊命賞賜則爲君主的臨時性施恩或是事功之賞。

　　非冊命的賞賜以貝、金、車馬、祭玉器爲多，貝的賞賜又以西周早期較明顯。金的賞賜也以西周早期較多，但沒有像貝的賞賜那樣集中於西周早期。

〔註266〕（壬庚）：A1（06001）、B1（02696）
〔註267〕（辛壬）：A1（02749）、B1（N200102）
　　　　（壬辛）：B1（05403）
〔註268〕（丁乙）：C1（10174）
〔註269〕（丙丁辛）：A1（N200101）
〔註270〕（丙戊）：B1（04046）
〔註271〕（丙癸辛）：A1（05978）
〔註272〕（戊丁）：A1（02729）
〔註273〕（己丁辛）：B1（04099）
〔註274〕（庚丁壬）：C1（02787）
〔註275〕（癸丁癸庚）：B1（10168）
〔註276〕（丁癸辛）：B1（N199903）
〔註277〕（癸己庚）：B1（04269）
〔註278〕（己辛）：B1（N199301）

其他的分類以「癸」類爲多，項目分布甚廣。

（Ⅲ）｛冊命賞賜∩次序｝

賞　賜　物　次　序												時代	數量
乙	壬		丙	己	庚	丁	戊					C	1
乙	壬	庚	丙		庚	丁	戊					C	1
乙		庚	丙			丁	戊	丁	己			C	1
乙		庚				丁	戊	丁			壬	B	1
乙			丙	己		丁	戊					C	1
乙			丙	己			戊	丁				C	1
乙			丙				戊		乙		壬	C	1
乙		庚	丙			丁	戊					B	1
乙		庚					戊		丙	癸		A	1
			丙				戊	丁	己	乙		C	1
		庚	丙			丁	戊			癸		A	1
乙						丁				癸	壬	C	1
乙				己						癸	壬	C	1
乙	壬		丙				戊					B	1
乙			丙			丁	戊					B	1
乙			丙				戊	丁				C	3
乙			丙				戊				壬	C	1
乙		庚				丁				癸		B	1
乙		庚		己						癸		A	1
乙		庚	丙			丁						BC	2
			丙	己		丁	戊					C	1
				己					癸	丁	丙	A	1
			丙	己			戊		乙			B	1
			丙				戊	丁	己			C	1
			丙				戊			壬	乙	C	1
		庚	丙			丁		己				B	1
乙			丙			丁						BC	5
乙	壬								癸			C	1

								時代	數量
乙				丁		丙		B	1
乙		丙			戊			BC	9
乙	庚			丁				C	1
			己				丙 乙	C	1
		丙		丁			乙	BC	2
		丙	己		戊			C	2
		丙			戊		乙	BC	5
		丙			戊 丁			BC	2
		丙			戊	己		B	1
	庚	丙		丁				C	1
乙		丙						BC	7
乙					戊			B	1
乙				丁				B	3
乙							癸	B	1
			己				乙	C	1
		丙					乙	B C	4
		丙		丁				BC	3
		丙			戊			BC	6
		丙					癸	C	1
	庚			丁				B	1
	庚						癸	C	1
						癸	辛	A	1

考察冊命賞賜物的次序，可以大致得到一個賞賜物的次序排列：「乙庚丙丁戊」。「己」則較常在「丙」或「丁」之後。至於癸類，常置於一連串賞賜物之後。

在陳述習慣上，往往先說明賞賜的職務，接著是祭器或玉器，然後服飾、車馬、鑾旂，這些都有標示身分的作用。

（Ⅳ）｛非冊命賞賜∩次序｝

賞　賜　物　次　序	時代	數量
丁庚己丁	C	1
癸丁癸庚	B	1

庚壬癸	A	2
丁癸辛	B	1
己丁辛	B	1
丙丁辛	A	1
丙癸辛	A	1
庚丁己	C	1
庚丁壬	C	1
庚辛癸	C	1
庚癸壬	C	1
庚癸辛	A B	2
癸己庚	B	1
癸壬癸	B	1
癸辛癸	A	1
癸庚癸	B	1
庚辛	AB	10
辛癸	A	5
壬癸	A	3
庚丁	B	3
壬庚	AB	2
癸壬	AB	2
己丁	ABC	2
庚癸	AC	2
丁己	BC	2
丁壬	BC	2
己癸	BC	2
戊丁	A	1
辛壬	AB	2
癸辛	A	1
辛丁	AB	1
己辛	B	1
壬辛	B	1

丙戊	B	1
癸己	B	1
丁乙	C	1

由這一表格可以看出在次序上沒有任一類在數量上是醒目的，「庚」在「辛」前有 11 例，「辛」在「癸」前有 7 例，但就全數的比例上來看，仍算是很少的。

下面將上文所分的十類實質內容列表如下：

甲、冊命賞賜物分類

分　類	內　　容
榮譽身分	用王乘車馬、大師金雁
職　嗣	（多不備載）
服　飾	●玄衣黹屯、玄衣屯黹、玄黹屯、玄衮黼屯、戠衣、戠玄衣、玄衮衣、玄衣幭屯、玄衣朱褻裣 ●赤⊗（⊗巿）市、赤市朱黃（橫）、叔市、市、朱市悤黃、赤市、䋣市、朱市、朱黃、赤市縈黃、載朱黃、載市、載市朱黃、市五黃、⊗市、赤市同黃、載市素黃、赤市幽黃、幽黃、赤市幽亢、赤市同䍩黃、載市同黃、叔市金黃、幽市、敀（般）斳虢敀、赤市五黃、同黃、參同葬悤、冂衣、中䌲、畫袋、金鈧、朱亢、幽亢 ●桒朱帶、桒親、麗鞶 ●舄、赤舄 ●虎裘、豹裘、裘 ●鞞鞢 ●牙僰
車馬及車馬飾	●車馬、金車、車、駒車、馬 ●勒、攸（鋚）勒（革、鋚）、金勒、（鈴）鋚 ●大師金雁、金膺、右軛（厄）、金厄、畫轉、畫輯、金甬、錯（遣）衡、金踵（童）、金豙、金簟、約、金簟彌、魚箙（葡）、電軫、畫、賁弢、羽、雁 ●桒圅朱虢斳、朱虢圅斳（靳）、朱鬮（圅）囙（圅）斳 ●虎冟熏裏、虎冟宲裏、虎幃冟衮里幽 ●桒縪較、桒𠳋較、桒較、韔爻
鑾旂	●旂、旂三日、旂五日 ●䜌旂（㫃）、䜌、䜌旂五日、䜌旜 ●朱旂、朱旂旜金芳二鈴、朱旂二鈴
兵　器	●毌、旅、皋冑

	●錫戈形𢆶、戈瑪𢆠厚必形沙、瑪𢆠井沙、戈瑪𢆠形沙、戈畫𢆠厚必形 　沙、戈戠𢆠□必形𢆶、戈瑪𢆠形沙厚必、戈瑪𢆠、玄周戈、戈 ●彤弓一彤矢百、旅弓十旅矢千 ●素鉞
祭、玉器	●㽙一卣、鬱（鬯）㽙一卣、秬㽙一卣 ●商瓚、瓚章四穀、圭瓚、鄩圭瓚寶 ●玉環、玉玲 ●宗彝一肆
貝	貝
金	金、赤金、鐄
其 他	●邦嗣、夷嗣王臣、僕、人、人鬲、王人、庶人、臣、臣妾、庶人、駿、 　尸臣、奠、夷允 ●土、田、川、宅邑、采、大則 ●鐘、錫鐘、磬 ●牛、禾

乙、非冊命賞賜物分類

分 類	內 容
榮譽身分	●馬匹自王 ●瓚王裸 ●王休貝
職嗣（明確 官名者）	政辭成周三方責至于南雒尸
服 飾	●裘、貂裘、貂裘 ●𢆷市、玄衣赤、冂衣、台衣
車馬及車 馬飾	馬、白馬、駒、騆、白馬妌黃猾敊、金車、車馬、旬車、駒車、馬轡乘
鑾 旂	旂、逐毛（旆）
兵 器	●弓、矢、彤一彤百、盛弓象弭、矢臺、用弓彤矢 ●戈、戟戈、袞冑干戈、九（厹）、易彗、盾、戈瑪𢆠厚必形沙、用戉、 　冊、冑冊、畫冊、貝冑、皋冑、金干、彤芃 ●鞞剝（？）、虎盧、畫
祭、玉器	●佩、玉、玉五品、裸斠、裸、章、圭鬲、鄩王斠、鄩玉、瓎圭、環章、 　非余、奎朋、釚之戈冊玉黃□ ●㽙、鬱㽙、鬱㽙一卣、獸三卣、卣、小鬱彝 ●宗彝一肆、尊彝
貝	貝

金	白金、吉金、金、赤金、鐈鋚百匀、☰
其 他	●魚、生鳳、羊、鹿、牛、犅牛、小牛、犅羊犅、雞、俎
	●禾、百畮糧、幷五量
	●絲、曼絲、帛、帛束、束絲、布
	●鹵百陸、麀奉韋、豹皮、蔽膝、蔽蓐、氄布、專佳、🀄奉、丹一桴
	●鼎、豕鼎、爵、湯鐘、祝虎、聿
	●土、里、田
	●臣、臣孃、禹、田人、妾、僕、人

第三節　賞賜內容分類與排比

由本章第一節對先秦傳世古籍的分析整理，依其性質，可以分為十一類：「土田封邑」、「人民臣隸」、「圭瓚鬱鬯」、「玉器」、「車及車飾」、「馬及馬飾」、「服飾」、「兵器」、「旂旗」、「其他類」、「車服成套」（或直稱命數）。

而就第二節對銅器銘文的分析整理，可依賞賜物的性質分為十類：「榮譽身分」、「職嗣」、「服飾」、「車馬及車馬飾」、「鑾旂」、「兵器」、「祭、玉器」、「貝」、「金」、「其他」。

由於銅器銘文資料在量上比先秦傳世古籍為多，故本文採用以銅器銘文所載賞賜物的分類為主，佐以傳世古籍。茲將第一節、第二節資料匯整如下（「車服成套」暫不列入匯整）：

（甲）「冊命賞賜部分」

分　類	銅器銘文內容	傳世先秦文獻
榮譽身分	用王乘車馬、大師金雁	
職　嗣	（多不備載）	
服　飾	●冂	玄袞
	●衣、玄衣黹屯、玄衣屯黹、玄黹屯、玄袞緟屯、戠衣、戠玄衣、玄袞衣、玄衣𤽁屯、玄衣朱𧝀裣	
	●赤🔄（巿）巿、赤巿朱黃（橫）、叔巿、巿、朱巿悤黃、赤巿、釱巿、朱巿、朱黃、赤巿縈黃、載朱黃、載巿、載巿朱黃、巿五黃、🔄巿、赤巿同黃、載巿素黃、赤巿幽黃、幽	芾、韨、衡

	黃、赤市幽亢、赤市同曑黃、載市同黃、叔市金黃、幽市、敔（般）斷虢市、赤市五黃、同黃、參同莽恩、中冪、畫袞	
	●金釭、奉朱帶、幽亢、奉親、麗鞶、朱亢	
	●舄、赤舄	
	●虎裘、豹裘、裘	●赤舄
	●牙僰	●邪幅
車馬及車馬飾	●車馬、金車、車、駒車、馬	●大路、戎輅、先路、次路、馬
	●勒、攸（鑾）勒（革、鑾）、金勒、（鈴）鑾	●鞗革
	●大師金雁、金膺、右軛（厄）、金厄、畫轉、畫輴、金甬、錯（造）衡、金踵（童）、金豪、金錽、約**［図］**、金簟弼、魚箙（葡）、靁軫、畫**［図］**、賓弝、狄、雁	●鉤膺、金厄、錯衡、簟茀、鏤錫、淺幭
	●奉商朱虩斷、朱虩商斷（靳）、朱甾（畲）冏（商）斷	●鞹鞃
	●虎冟熏裏、虎冟奈裏、虎幃冟依里幽	
	●奉緙較、奉冟較、奉較、幬爻	
鑾旂	●旂、旂三日、旂五日	●龍旂、龍旗九旒、大旂、渠門赤旂
	●繺旂（斺）、繺、繺旂五日、繺旗	●淑旂綏章
	●朱旂、朱旂旚金芳二鈴、朱旂二鈴	●少帛、綪筏、旃旌
兵器	●丮、旅、皋冑	●甲
	●錫戈彤屝、戈琱咸厚必彤沙、琱咸井沙、戈琱咸彤沙、戈畫咸厚必彤沙、戈戲咸□必彤屝、戈琱咸彤沙厚必、戈琱咸、玄周戈、**［図］**戈	
	●彤弓一彤矢百、旅弓十旅矢千	●弓、大弓、彤弓一彤矢百、玈弓一玈矢百
	●素鉞	
	●敥戒	●鍼鉞
祭、玉器	●鬯一卣、鬱（鬯）鬯一卣、盧鬯一卣	●秬鬯一卣
	●商禼、禼章四瑴、圭禼、瓚圭瓉寶	●圭瓉、封圭
	●玉環、玉玲、鞞鞈	●玉、瓚
	●宗彝一膚	
貝	貝	

金	金、赤金、償	
其　他	●邦嗣、夷嗣王臣、僕、人、人鬲、王人、庶人、臣、臣妾、庶人、駿、尸臣、奠、夷允	●殷民、職官五正、虎賁
	●土、田、川、宅邑、采、大則	●山川、土田、附庸
	●鐘、錫鐘、磬	●大呂、沽洗、鼓、鼎
	●牛	

由上表可以看出文獻上的車制有「大路、戎輅、先路、次路」(《左傳》、《國語》)而銅器銘文則無之；在旂制上，文獻也較爲複雜。

（乙）「非冊命賞賜部分」

分類	銅器銘文內容	傳世先秦文獻
榮譽身分	●馬匹自王 ●离王裸 ●王休貝	
職　官（明確官名者列出）	政辭成周三方責至于南雒尸	
服　飾	●裘、貂裘、豻裘 ●峀市、玄衣赤[illegible]、冂衣、亻衣	玄衮及黻
車馬及車馬飾	馬、白馬、駒、驫、白馬姅黃猶散、金車、車馬、甸車、駒車、馬轡乘	大路、路車乘馬、馬、乘馬
鑾　旂	旂、逐毛（旄）	
兵　器	●弓、矢、弜一矤百、盛弓象弭、矢臺、用弓彤矢 ●戈、戟戈、袠冑干戈、九（厹）、昜聋、盾、戈琱戫厚必彤沙、用戉、毌、冑毌、畫毌、貝冑、皋冑、金干、彤欥 ●鞞剢、虎盧、畫[illegible]	彤弓一彤矢百、旅弓矢千
祭、玉器	●佩、玉、玉五品、裸瓚、裸、章、圭鬲、鬲王瓚、鬲玉、瑂圭、環章、非余、𡍮朋、玐之戈冃玉黃□ ●鬯、鬱鬯、秬鬯一卣、𩰫三卣、卣、小鬱彝 ●宗彝一肆、尊彝	玉、加璧
貝	貝	

金	白金、吉金、金、赤金、鐈鋚百勻、〓	
其　他	●魚、生鳳、羊、鹿、牛、芻牛、小牛、芻羍犅、犨、俎 ●禾、百晦糧、井五量 ●絲、曼絲、帛、帛束、束絲、布 ●鹵百隧、麀桒韋、豹皮、䖒韅、䖒冪、毳布、弁倴、[illegible]桒、丹一柝	束錦
	●鼎、豕鼎、爵、湯鐘、柷虎、聿	
	●土、田牧、里、田	邑田
	●臣、臣嬞、鬲、田人、妾、僕、人	

本章整理與討論了冊命賞賜物和非冊命賞賜物，如果要談出身分和賞賜物的關聯性，無疑得鎖定在冊命賞賜中來談。但是非冊命賞賜是對照組，在賞賜物的性質上有其特色：「以貝、金、車馬、祭玉器爲多。」貝的賞賜又以西周早期較爲明顯。金的賞賜也以西周早期較多。其他的如服飾、臣僕、牲畜等，也不乏其例，有學者認爲賞賜衣服，就是冊命賞賜〔註 279〕，這種看法顯然過於將賞賜現象簡單化。賞賜物的隆豐因事功及周王的喜好而有不同，尤其王的個人喜好，是一個重要的影響要素，即使不是冊命典禮，周王亦可賜與臣下屬於命服名目的賞賜物。

非冊命賞賜即使缺少成套現象和身分代表性，仍不失其多樣化和確立上下主從關係的作用。非冊命賞賜物和冊命賞賜物最大的分別可以用一句話來說明：「冊命賞賜有其一套禮儀和身分象徵意味，而非冊命賞賜則爲君主的臨時性施恩或是事功之賞。」

將這些賞賜匯整之後，接著便是要加以考析探究，詳見下一章「賞賜物之研究」。

〔註 279〕黃盛璋：〈西周銅器中服飾賞賜與職官及冊命制度關係發覆〉，《周秦文化研究》（西安：陝西人民出版社，1998 年 11 月），頁 414。

第三章　賞賜物之研究

　　傳世古籍言「禮有九賜」：一賜車馬，再賜衣服，三賜斧鉞，四賜樂器，五賜納陛，六賜朱戶，七賜弓矢，八賜虎賁，九賜秬鬯（《韓詩外傳·廉稽》文，又《左傳》何休注引《禮緯》文相近）。以上各項又與身分（爵等）有關，事實上，見諸文獻的賞賜物尚有土地、旂幟、臣民⋯⋯等，固不是九錫名目所能備賅。

　　結合傳世古籍和銅器銘文來看，賞賜的內容有器物性質的（如服飾、車馬、兵器、金玉布貝等），也有身分職務性質的（如職官、封爵等），屬於職官爵位的問題將於本文第四章中探討。本章著重賞賜的器物。銅器銘文中提到的賞賜物種類繁多，非冊命賞賜以金、貝為常，冊命賞賜以服飾、蠻旂、車馬最具代表性。對賞賜物的研究，清朝中晚期已漸有學者考釋，然而成為專題式的研究，則是要到民國以後，重要的聚焦器銘首推〈毛公鼎〉。

　　由於〈毛公鼎〉的器主毛公𤔣受到周王成套的服飾車馬的賞賜，具有賞賜物「成套（完整）」的特色，加上毛公𤔣的身分極高，所以對於賞賜物的「等級」提供重要的參驗實例，加之以銘文字數最多，受到關注，因此歷來的重要學者如：徐同柏、吳式芬、吳大澂、孫詒讓、劉心源、王國維、郭沫若、容庚、高鴻縉、董作賓等諸位先生，都做過考釋，而唐蘭、陳夢家兩位先生也曾對其中的部份賞賜物做專題研究。因此關於賞賜物的歧異探討便不得不由〈毛公鼎〉銘文中的賞賜物談起。對〈毛公鼎〉銘文記載的成套賞賜物隸定如下文：

　　　　䰩（秬）鬯一卣、𤖅（祼）圭瓚（瓚）寶；朱市（韍）悤（蔥）黃
　　　　（橫、衡）、玉環、玉琮；金車：鞪（賁）緟（緟、幦）較（較）、

朱虂冟（鞃）䡅（靳）、虎冟熏裏、右厄（軛）、畫轉、畫輯、金甬、錯衡、金踵、金豙、約、金簟弼、魚葡（箙）；馬三（四）匹、攸（鋚）勒、金巤、金雁（膺）；朱旂二鈴。

在這段銘文中，學界對於「悤黃」、「冟䡅」、「虎冟」、「金簟弼」等都有不同的解釋。學者們對於其他銅器銘文所提到的賞賜物也有不少存有爭議的器物，如〈番生𣪘〉和〈靜𣪘〉的「鞞䩛」、〈豆閉𣪘〉和〈免簠〉等器的「戠衣」、〈小臣傳簋〉的「非余」、〈利鼎〉和〈曶鼎〉等器的「赤⊗市」、〈師克盨〉的「五黃」、〈衛𣪘〉和〈七年趞曹鼎〉等的「載市」、〈楚簋〉和〈毛公鼎〉等器的「儥」……等。本文對於諸多的意見做了一番整理，以總結百年來銅器研究的成果，參見本章第一節「考釋歧異的探討」。

第二節「成套現象與分期」在第一節的基礎上，對賞賜物的成套現象加以整理，著重服飾與車馬器兩類的次序與成套現象，希望藉由這樣的探討來了解西周賞賜的情形。接著以時代爲切入，分別就各別賞賜物及其成組情形探討各時期的特色。

第三節以賞賜物的等級爲重心，來探求賞賜物等級的眞實面貌，對「服飾」、「車馬器」、「䜌旂」、「弓矢」等具有身分標幟性的器物深入探討，以期將賞賜物的研究落在人與物的關聯上。

第一節　考釋歧異的探討

本節將賞賜物的考釋歧異分爲三個部分「服飾與玉器、車馬與兵器、取儥」陳述。

一、服飾與玉器的部分

服飾的部分有（1）冂；（2）戠衣；（3）載市；（4）⊗；（5）黃、亢；（6）牙僰；（7）鞞䩛；玉器的部分有（8）非余。

（1）冂

西周銅器銘文中出現冂的有三例，都在西周早期，這三件器是：

1. 〈大盂鼎〉02837「鬯一卣、冂、衣、市、舄、車馬」
2. 〈麥方尊〉06015「劑用王乘車馬、金勒、冂、衣、市、舄」
3. 〈復作父乙尊〉05978「冂、衣、臣妾、貝」

　　三件器中，前兩例是冊命賞賜，只有〈復作父乙尊〉是匽医賞賜復，屬於非周王賞賜〔註1〕。由兩例周王賞賜的銘文中都以「冂衣市舄」成組，這多少也說明西周早期的冊命賞賜在服飾上有成組的現象，而由「衣→市→舄」推之，冂應該是曰。《說文》對此二字的說法是「冂，覆也。从一平下。」（七篇下）、「曰，小兒及蠻夷頭衣也。从冂。＝其飾也。」（七篇下）而冠从冂，冕、冑从曰，事實上冂和曰是一字之分化，都是「頭衣」的初形。在銘文冂字的解釋，有不同的看法，茲舉其要者如下：

　　第一種說法：「冕」。郭沫若先生《兩周金文辭大系圖錄考釋》在〈大盂鼎〉「冂」下小字注「冕」，〔註2〕然未說明理由，蓋以為當然耳。其後唐蘭先生在〈論周昭王時代的青銅器銘刻〉考釋〈作冊麥尊〉說：

　　　冂，《說文》：「覆也，莫狄切。」《廣韻·二十三錫》引《文字音義》說「以巾覆」。與幎（覆也），襆（車覆軨也），冪（鼏蓋），幎（覆食案巾）等字同音。此處用作蓋在頭上的頭巾，演化為冃字、曰字，曰就是冒（帽）字，又音轉為冕字，從曰免聲。〔註3〕

陳漢平先生有很詳細的考釋：

　　　按冂字金文字形作冂，與《說文》冂字有別，判然二字。冂字非衣字之形容詞，大盂鼎及麥尊銘文，當「冂、衣、市、舄」四字斷讀。冂為輿服賞賜中之一種物品，當與衣、市、黃、舄等物品并列。冊

──────────

〔註1〕 第三件〈復作父乙尊〉銘文隸定為「匽（燕）医（侯）賞（賞）復冂（曰）、衣、臣妾、貝，用乍（作）父乙寶尊彝。　冀」由銘文中看不出是不是冊命賞賜。西周早期冊命儀式多未在銘文中呈現，然而由〈大盂鼎〉和〈麥尊〉的冊命賞賜物來看，〈復作父乙尊〉很可能是匽医冊命，而復所鑄造的器。但是因為沒有堅實的證據，所以仍列為「非冊命賞賜」。

〔註2〕 郭沫若：《兩周金文辭大系圖錄考釋》（上海：上海書店出版社，1999年7月），頁34。此書最早於1932年出版于日本，初名《兩周金文辭大系》由東京的文求堂書店出版，1934～1935又做了增訂，1956年又再修訂，此處引用版本為最後的修訂本。

〔註3〕 唐蘭：〈論周昭王時代的青銅器銘刻〉，《唐蘭先生金文論集》（北京：紫禁城出版社，1995年10月），頁272。此文原發表於1980年出版的《古文字研究》第二輯，此處引用較後出版的《論集》為主。
　　又關於冂字的說法，亦見於《西周青銅器銘文分代史徵》（北京：中華書局，1986年12月）卷四下·昭王，頁253，考釋〈作冊麥尊〉註22，其文如下：冂，蓋在頭上的蓋巾，音覓。《說文》：「覆也。」《廣韻·錫部》引《文字音義》：「以巾覆」，此與「幎，覆也」；「襆，車覆軨也」；「鼏，鼎蓋也」；「冪，覆食巾」等字同音，義也相近。

命賜服按人之身體穿戴部位上下排列，而冂列爲冊命賜服之首，知冂當爲戴于首上之物。

冕字既從曰，曰字又從冂，是冕字從冂作，頗疑冂字既冕字初文。又冂、冕二字字音陰陽對轉，古文獻記載佩戴物品恆以冕服連文，故金文之冂字當讀爲冕。因冕蒙覆人體之首，故于冊命賜物中列爲命服服飾之一項。〔註4〕

《商周青銅器銘文選》在〈復尊〉（即〈復作父乙尊〉）「冂衣」的考釋：

冕衣，即禮服。《說文・冂部》：「冂，重覆也。」又〈曰部〉：「曰，小兒蠻夷頭衣也。從冂、二其飾也。」曰是覆額之衣，爲冠冕之屬。

且曰與冕音讀相近，可相通假。冂衣，即冕和衣裳。《論語・子罕》「冕衣裳者」，朱熹《集注》：「冕而衣裳，貴者之盛服也。」〔註5〕

這一說的學者由字形、字音與賞賜物的陳述次序中提出論證的依據，《銘文選》又補充了傳世文獻《論語・子罕》的佐證。

第二種意見：「絅衣」。以「冂衣」即「絅衣」，吳式芬（《攈古錄金文》三・一：六三）、林義光先生（《文源》）早已提出這樣的意見：將「冂衣」二字連讀，絅衣在古籍中或作褧衣。依此說，則此二處銘文「冂衣」爲一專有名詞。楊樹達先生在〈全盂鼎三跋〉說的最詳細，茲引其說：

鼎銘云：「易女鬯一卣，冂衣，市舄，轙（車）馬。」冂字舊皆釋爲冕，余按冕爲弁冕，冕衣不辭，疑冂乃冂字，冂衣即褧衣也。《說文・衣部》云：「褧，檾衣也，《詩》曰：衣錦褧衣，示反古，從衣，耿聲。」《禮記・中庸》引《詩》字作絅。冂字《說文》從冖，而金文虎冂字常見，毛公鼎、彔伯戒段、吳彝諸器皆從冂作，冖可作冂，知冂亦可作冖，蓋二字在金文中以形近可互通也。克鼎云：「易女叔市，參同，」師酉段云：「新易女赤市，朱黃，中絅，攸勒，」此銘之冂衣，即克鼎之同，師酉段之中絅也。

《說文》訓褧爲檾衣，檾訓枲屬，是謂褧爲麻枲所製也。《詩・鄭風・丰》云：「衣錦褧衣。」鄭箋云：「褧，禪也，蓋以禪〔註6〕縠爲之。」

〔註4〕陳漢平：《西周冊命制度研究》（上海：學林出版社，1986年12月），頁224。

〔註5〕馬承源主編：《商周青銅器銘文選》（北京：文物出版社，1988年4月）第三卷，頁32。

〔註6〕案：禪當作襌。

按縠爲細絹，製以絲不以麻枲，是鄭說與許異也。今觀《禮記》〈中
庸〉、〈玉藻〉字皆作絅，字从糸，師酉段字作繘，字从絲，（作同者，
省形存聲。）疑鄭君說爲得之，而絅本裻之正字，許君析絅裻爲二
文，別訓絅爲急引者，殆失卻絅之本義也。〔註7〕

楊說以冂爲絅、褧、裻，並以爲和銘文中的「參同」、「中繘（絅）」的同同。

這兩說中，應以第一說爲是，第二說雖有古籍「絅衣」爲佐證，〈玉藻〉
「禪爲絅」，絅衣依鄭玄注「有衣裳而無裏」，在西周中期以後的賞賜服飾中，
也沒有賜絅衣，而且在正式禮服中，絅衣不是命服必須的，〈大盂鼎〉和〈麥
尊〉是冊命銘文，賜絅衣之說實在沒有賜冕衣之說來得合理。

《銘文選》以《論語・子罕》「冕衣裳」來補充「冕衣」在古籍上的佐證，
庶幾可以化解楊樹達先生「冕衣不辭」之疑。再者，就文例來看，冂在衣前，
而繘在市後，明顯有別。頭服中以冕最爲尊貴，與命服可以相容，因此冂字
釋冕應可爲定論。

（2）韍 衣

韍衣四見，西周中期三例（〈豆閉段〉、〈免簋〉、〈趩觶〉），晚期一例（〈卻
詈段〉）。韍玄衣於西周晚期一例（〈敔段〉），此五例皆爲周王賞賜臣屬（皆非
諸侯國君），其中〈敔段〉在《殷周金文集成》引的摹本作「韍衣」，然查諸
《考古圖》（文淵閣四庫全書本）及《歷代鐘鼎彝器款識》皆作「韍玄衣」。
以上五件器的銘文如下：

〈卻詈段〉04197「韍衣、赤⊗（韐）市」

〈敔段〉04255「韍玄衣、赤⊗（韐）市、繺（鑾）旂」

〈豆閉段〉04276「韍衣、⊗（韐）市、繺（鑾）旂」

〈免簋〉04626「韍衣、繺（鑾）」

〈趩觶〉06516「韍衣、載市、同黃、旂」

學者說法對「韍」大致可分爲兩類，第一類爲「顏色」，第二類爲「織」。
其持論，試陳之如下：

第一種說法：韍衣爲「韍色的衣」，釋韍爲顏色，這一說法又可分爲黃色
說與赤色說兩個分支。郭沫若先生在考釋〈豆閉段〉時，曾引用或說：

或謂韍當是色，《尚書・禹貢》「厥土赤埴墳」，《釋文》云「鄭作韍。」

〔註7〕楊樹達：《積微居金文說》（北京：中華書局，1997年12月），頁43。該文作
　　者自註日期爲1948年11月9日。

《釋名・釋地》「土黃而細密曰埴，埴膩也，黏胒如脂之膩也。」「䵼
衣」疑即謂色如埴土之衣。〔註8〕

郭沫若先生不同意這樣的意見（後詳），所引的說法以埴膩說䵼，而埴是「土
黃而細密」，其色為黃，若依此說，則䵼為黃色。陳漢平先生對䵼為黃色字有
深入的說明：

䵼段銘：「䵼玄衣、赤⊙市」，䵼字與赤字對舉，故知䵼字當為衣色。
若說「䵼玄衣」為玄色之織衣，則金文當作「玄䵼衣」，方能與他器
「玄袞衣」文例相合。西周金文凡顏色與紋繪合言者，顏色字置于
紋繪字之前，是知䵼字為賜衣之顏色字，而非紡織、徽識之織、識
字。〔註9〕

又西周冊命金文䵼衣、䵼玄衣多與⊙市、赤⊙市同賜，而⊙市與赤
⊙市即韍或韐字。《說文》：「韐，士無市有韐。」是韐為士之命服。
而據《禮記・玉藻》：「士不衣織。」知士之所服⊙市、赤⊙市未可
與織衣同賜，故䵼字在此不讀為織。〔註10〕

冊命金文䵼字為賜衣顏色字。䵼字通作埴，按《釋名》之說即黃色，
《尚書・禹貢》釋文亦有此用例。頗疑䵼衣即《儀禮・士冠禮》之
黃裳，䵼玄衣即《士冠禮》之雜裳。《士冠禮》鄭玄注：「上士玄裳，
中士黃裳，下士雜裳。雜裳者前玄後黃。」《士冠禮》之「黃裳」、「雜
裳」與金文之「䵼（黃）衣」、「䵼（黃）玄衣」略合。〔註11〕

此說可商議者：陳漢平先生同意⊙市為韐市（韐市），而沒留意到⊙市合稱，
為一固定之詞，依其說是韐市，既然叫韐市了，不就認定韐為市的一種，其
說矛盾之處甚明。何況金文中使用⊙市、赤⊙市者，未必是士的身分。陳漢
平先生引傳世古籍為證據，就難以圓說了。不過，將䵼釋為埴，認為是黃色，
䵼衣為黃裳，仍有可能。

周名煇先生認為䵼衣為赤色之衣：

案䵼衣之制，由玄衣、玄袞衣之制推之，玄為衣之色，則䵼衣之䵼
必為衣之色無疑，然䵼為何色，尋《書・禹貢》鄭本云：「厥土赤䵼

〔註8〕郭沫若：《兩周金文辭大系圖錄考釋》，頁77。
〔註9〕陳漢平：《西周冊命制度研究》，頁227。
〔註10〕同上註，頁227～228。
〔註11〕同上註，頁228。

墳。」注：「戠讀曰熾，赤也。」則衣之有戠衣，猶韍之有赤韍，舄
之有赤舄，黃之有赤黃矣。〔註12〕

　　第二種說法：戠衣爲「織衣」。這一說於字形上說「戠」爲「織」省系旁，
方濬益已釋（《綴遺》8‧24），其後不少學者認同此說，如郭沫若先生於〈豆
閉殷〉考釋時提到：

　　　　〈戠殷〉云「戠玄衣，赤◯市」，玄著衣色，戠非色也。戠仍當釋爲
　　　　織。〈曲禮〉云「士不衣織」，足證織衣乃貴者之服，故天子以爲賜，
　　　　而受賜者以爲榮焉。〔註13〕

同樣的，郭沫若先生的說法在「戠玄衣」和「士不衣織」方面，都應再斟酌。
楊樹達先生更推進一層地說：

　　　　殷銘云：「錫女戠衣，鸞市，絲旂」吳大澂釋戠衣爲織衣，是也。按
　　　　《禮記‧玉藻》云：「士不衣織。」鄭注云：「織，染絲織之，士衣
　　　　染繒也。」疏云：「織者，前染絲後織者，此服功多色重，故士賤不
　　　　得衣之也。大夫以上衣織，染絲織之也。」按染絲織成之衣究當古
　　　　之何服，鄭注及疏皆未明言。清儒宋縣初著《釋服》云：「士不衣織，
　　　　織謂織綵也，謂合五采絲組織而成文章，如袞衣鷩衣毳衣之等。蓋
　　　　大夫以上之衣，經緯五采，組織精好，各有等威，士賤，故不得衣
　　　　也。」按宋氏謂士不衣織爲不得服袞衣鷩衣毳衣之類，甚說甚覈，
　　　　然則諸銘文之織衣殆謂袞鷩毳諸衣矣。〔註14〕

　　　　趩尊云：「錫趩戠衣，載市，冋黃，旂，」他器如豆閉殷、免簠並云：
　　　　錫戠衣，余於數日前再跋豆閉殷，從吳大澂説釋戠衣爲織衣，又依
　　　　宋縣初之説謂織衣即袞衣鷩衣毳衣之類矣。頃讀戠殷云：「錫女戠玄
　　　　衣」不啻爲宋説再得一證明焉。玄衣即玄袞衣，戠玄衣亦即玄袞衣
　　　　明矣。蓋玄衣第表其色，玄袞衣兼表其文章，織玄衣則兼示其製造。
　　　　玄衣也，玄袞衣也，織衣也。其實一也。〔註15〕

〔註12〕周法高、張日昇、徐芷儀、林潔明等：《金文詁林》（香港：香港中文大學，
　　　　1975 年），卷十二，頁 7012（12‧518－1610）。引《古籀考》卷中四至五頁。
〔註13〕郭沫若：《兩周金文辭大系圖錄考釋》，頁 77。
〔註14〕楊樹達：《積微居金文説‧豆閉殷再跋》，頁 49。該文作者自註日期爲 1946
　　　　年 10 月 1 日。
〔註15〕楊樹達：《積微居金文説‧無惠鼎跋》，頁 102～103。該文作者自註日期爲 1946
　　　　年 10 月 9 日。

楊先生引清儒宋綿初之說，對古籍「士不織衣」的織衣做了詮釋，將織衣限定在經緯五采之服（如袞衣、鷩衣、毳衣），可備一說，不過楊說以爲玄衣即玄袞衣，亦即戠（織）衣，如此則「玄衣、玄袞衣、戠衣」三者無別，然由傳世古籍和銅器銘文來看，玄衣和玄袞衣是清楚有別的，是其推論過矣。陳夢家先生在考釋〈豆閉殷〉時，則認爲「袞衣」與「戠衣」都是玄色的，但兩者並不相同：

> 《禮記‧玉藻》曰「士不織衣」注云「織染絲織之」，是織衣乃有色之絲衣，〈周頌‧絲衣〉傳云「絲衣，祭服也」。戠段之「織玄衣」，當是絲織的玄色之衣。金文所錫之「袞衣」與「織衣」皆是「玄」色的，惟前者是刺繡而成。〔註16〕

至此，持戠衣爲織衣之說者，楊樹達先生以爲戠衣和玄衣、玄袞衣同，而陳夢家先生以爲戠衣和玄衣相類同，但袞衣爲刺繡而成，與戠衣不同。兩說都由戠玄衣得到啓發，而立說有異，足見其同異之判實在一念之間。

賞賜之衣，見於銅器銘文者，有四類（不論其屯飾）：玄衣、玄袞衣、戠衣、戠玄衣。玄衣和玄袞衣不同，後者強調「袞」，袞於傳世古籍多見，如：

- 《詩‧小雅‧采菽》：「君子來朝，何錫予之……玄袞及黼。」
  毛亨傳：「君子，謂諸侯也。玄袞，卷龍也。白與黑謂之黼。」
  鄭玄箋：「玄袞，玄衣而畫以卷龍也。……諸公之服自袞冕而下」
- 《詩‧大雅‧韓奕》：「王錫韓侯……玄袞赤舃」
  孔穎達正義：「又賜身之所服以玄爲衣而畫以袞龍，足之所履配以赤色之舃。」
- 《左傳‧桓公二年》杜預注：「袞，畫衣也。」
  孔穎達正義：「畫衣，謂畫龍於衣。祭服玄衣纁裳，《詩》稱玄袞，是玄衣而畫以袞龍。袞之言卷也，謂龍首卷然。」
- 《儀禮‧覲禮》：「侯氏裨冕」
  鄭玄注：「裨冕者，衣裨衣而冠冕也。……上公袞無升龍」
- 《禮記‧王制》：「三公一命卷」
  鄭玄注：「卷，俗讀也，其通則曰袞。三公八命矣，復加一命，則服龍袞，與王者之後同。」
- 《禮記‧禮器》：「天子龍袞，諸侯黼」

〔註16〕陳夢家：〈西周銅器斷代（六）〉，《考古學報》1956：4（總14），頁94。

可見袞是畫衣，有卷龍紋的黑色衣服，所以袞又稱玄袞，和玄衣是不同的，由《詩經》來看，袞服是諸侯之服，禮學家認爲服龍袞者爲天子、上公或王者之後，這和銘文相較有同有異，諸侯服玄袞，這一點是傳世古籍和銅器銘文所共同也（如〈伯晨鼎〉爲侯得受賜玄袞衣），而卿事、大夫這一級也有可服玄袞，如〈師訊鼎〉器主爲師、〈蔡毀〉器主之職爲宰嗣王家、〈曶壺蓋〉器主之職爲冢嗣土、〈吳方彝蓋〉器主之職爲作冊。

　　如果將銘文中賜玄袞和賜玄衣比較，說受賜玄袞衣者職嗣比受賜玄衣者高，大致是無誤的。至於受賜戠衣者，〈卽曶毀〉的器主是「嗣土」、〈豆閉毀〉的器主職司是「嗣俴衛邦君嗣馬弓矢」、〈免簠〉器主的職司是「嗣土嗣奠還歠衆吳衆牧」，這樣看來，兩位是嗣土（或有其他兼職），而受賜玄袞的曶職司爲「冢司馬」，那麼玄袞和戠衣是不同的，一位是「邦君嗣馬」，冢司馬比邦君司馬爲尊，是玄袞衣的等級高於戠衣。受賜戠玄衣的戠（〈戠毀〉）職嗣是「嗣土官嗣耤田胥徒馬」，是在嗣土又加職嗣，比其卽曶和免都要高，所以戠玄衣應比戠衣高，而比玄衣卑。

　　最後戠衣的戠該如何解釋呢，在上引的二種說法中，第二說（釋織）者固有文獻可說，但就構詞來看「戠玄衣」的戠在玄之前，釋爲織似乎較爲不妥。況且服飾以顏色爲等級的首要辨識憑藉，戠衣的戠應以釋爲顏色較宜。

　　甲骨文中有戠字，「戠牛」一詞曾爲多數學者考論，在《甲骨文字詁林》字號2415所列諸家各陳己見，「戠牛」一詞雖已由裘錫圭先生〈於說甲骨卜辭中「戠」字的一種用法〉一文中引傳世古籍和江陵望山一號楚墓所出竹簡中得到肯定「戠牛」即「特牛」，然而學者曾以爲甲骨文中「戠牛」的戠是牛色。戠爲何種顏色，則有黃色和赤色二說，黃色乃由戠字通埴而來（商承祚、李孝定、姚孝遂等先生說），赤色則由戠通熾（胡厚宣先生說「月又戠」）。〔註17〕銘文戠衣，若是指某一顏色的絲衣，那麼可能是黃色的（有文獻黃裳，可爲佐證）或赤色（應該說是近乎赤色），戠玄衣則可以解釋爲介於戠色和玄色的衣，或雜以戠色和玄色的衣。再者因爲戠玄衣僅一見，又出於宋人摹本，亦不排除本是戠衣，涉常用詞玄衣而衍。

（3）載　市

　　銘文中賞賜載市有九例（組器視爲一例），以西周中期爲多，跨到西周晚

〔註17〕于省吾主編：《甲骨文字詁林》（北京：中華書局，1996年5月），第三冊，頁2347～2359。收錄諸家意見甚詳，本段所言依此而來。

期，這九例分別是：

〈柞鐘〉00133-139（組器）：「載、朱黃、縊（鑾）」

〈七年趞曹鼎〉02783：「載市、同黃、縊（鑾）」

〈師至父鼎〉02813：「載市、同黃、玄衣黹屯、戈琱戚、旂」

〈廿七年衛殷〉04256：「載市、朱黃、縊（鑾）」

〈輔師嫠殷〉04286：「（更祖考服）載市、素黃、縊（鑾）腹」、「（增命）玄衣黹屯、赤市、朱黃、戈彤沙（緌）琱戚、旂五日」

〈訇殷〉04321：「玄衣黹屯、載市、同黃、戈琱戚厚必（柲）彤沙（緌）、縊（鑾）旂、鋚勒」

〈免卣〉05418、〈免尊〉06006（組器）：「載市、同黃」

〈趞觶〉06516：「戠衣、載市、同黃、旂」

〈虎殷蓋〉N199601：「載市、幽黃、玄衣黹屯、縊（鑾）旂五日」

以上九例只有第一例〈柞鐘〉省稱「載」。和載市一起賞賜的有五例是「同黃」，二例是「朱黃」，「素黃」和「幽黃」各一例。「載」字的解釋學界有不同的意見，主要歧異在載是何種色調。由銘文觀察，除了載市外，尚有「朱市」（如〈毛公鼎〉）、「赤市」（如〈南宮柳鼎〉）、「𤔒市」（如〈豆閉殷〉）、「赤𤔒市」（如〈利鼎〉）、「赤𤔒巿市」（即「赤𤔒市」，如〈揚殷〉）、「幽夫（市）」（如〈伯晨鼎〉〔註 18〕）、「叔市」（如〈師㸙鼎〉）、「銖市」（即「叔市」，如〈弭伯師耤殷〉）、「虢敊」（如〈癲盨〉）、「𡊅（在）市」（如〈燮殷〉）。

〈大盂鼎〉、〈麥方尊〉、〈靜方鼎〉是西周早期賞賜銘文中賞賜市的實例，而三例都僅稱市，西周中期以後開始在市前加形容字詞，其中以赤市出現的例子最多，這些加於市前的字詞如上文所整理有十一種情況，若將叔市和銖市、赤𤔒市和赤𤔒巿市合併，則有九種，而這九種可以由字面上直接斷定為顏色的有：朱、赤、幽。其他的各種，叔（銖）學者論為素，〔註 19〕𡊅（在）

〔註 18〕 「幽夫」孫詒讓釋為幽韍：「《詩・小雅・采菽》『玄袞及黼』，《毛傳》『玄袞，袞龍也，白與黑謂之黼。』此以玄袞衣與幽韍同錫，與《詩》文正可互證。幽韍者以其為黑文也。」（《古籀拾遺》下・一八）然由文例比對，幽夫以釋為「幽市」為佳。

〔註 19〕 郭沫若先生《金文餘釋之餘・釋叔》：「叔市亦叚借字，凡古文言市，如赤市、緼市、朱市，又如金文之載市（孫詒讓釋縓市，縓帛雀頭也，《禮經》作爵韠）。皆箸其色，則叔殆叚為素，叔素雙聲也。〈玉藻〉「韠，君朱，大夫素，士爵韋。」（收錄於《金文叢考》，北京：人民出版社，1952 年，頁 241）。又《雨

學者論爲紂（緇）〔註 20〕，是九種中有五種是顏色字，而虢〔註 21〕則恐非顏
色，也就是說在市字前而與市成爲專有名詞的字不一定是顏色字，亦有可能
是質材或是紋樣。不過，戴字從韋弋聲，於傳世古籍中無此字，字從韋，則
知質材爲韋，又加弋聲，爲顏色字的可能性就更高。

　　關於戴市，學者的意見有兩類，第一類是將戴釋爲纔或爵；第二類是將
戴釋爲紂、緇。這兩類說法都認爲戴是顏色字，只是認定顏色的深淺不同。
下面引用這兩說的主要意見：

第一說：戴為纔或爵

　　孫詒讓提出戴即纔，傳世古籍或作爵，郭沫若先生在孫說基礎上，論戴
市即爵色皮革所做的市：

　　「戴市」亦見《趞曹鼎》、《師奎父鼎》、《趩觶》、《免觶》。孫詒讓云：

周金文辭大系圖錄考釋》在考釋〈大克鼎〉「叔市參同葬蔥」時也說：「古文
言市如赤市、緼市、朱市、戴市、赤◯市，均著其色，則叔蓋叚爲素。」（頁
122）

然而楊樹達先生的意見不同，他雖認定叔是市的顏色，但叔非素字的假借，
而是朱字的假借：「余疑叔當讀爲朱，朱與叔一聲之轉。朱字古韻屬侯部，叔
字在覺部，音最近也。」（《積微居金文說・善夫克鼎三跋》頁 47）

兩說中，《商周青銅器銘文選》同意郭沫若先生的看法，在〈弨伯師耤簋〉的
考釋「銇市」中說：「銇從金末聲，假借爲素，末、素古同音字。銇市讀作素
市，《禮記・玉藻》：『韠，君朱、大夫素、士爵韋。』此素韠即素市。」（頁
196）於〈師嫠簋〉考釋時也說：「叔，假借爲素，叔素聲近……叔市即素市。」
（頁 265）。

目前學者大多同意「素市」說，因爲這和傳世古籍可以相應證，再者以叔市
爲朱市，於理恐有未安。

〔註 20〕「刊（在）市」僅一見於〈燮設〉，陳漢平先生于《西周冊命制度研究》說：
　　　　「燮設銘文（非冊命金文）有『刊市』，字亦從才得聲，當讀爲弋或紂，相當
　　　　于文獻之爵市。」、「刊市即爵市，即紫色市。弋、刊、紂、緇、爵、紫諸字爲
　　　　同類顏色之古今字。」（頁 230～231）另外張亞初先生《殷周金文集成引得》
　　　　隸定爲「在（緇）芾」（北京：中華書局，2001 年 7 月，頁 71）。
　　　　刊（在）字於字形從士從才（聲），釋爲紂可從，紂即緇，而陳漢平以爲緅、
　　　　爵，若依《考工記・鍾氏》：「鍾氏染羽，以朱湛丹秫，三月而熾之，淳而漬
　　　　之。三入爲纁，五入爲緅，七入爲緇。」則緅和緇於色有深淺之別。然由傳
　　　　世古籍中緇和紂通作，上海博物館館藏楚竹書中有〈紂衣〉，即《禮記・緇衣》，
　　　　張說於證據上較爲充足。
〔註 21〕陳漢平先生《西周冊命制度研究》：「虢韍即繪飾有虢文之市。」（頁 231）而
　　　　《商周青銅器銘文選》則認爲「鞹敝：鞹，熟皮。敝，市的別體。鞹敝即革
　　　　制的蔽膝。」（第三卷，頁 206）二說皆不以虢爲顏色。

「載从市从戈，以聲類推之，當與纔相近。《説文系部》『纔，帛雀頭
色，从系毚聲』，以載爲纔猶經典通以纔爲才也（戈从才聲）。纔《禮
經》作爵，《士冠禮》『玄端爵韠』，《注》云『士皆爵韋爲韠』，引《玉
藻》曰『韠，君朱，大夫素，士爵韋』。載市即《禮經》之爵韠。」
（《古籀餘論》三，六）又引汪中説：「《周頌・絲衣》『載弁俅俅』，
載即爵字，聲之誤」，謂可備一説。今案載即載之借字，載爲爵（雀）
色韋，故載市即爵韠，載弁即爵弁，不必是字誤。以韋爲之謂之載，
以絲爲之謂之纔，字異而義同。故載市即雀色皮革所爲之市（同紱，
同韠）。市頗如今之圍腰，用以蔽膝，古人所用之禮服。〔註22〕

陳漢平先生則提出載和緅、爵同爲紫色系：

《考工記・鍾氏》：「鍾氏染羽，以朱湛丹秫，三月而熾之，淳而漬
之。三入爲纁，五入爲緅，七入爲緇。」鄭玄注：「染纁者，三入而
成。又再染以黑，則爲緅。緅，今禮俗文作爵，言如爵頭色也。又
復再染以黑，乃成緇矣。……以文字聲類及後世常見推比，知載色
屬于紫色之列。茲將《説文》對諸色之説解列下：

「紫，帛青赤色。」

「纔，帛雀頭色，一曰微黑色，如紺，纔淺也。」

「紺，帛深青揚赤色。」

《説文新附》：「緅，帛青赤色也。」

上列諸色俱爲青赤也，即今日所謂紫色，僅青與赤之比例及顏色之深
淺略有不同。而《説文》：「緇，帛黑色也。」據前引文知「七入爲緇」，
緇深于六入之玄色，是緇非雀頭色，故載字似不應釋爲緇。按載字乃
戈韋二字合文，戈、爵二字可以通假，「戈韋」即《玉藻》、《士冠禮》
之「爵韋」。載市即爵韋市，即紫色所制市；𢆷市即爵市，即紫色市。
戈、𢆷、紂、緅、爵、紫諸字爲同類顏色之古今字。〔註23〕

陳説「載字乃戈韋二字合文」並由此推而「戈、爵二字可以通假」，猶可商榷，
合文之説實爲無據，未見銘文有「戈韋市」之例，故不得説載爲二字合文。

〔註22〕郭沫若：〈輔師嫠簋考釋〉，《考古學報》1958 年第 2 期，收於郭沫若著《文
　　　　史論集》（北京：人民出版社，1961 年 1 月）。引用頁數由此書。頁 330～
　　　　331。

〔註23〕陳漢平：《西周冊命制度研究》，頁 230～231。

這一說的主要依據在於音的通假，以㦿和爵（纔）通假，再由「載弁」即「爵弁」以傳世古籍爲佐證。於理可通。

第二說：載为紑（緇）

這一說以載从㦿聲，㦿从才聲，而紑字亦从才聲，紑與緇於文獻互作，故論載爲緇色。主此說者，以陳夢家和唐蘭二位先生最具代表，陳夢家先生說：

> 「市」前一字是其顏色，從韋㦿聲而㦿從才聲，故其字是紑或緇字：《説文》曰「緇，帛黑色也」，《詩・緇衣》傳云：「黑色」；《玉篇》曰「紑同緇」，〈檀弓〉《釋文》云「紑本作緇」，《詩・行露》傳云「昏禮紑帛不過五兩」。〈周頌・絲衣〉之「載弁」與「絲衣」爲對文，「載」疑是黑色。《禮記・玉藻》曰「韠，君朱；大夫素，士爵韋」，此自是後世之制，與金文受賜之作赤、朱、叔等色者不同。〈士冠禮〉曰「玄端爵韠」，凡此爵色近乎緇而稍有不同。〔註24〕

唐蘭先生則於〈陝西省岐山縣董家村新出西周重要銅器銘辭的譯文和註釋〉考釋〈衛簋〉「載市」時提到「載从㦿聲，㦿从才聲，當通緇。……古文作紑。」〔註25〕

兩說如上所述，另外如《商周青銅器銘文選》則兩說並存。〔註26〕事實上，這兩說都以音韻通假爲說，而意見相歧，足見音韻通假仍待其他有力證據方可證成，兩說也都提到《詩・周頌・絲衣》「載弁」，鄭玄箋云：「載猶戴也。弁，爵弁也。」對於鄭玄的意見，郭沫若和陳夢家二位先生顯然都不同意，由〈絲衣〉文句「絲衣其紑，載弁俅俅。」來看，載弁和絲衣相對，鄭說載爲戴恐非，載和載都从㦿，所以不能排除載弁是載弁。但是「載弁」是不是「爵弁」還是有疑問的，弁於傳世古籍見者有「皮弁」和「爵弁」，如果僅因㦿和爵音可通就認爲載弁即爵弁，在證據上還是不夠充分。陳漢平先生

〔註24〕陳夢家〈西周銅器斷代（六）〉，《考古學報》1956：4（總14），頁90。

〔註25〕此文收於《唐蘭先生金文論集》（北京：紫禁城出版社，1995年10月），頁194。

〔註26〕《銘文選》認爲「載市是黑色的市，緇和爵都是黑色系，緇深於爵。」於〈縣改簋〉「載市」考釋：載字从㦿得聲，《説文》所無，疑即紑字。《玉篇・系部》『紑同緇』，《説文・系部》『緇，帛黑色也。』載从韋，表示市是熟皮。載市是黑色革制的市。一說載與纔相近，《説文・系部》：『纔，帛雀頭色……』以載爲纔，猶經籍通以纔爲才。纔，或作爵，《儀禮・士冠禮》『緇帶爵韠』，鄭玄《注》「士皆爵韋爲韠」。故載市亦稱爵韠。」（頁124）又於〈輔師嫠簋〉「韋市」：「它銘都作載市，此省㦿聲，即黑色革制之市。」（頁266）

提到了圵（在）市，是好的聯想，圵市於銘文中僅於〈變段〉一見，圵从士才聲，和載从韋戈聲（戈从才聲），都以才為聲符，載市和圵市應是同一物的不同寫法，一般寫作載，寫作圵是孤例，圵市是用了罕用的字，而載是通用字，若此論無誤，則載市和圵市都是緇色的市。

（4）⊙

⊙或作⊙，與⊙構成器名的有「赤⊙市」（九例，含一例作「赤⊙」，一例作「赤⊙市」）和「⊙市」（一例，〈豆閉段〉），都出現在西周中期和晚期，以中期較多。銘文中最常見的賜市，以「赤市」最多，其次便是「赤⊙市」。茲將銘文中有赤⊙市、赤⊙市、⊙市的十例條列如下：

〈庚季鼎〉02781「赤⊙市、玄衣黹屯、緣（鑾）旂」

〈利鼎〉02804「赤⊙市、緣（鑾）旂」

〈智鼎〉02838「赤⊙市」

〈卲智段〉04197「戠衣、赤⊙市」

〈免段〉04240「赤⊙市」

〈楚段〉04246-249「赤⊙市、緣（鑾）旂、取償五守」

〈叀段〉04255「戠玄衣、赤⊙市、緣（鑾）旂、胥徒馬、取償五守」

〈望段〉04272「赤⊙市、緣（鑾）」

〈豆閉段〉04276「戠衣、⊙市、緣（鑾）旂」

〈揚段〉04294-295「赤⊙市、緣（鑾）旂、訊訟取償五守」

關於⊙的釋義，學者間有不同的看法，大致上可以分成五說，環、韐（蛤）、予、黼、雍。

第一說：⊙市為環市

由金文學史的考察，最早將⊙釋為環的是宋代薛尚功的《歷代鐘鼎彝器款識法帖》（卷十四），很長的一段時間皆被學者延用，清代吳式芬在《攈古錄金文》考釋〈趩尊〉（即〈趩簋〉）時提出不同的意見，將⊙市釋為䩙市（卷三之一‧頁62）。民國以後將⊙市釋為環市的主要代表是唐蘭先生，在〈陝西省岐山縣董家村新出西周重要銅器銘辭的譯文和註釋〉一文中考釋〈衛盉〉「柔韐」〔註27〕時提出：

〔註27〕案〈衛盉〉09456（又稱〈裘衛盉〉）銘文「柔韐」的韐字「从韋从合」，和學者釋「韐」的「⊙」或「⊙」从⊙不同。

莘也通賁，但這個賁字是雜色。韐《說文》又作帢，是市（紱）的一種，「制如榼，缺四角」，當是橢圓形。賁韐是雜色皮的蔽膝。〔註28〕

另外在考釋〈免段〉的「⊗市」時，也指出：

> 環市當指環形的市。《說文》：「帢，士無市有韐，制如榼，缺四角。」所以說「缺四角」就是環形，段玉裁注解爲八角形是錯的，豈有八角形的榼。《禮記・玉藻》說韠（即市）的制度是：「圜殺直。天子直，公侯前後方，大夫前方後挫角，士前後正。」是說公侯上下皆方，大夫上圜下方，而士上下皆圜，鄭玄說士與君同也是錯的，如果那樣，前文「圜殺直」，就講不通了。⊗市金文習見……而揚籃則只作⊗帀，當從市⊗聲，因而省去下市字。吳大澂以爲古帢字是對的，但謂「從⊗正像四角橢圓形」，則是錯的。帕或作帕，猶宮之爲宮。帕轉爲帢是形近之誤。帕從呂，與宮、躬等字同從呂，讀爲古洽切的帢，聲也相近。〔註29〕

將⊗釋爲環，主要在於字形的象形聯想，由於⊗形甚簡，所以學界乃有不同的考釋。市的形制依傳世古籍及經學家的解釋在「形狀」和「顏色」上區別等級，因此唐蘭先生將⊗說爲市之形制，於理可通，但說市是橢圓形則令人難以信服。又其說〈揚段〉「只作⊗帀，當從市⊗聲，因而省去下市字。」有誤，〈揚段〉實作「赤⊗帀市」，未省去下市字，至於⊗帀字，說成從市从⊗兼聲亦可。

第二說：⊗市為韐市

郭沫若先生初釋⊗爲介，以爲象貝介兩葉相連，後釋爲蛤，以爲⊗爲蛤之初文，假借爲帢，即古籍之韐。這個說法爲當前學界大多數學者所從，其說如下：

> 字固象貝介二葉相連之形，蓋乃蛤之初文，叚爲帢。《說文》「帢，士無市，有韐，制如榼，闕四角。（案當成八角形。）爵弁服，其色韎。賤不得與裳同，從市合聲。韐，帢或从韋。」許說帢非市，然帢即从市，則帢仍市之一種矣。《小雅・瞻彼洛矣》「韎韐有奭，以作六師」，則韎韐亦不賤，許說非也。《毛傳》云「韎韐者茅蒐染韋，一入曰韎，韐以代韠也。」《鄭箋》云「韎者茅蒐染也。茅蒐，韎聲

〔註28〕此文收於《唐蘭先生金文論集》（北京：紫禁城出版社，1995 年 10 月），頁196。

〔註29〕唐蘭：《西周青銅器銘文分代史徵》，卷五中・穆王，〈免籃〉註7，頁372。

也。韐，祭服之韠，合韋爲之。」茅蒐以染絳色者，器銘⊗市多言赤，色亦相應。〔註30〕

「⊗市」亦見〈利鼎〉、〈舀鼎〉、〈免段〉、〈南季鼎〉、〈揚段〉，諸器均著其色爲赤，而〈揚段〉文作䊺从市，必爲市制之一，無疑。舊釋爲「環市」，以⊗之字形有如連環也。然彝銘自有環字作睘，且「環市」之制古所未聞。余謂⊗當是蛤之初文，象形，叚爲韐，其作䊺者，則韐之初文也。《説文》「韐，士無市，有韐，制如榼，闕四角。爵弁服，其色韎。賤，不得與裳同，从市合聲。韐、韐或从韋。」《詩・小雅・瞻彼洛矣》「韎韐有奭，以作六師。」《毛傳》云「韎韐者，茅蒐染韋，一入曰韎，韐以代韠也。」《鄭箋》云「韎者茅蒐染也，茅蒐，韎聲也。韐，祭服之韠。合韋爲之。」茅蒐所以染絳者，與⊗市多言赤，色正相應。許説韐非市而賤之，然字既从市，自當爲市屬之一，且徵之〈小雅〉足知其制亦不賤。疑是戎裝之韠，所以起軍事者。〔註31〕

陳漢平先生認爲⊗市的⊗（其文作韐）是表示形制的文字，不是顏色字，他認爲⊗市的顏色是赤黃色（明赤色，赤色之類）：

> 按《説文》：「韎，茅蒐染韋也，一入曰韎。」「縓，赤黃色也，一染謂之縓。」是此二色皆爲一染，色當相同。又《儀禮・士冠禮》鄭注：「韎韐，縕紱也。」《禮記・玉藻》：「一命縕韍。」注：「縕，赤黃之間色。」是縓即縕色，僅聲符略異，縕、縓、韎三字名異色同，染帛則謂之縕、縓，染韋則謂之韎。……韐字係表示賜市形制之文字，而非表示顏色之文字。金文⊗字多見，而⊗、市合書作䊺者僅揚段一見，䊺爲⊗、市二字合文，《説文》作韐。……赤⊗市之赤字乃⊗市之色，冊命金文所賜⊗市，或不署明顏色，或署明赤色……凡韎、縕、縓、奭皆赤色之類，是西周金文⊗市之顏色，與文獻之韐色相合。〔註32〕

二位學者的意見如上所述，這一説以⊗和韐在字形上取得關聯，再證以古籍，

〔註30〕郭沫若：《金文餘釋之餘・釋⊗》（收錄於《金文叢考》，北京：人民出版社，1952年），頁243。
〔註31〕郭沫若：《兩周金文辭大系圖錄考釋》，頁77～78。
〔註32〕陳漢平：《西周冊命制度研究》，頁231～232。

以成其說。□在〈揚殷〉又作□巿，陳漢平先生認爲□巿是□巿的合文，這樣的意見可以商議，「□巿巿」僅一見，細思其理，應有兩種可能：其一爲□巿爲□的後造字；其二爲鑄工於字模製作時將「□巿」的□字涉下而衍偏旁而作「□巿巿」。至於說爲合文，則較爲不妥，銘文中自有「文王」、「武王」合文作「玟」、「珷」之例，而後又有「玟王」、「珷王」之例，然這些例子通常是數見於銘文中，而且有單獨使用合文之例。「□巿」於後世文獻中應改爲他稱，□字不用，依郭、陳之見，□字形後以韐字形代之，這樣的看法如就銘文有「□巿」，傳世古籍有「韐」（如《說文解字》）的對應例子來看，似可以成立，不過韐字金文已出現在〈衛盉〉「奉韐」一詞中，字从章从合，所从之合清楚是从△从口，和□从二○不同，〈衛盉〉的韐是名詞，也就是古籍中的韐，是巿的後起字（由象形改爲形聲），我們或可以說合、□形近而混，不過韐和□（□巿）不是一字是很清楚的，銘文中从合之字如逪，出現數次，都未作□形，是□和合迥然有別。

　　〈衛盉〉的韐即是文獻的韐，那麼□是傳世古籍的那一個字，就值得重新思考。

第三說：□巿為予巿

　　陳夢家先生由□和小篆予字形近，而將□隸定爲予，並由从予之字中尋找答案，他的說法如下：

> 共、懿時代金文的「赤予巿」，予（字形近于小篆之予）或從巿作□巿，介于顏色「赤」與服名「巿」之間，所以它只能是所以織製之名。《說文》「芓，枲也，從艸予聲，可以爲繩」，乃是野紵，野麻的一類。《毛詩》巿作芾，本又作茀，可知巿有艸製者，故字亦從艸。〔註33〕

□字是不是予，在陳說中缺乏有力證據，在銘文中實未見服飾在名稱前加芾者。

第四說：□巿為黼巿

　　陳小松先生以□爲呂字，呂與甫同，可讀爲黼，其說如下：

> 這個奇字，我以爲是呂字……此雙環和雙方相連，即象脊骨相連之初文，呂乃轉變後起，此較呂形象形更爲眞切。……呂與甫同（《尚書・呂刑》，《禮記》、《孝經》、《尚書・大傳》、《史記・周本紀》引作甫刑），甫可讀爲黼，呂巿就是黼巿的名稱，雖未明見於載籍，但據《禮記・明堂位》「服黻」之文，再從裳和斧扆等來推論，它是有

〔註33〕陳夢家：〈西周銅器斷代、虢國考、賞賜篇〉，《燕京學報》新一期（1995年），頁274。

的。……則黼或爲凡有繡文之通稱。《詩》「玄袞及黼」，黼與玄袞同
錫，可能爲黼市之簡稱，與〈豆閉毀〉「易女纖衣、呂市……」，〈南
季鼎〉「王易赤呂市、玄衣……」……文例正同，可以互證。據文飾
而言，謂之「黼市」，據顏色而言，謂之「戠市」、「赤市」、「朱市」，
兩據而言，謂之「赤黼市」，猶裳之稱「黼裳」、「蟻裳」、「彤裳」也。
（見《書・顧命》）至「帗」則爲黼市之專字，猶帢爲靺韐之專字（見
《說文》），尤足證呂市之爲專名詞。〔註34〕

楊寬先生同意此說：

> 赤𢎥市的「𢎥」字，吳大澂釋爲「帢」，郭沫若也釋爲「帢」，認爲
> 染絳色；于省吾釋作「雍」，是黃色；周法高以爲赤黃間也。但是揚
> 簋有「赤帗市」，可知𢎥不是指顏色，「𢎥市」當是一種特殊的市。
> 陳小松認爲「𢎥」當釋「呂」，「呂」、「甫」同聲，當即「黼」字。《尚
> 書・顧命》有「黼扆」、「黼純」、「黼裳」，黼是繡紋的通稱，黼市就
> 是有繡紋的市。這個說法是可取的。據金文來看，周王賞賜這種「赤
> 黼市」的對象，是冊命爲司土（即司徒，見郘啟簋、戜簋）、司工（見
> 揚簋）、司林（見免簋）、司卜事（見智鼎）等大夫一級官吏。〔註35〕

以赤𢎥市爲大夫則是（可參本論文第四章），然說𢎥爲呂，釋爲黼，則猶有可
商，𢎥未見分開爲兩個○，可見此字字形與呂字有別。

第五說：𢎥市為雍市

《商周青銅器銘文選》於考釋〈郘啟簋〉（即〈郘啟毀〉）將𢎥釋爲雍：

> 赤𢎥（雍）市　赤色的蔽膝。𢎥即雍字，雍字甲骨金文均从𢎥聲，雝
> 之小篆作雝，隸變作雍。豆閉簋銘單稱雍市。雝有蔽的意思，雍市
> 即蔽膝。〔註36〕

此說主要由金文𢎥與甲骨文雍作𢎥形近，而推論𢎥市當讀爲雍市，再以雍通
雝。其說雖有甲文爲據（甲文𢎥亦有作分開二□之形），雍字有从二○（或□）
相交、分開或相接，而金文𢎥字一律都是作二○相交之形，再者金文从雍之字
如雝、宮、宭等字，皆从二○，而此二○不相交（多數是分開的，少數有相連
者），與𢎥形明顯可以區分，細查銘文，除了𢎥的異體帗字外，沒有其他字是

〔註34〕陳小松：〈釋呂市〉，《考古學報》1957：3（總17期），頁61～62。

〔註35〕楊寬：《西周史》（上海：上海人民出版社，1999年11月），頁478。

〔註36〕馬承源主編：《商周青銅器銘文選》第三卷，頁63。

從❀（兩個相交的○）的，因此將❀市說成是雍市，猶有可商之處。

上列五種說法：環、予、韐、呂、雍，都不足以爲定論，❀字姑且暫依形隸定。至於❀的字義，由其與赤構成「赤❀市」一詞來看，❀是形容詞，用來修飾市，可能是質材、紋樣，如「玄袞衣」，在顏色字後，加的袞是紋飾，如果以此推想，赤❀市的❀，也可能是紋飾（陳小松先生認爲❀爲呂字，通假爲黼，但其釋形仍有疑問），當然也有可能「赤❀」爲一近於赤之色，闕疑待考。

（5）黃、亢

賞賜物黃，由銘文文例比對，知其亦可稱爲「亢（䡁）」，又有異體字作「橫」。在賞賜物中「黃」常和「市」一起，與黃構成名詞詞組的詞彙甚多：有「朱黃」，凡十五例，時間分布在西周中期及晚期，僅有六例于西周中期，多數在西周晚期：

〈柞鐘〉00133-139「載、朱黃、縊（鑾）」

〈趞鼎〉02815「玄衣屯黹、赤市、朱黃、縊（鑾）旂、攸（鋚）勒」

〈襄鼎〉02819「玄衣黹屯、赤市、朱黃、縊（鑾）旂、攸（鋚）勒、戈琱威厚必（柲）彤沙（緌）」

〈此鼎〉02821-823〈此殷〉04303-310「玄衣黹屯、赤市、朱黃、縊（鑾）旂」

〈善夫山鼎〉02825「玄衣黹屯、赤市、朱黃、縊（鑾）旂」

〈頌鼎〉02827-829〈頌殷〉04332-339〈頌壺〉09731-732「玄衣黹屯、赤市、朱黃、縊（鑾）旂、攸（鋚）勒」

〈即殷〉04250「赤市、朱黃、玄衣黹屯、縊（鑾）旂」

〈廿七年衛殷〉04256「載市、朱黃、縊（鑾）」

〈王臣殷〉04268「朱黃奉（夆）親（襯）、玄衣黹屯、縊（鑾）旂五日、戈畫威厚必（柲）彤沙（緌）」

〈師翰殷蓋〉04277「赤市、朱黃、旂」

〈輔師嫠殷〉04286「載市、素黃、縊（鑾）腹」、「（增命）玄衣黹屯、赤市、朱黃、戈彤沙（緌）琱威、旂五日」

〈師酉殷〉04288-291「赤市、朱黃中絅（絅）、攸（鋚）勒」

〈師穎殷〉04312「赤市、朱黃、縊（鑾）旂、攸（鋚）勒」

〈走馬休盤〉10170「玄衣黹屯、赤市、朱黃、戈琱威彤沙（緌）厚必（柲）、

　　　　絲（鑾）扴（旂）」

　　　〈殷設〉N198601-02「市、朱黃」

有「幽黃」，凡七例，時間分布於西周中期和晚期：

　　　〈康鼎〉02786「幽黃、鋚革（勒）」

　　　〈南宮柳鼎〉02805「赤市、幽黃、攸（鋚）勒」

　　　〈伊設〉04287「赤市、幽黃、絲（鑾）旂、攸（鋚）勒」

　　　〈智壺蓋〉09728「曡（鬯）一卣、玄袞衣、赤市、幽黃、赤舄、攸（鋚）
　　　　勒、絲（鑾）旂」

　　　〈呂服余盤〉10169「赤市、幽黃、鋚勒、旂」

　　　〈虎設蓋〉N199601「載市、幽黃、玄衣黹屯、絲（鑾）旂五日」

　　　〈逨盤〉N200313「赤市、幽黃、攸（鋚）勒」

有「同黃」，凡五例，時間分布於西周中期和晚期：

　　　〈師至父鼎〉02813「載市、同黃、玄衣黹屯、戈琱戜、旂」

　　　〈元年師旋設〉04279-282「市、同黃、麗鞶」

　　　〈訇設〉04321「玄衣黹屯、載市、同黃、戈琱戜厚必（柲）彤沙（緌）、
　　　　絲（鑾）旂、鋚勒」

　　　〈免卣〉05418〈免尊〉06006「載市、同黃」

　　　〈趩觶〉06516「哉衣、載市、同黃、旂」

有「同霎黃」，一見於西周晚期：

　　　〈鄦設蓋〉04296-297「赤市、同霎黃、絲（鑾）旂」

　有「恩黃」，二見於西周晚期：

　　　〈毛公鼎〉02841「曡（秬）鬯一卣、鄯（祼）圭瓚（瓚）寶、朱市、恩
　　　　（蔥）黃、玉環、玉瑲；金車：奉（賁）綏（縟、幦）較（較）、朱鼍
　　　　圅（軛）靳（靳）、虎冟熏裏、右厄（軛）、畫轉、畫輔、金甬、錯衡、
　　　　金踵、金豪、約、金簟弻（弼）、魚葡（箙）；馬三（四）匹、攸（鋚）
　　　　勒、金巤、金雁（膺）、朱旂二鈴」

　　　〈番生設蓋〉04326「朱市、恩（蔥）黃、鞞鞍、玉睘（環）、玉瑲、車：
　　　　電軫、奉（賁）綏（縟、幦）較（較）、朱圅圅（軛）靳（靳）、虎冟
　　　　熏裏、遣（錯）衡、右厄（軛）、畫轉、畫輔、金童（踵）、金豪、金
　　　　簟弻（弼）、魚葡（箙）、朱旂旝（旆）金芳二鈴」

有「五黃」，兩見于西周晚期：

〈元年師兌毁〉04274-275「（且）市、五黃、赤舄」

〈師克盨〉04467-468、N199401「雹恩一卣、赤市、五黃、赤舄、牙僰；
駒車、㮰（賁）較（較）、朱虢圅（鞃）靳（靳）、虎亄熏裏、畫轉、
畫輴、金甬；朱旂；馬三（四）匹、攸（鋚）勒、素鉞」

有「縈黃」，一見于西周中期：

〈申毁蓋〉04267「赤市、縈黃、綴（鑾）旂」

有「素黃」，一見于西周晚期

〈輔師嫠毁〉04286「載市、素黃、綴（鑾）䩛」、「（增命）玄衣黹屯、
赤市、朱黃、戈彤沙（緌）琱威、旂五日」

有「金黃」，一見于西周晚期：

〈師嫠毁〉04324-325「叔市、金黃、赤舄、攸（鋚）勒」

作「朱橫」的有一例見於西周中期：

〈師訊鼎〉02830「玄袞襺屯、赤市、朱橫、綴（鑾）旂」大師金膺（膺）、
攸（鋚）勒」

稱「亢」或「鈧」的有五例，一例「朱亢」，時間爲西周晚期：

〈何毁〉04202「赤市、朱亢、綴（鑾）旂」

三例「幽亢」，時間皆爲西周中期，如果和「幽黃」一起考慮，那麼「幽亢（黃）」
則以西周中期爲常，三例賞賜「幽亢」的銘文是：

〈趞毁〉04266「赤市、幽亢、綴（鑾）旂」

〈盠方尊〉06013〈盠方彝〉09899-900「赤市、幽亢、攸（鋚）勒」

〈宰獸毁〉N199802「赤市、幽亢、攸（鋚）勒」

稱「金鈧」的一例，爲西周晚期器（與「金黃」同）：

〈弭伯師耤毁〉04257「玄衣黹屯、銇（叔）市、金鈧、赤舄、戈琱威井
（彤）沙（緌）、攸（鋚）勒、綴（鑾）旂五日」

以上陳述可以列表如下：（亢、橫，於表中皆作黃處理）

	朱黃	幽黃	同黃	同曼黃	恩黃	五黃	縈黃	素黃	金黃
中期	∨	∨ ∨	∨				∨		
晚期	∨ ∨	∨	∨	∨	∨	∨		∨	∨

在所有賞賜服飾中，以「黃（元）」最爲複雜，學者的意見也有很大的分歧，大致可以分爲三說：第一說以黃爲佩玉，第二說以黃即元爲市之帶，第三說以黃爲帶，然和元不同。提出論點的學者，都架構了龐大的論證依據，下面將各家說法分類引用如下：

第一說：以「黃」爲「佩玉」

這一說以郭沫若先生爲代表，其說見於專文或專書中：

> 珩，《說文》云「佩上玉也」。鄭玄《禮注》謂：「衡，珮玉之衡也。」說金文者多以黃爲假字，而釋爲佩上之橫。……今案此說殊有未安，蓋古人錫佩，何以僅錫其珮上之橫而不及其全？又金文黃字凡冊數例，均一律用黃，珩字未見，衡則〈番生段〉與〈毛公鼎〉之「趙衡」（經典作「錯衡」）與「恩黃」同出，衡黃並不相紊。然則安知黃非本字，而珩實後起，衡乃假字耳？〔註37〕

郭先生反對之前的學者（吳大澂、容庚等先生）將黃釋爲橫（珩）的說法，他認爲黃是整個佩的象形文：

> 細審其結構，當爲象形之文，無形聲可說。更參以金文，凡言錫佩者無慮四五十例而均用黃字，毫無例外。……由字形瞻之，中有環狀之物當係佩之體，即雙珩之所組成。《禮·經解》「行步則有環佩之聲」，〈玉藻〉「孔子去魯佩象環五寸」（蓋以象牙之珩爲環，其徑五寸。）《列女傳·貞順篇》「鳴玉環佩」，曹大家注云：「玉環佩，佩玉有環。」此皆佩玉有環之證。上有佩衿以繫於帶。《爾雅》所謂「佩衿謂之褑」者也。（《方言》、《廣韻》褑均作裎。）下則正垂三道，中央所縣之衡牙爲磬形，故有若垂四者；省其左右之

> 雙璜，故復垂二矣。是故黃即佩玉，自殷代以來所舊有。後假爲黃白字，卒至假借義行而本義廢，乃造珩若璜以代之，或更假用衡字。後世佩玉之制廢，珩璜字義各限於佩玉之一體。又以衡爲橫之本字，

〔註37〕郭沫若：《金文餘釋·釋黃》（收錄於《金文叢考》，北京：人民出版社，1952年），頁175。

故説爲「佩玉之橫」，其失彌遠。〔註38〕

郭沫若先生畫了一張圖來輔助自己的說法，並且對銘文中有關黃的各種專詞加以探討：

> 凡言佩玉者多著玉之色。黃言「朱黃」、「幽黃」、「悤黃」，亢亦言「朱亢」、「幽亢」，均著其色，則〈師毲段〉之「金黃」，〈趞曹鼎〉等之「同黃」，亦當以金同著其色。蓋言金色之黃與同色之黃也。同當讀爲鏓，其黃蓋以褐色之玉而爲之。……所謂「同㠯黃」者蓋言佩玉鏓色而有文彩者也。〔註39〕

郭先生對於銘文中的黃及其相關詞彙有一個系統的注釋見於《西周金文辭大系圖錄考釋》，〔註40〕他認爲加於黃前的「朱」、「幽」、「悤」、「同」、「金」、「五」、「素」皆爲顏色字。

第二說：以「黃」爲市的繫帶。

唐蘭先生在〈毛公鼎「朱韍、悤衡、玉環、玉瑹」新解——駁漢人「悤珩佩玉」說〉一文中，提出五點論述，文章甚長，茲引用其要如下：

> 第一，在金文裡有「悤黃」、「幽黃」、「朱黃」和「金黃」，「悤、幽、朱、金」是顏色，而決非玉色。《説文》：「繱，帛青色也」，「黝，微

〔註38〕同上註，頁178～179。

〔註39〕同上註，頁184～185。

〔註40〕在《兩周金文辭大系圖錄考釋》中，於〈師酉段〉考釋中纍：「中纍」疑當是屬于「朱黃」之事物，纍即綱字，殆言佩玉之珩璜均以朱玉爲之，而中央之衡牙以綱色之玉爲之也。《禮·玉藻》「佩玉有衝牙」，《鄭注》「居中央以前後觸也。」皇侃則謂「雙璜爲牙，垂於雙璜之間者爲衡。」《大戴禮·保傅篇》盧注同此説。蓋璜亦可稱爲牙，以其形似牙，而其朔實以牙爲之。(現存未開化民族猶以獸牙爲佩。) 中央之衝牙亦可省稱爲衝也。衝中聲相近，「中綱」或即衝綱矣。(頁89)

於〈師兌段其一〉「五黃」：「五黃」之五亦當是黃之色，斷非數目，因錫黃乃重典，一而已足，無多至五之理。且果爲紀數，亦當言「黃五」，不應言「五黃」。五者，余意乃段爲菩，《方言》(三)「穌亦荏也，關之東西或謂之穌，或謂之荏，周鄭之閒謂之公賁。」郭《注》云「今江東人呼荏爲菩，音魚。」案荏吾蜀鄉人謂之蘇麻，似紫蘇而色青白，無香，有種子可食。今曰「五黃」蓋言其色似菩之青白，亦猶言「悤黃」矣。(頁154)

於〈鄁段〉「同㠯黃」說：「同㠯黃」㠯字當即繠之異。《説文》「繠，帛文兒，《詩》曰『繠兮斐兮，成是貝錦。』」今《詩》作萋，段借字也。……謂「同㠯黃」者謂佩玉之呈綱色而有文者也。(頁155)

於〈輔師毲簋考釋〉(《文史論集》，頁331)：「素黃」言白色之珩，黃即珩或衡之初文，像玉佩形。

青黑色」,「絑,純赤也」,「黗,黃黑色」,都是染出來的顏色。《爾雅·釋器》:「一染謂之縓,再染謂之䞓,三染謂之纁;青謂之蔥,黑謂之黝。」……那末,作《爾雅》的人還知道「蔥衡」和「幽衡」是染成的。「衡」是可染的,應當是皮、革、絲、麻等制成的。

第二,金文屢見「冋黃」,師酉簋「赤市朱黃中絅」,「絅」就是「綱」。《詩經·衛風·碩人》、《鄭風·豐》都說「衣錦褧衣」,《列女傳》引作「衣錦絅衣」。《禮記·中庸》:「衣錦尚絅」,《尚書·大傳》作「衣錦尚䌹」。《說文》:「褧,檾也。詩曰衣錦褧衣,示反古」。又:「檾,枲屬。詩曰衣錦檾衣」。從金文來看,西周時代,這個字作「冋」或「綱」,其它都是後起的形聲字;由衣服說是「褧」,由草木說是「䌹」,由麻屬說是「檾」。本草稱為「苘麻」,就由「冋」字而加上草旁。……麻布生產比絲織品早,在錦衣上加苘麻的單衣,所以說是「反古」。金文「冋黃」是用冋麻織成的「衡」。䢼簋說:「冋鞭、黃」,是「冋鞭」與「冋黃」。「鞭」即「韠」字,應該讀為「緥」。《說文》「纏也。」又「緥,緥衣也。」《漢書·賈誼傳》:「緥以偏諸」,顏師古注:「謂以偏諸纏著之衣。」那末,賞給䢼的「赤韍」是用苘麻來縫緝下面的,同時又有「絅衡」。……「蔥衡」與「幽衡」,應該是絲織的。

第三,據師克盨說:「赤市五黃」,師兌簋說:「市五黃」,可見一個「韍」不只一個「衡」。郭沫若同志在《兩周金文辭大系考釋》裡主張「五」是色,「斷非數目」。但大克鼎說「叔市,參冋,莽(中)悤」,三「絅衡」中間夾著兩個蔥「衡」,就是「五衡」了。師酉簋說:「赤市朱黃中絅」,也必須有三個「衡」或五個「衡」,才能在「朱衡」中間有「絅衡」。……漢朝學者把「蔥衡」誤釋為佩玉,鄭玄《玉藻》注說是「佩玉之衡也。」說是佩玉是錯的,把「衡」當作橫的意思還是對的。

第四,盂鼎說「裳衣市舄」是四種服飾。《詩經·車攻》說:「赤芾金舄」,以「芾舄」連稱。師嫠簋說:「錫汝叔市、金黃、赤舄」;師克盨說:「赤市、五黃、赤舄」;曶壺:「玄袞衣、赤市、幽黃、赤舄」;都把「黃」次在「市」與「舄」之間,可見「衡」是屬于「韍」的服飾。

第五,古書中的「衡」,金文作「黃」……其實「黃」字古文像人仰

面向天，腹部膨大，是《禮記·檀弓》「吾欲暴尪而奚若」的「尪」字的本字，跟佩玉之形，全無關涉。「市黃」的「黃」，金文或作「亢」，都應該讀爲「橫」。……屬于「戟」的「衡」，漢人以爲是「橫」的意思，是很對的，只是解釋爲佩玉就錯了。其實，《賈子新書·容經》等書所說的「上有蔥衡，下有雙璜」等話，是戰國流傳下來的舊說。「蔥衡」本身不是佩玉而是繫佩玉的帶，「戟」和「佩」都是繫在「蔥衡」上的。西周金文以「市黃」對稱，《儀禮》「緇帶素韠」、「緇帶爵韠」，都把「帶」和「韠」對稱。「韠」既然就是「戟」，「帶」當然就是「衡」了。「上有蔥衡，下有雙璜」，是指繫在蔥色的「衡」（帶）上的玉佩，主要是「雙璜」。「璜」其實就是「珩」，「璜」是古字，「珩」是春秋以後的新字。〔註41〕

由以上五點可以清楚了解唐先生的意思，他反對郭沫若先生將黃釋爲佩玉，他將黃釋爲帶，可以繫市與玉，接著又指出黃即是漢代的綬：

> 「戟」上的「衡」是繫「戟」的「帶」，它可多到五道，可以用 **苘** 麻織成，也可以絲織，染成蔥、幽、金、朱等色。我們可以進一步斷定，這就是秦漢時代的「綬」。……毛公鼎和番生簋都有「玉環」，《禮記·玉藻》說「孔子佩象環五寸而綦組綬」，司馬彪說「紫綬以上，綖綬之間得施玉環鐍云」，可見「玉環」是繫在「衡」上的玉佩。毛公鼎、番生簋又都有「玉瑹」《廣雅·釋器》：「瑹、珽，笏也。」……《漢書·郊祀志》注解釋「搢紳」兩字，說「紳，大帶也，搢，插也，插笏于大帶革帶之間。」……毛公鼎、番生簋都把「玉環玉瑹」跟「赤戟蔥衡」連在一起，可見「蔥衡」就是「大帶」或「腰帶」，也就是秦漢時代所謂「綬」。〔註42〕

〔註41〕 唐蘭：〈毛公鼎「朱戟、蔥衡、玉環、玉瑹」新解——駁漢人「蔥珩佩玉」說〉，《唐蘭先生金文論集》（北京：紫禁城出版社，1995 年 10 月），頁 89～91。
〔註42〕 同上註，頁 91～92。
除了上面的引文外，在〈「韠刻」新釋〉（收於《唐蘭先生金文論集》）一文表達他的看法：「衡」在《禮記·玉藻》裡有「幽衡」與「蔥衡」，「衡」字在金文裡作「黃」作「亢」，除了「蔥黃」、「幽黃」、「幽亢」以外，還有頌鼎等的「朱黃」，師嫠簋的「金黃」和何簋的「朱亢」，「蔥」、「幽」、「朱」、「金」等名稱都是染或繪在布帛或皮革上的顏色，而不是玉色，與《國語》所說「白玉之珩」（《晉語》）或「白珩」（《楚語》）是迥然不同的。金文又常見「同黃」，「同」又作「絅」，是用苘麻所織的帶或布。大克鼎說「錫汝叔市參同苘悤」，

陳漢平先生除了「五黃」一詞採取並存郭沫若和唐蘭二位先生說法的處理方式，其他的意見大致與唐蘭先生的看法是相同的：

> 冊命金文賜服中有黃、太、帯、◇、仐，諸物列于同一地位，當爲同一類事物，即繫帶之屬。……金文賜物黃字當讀爲橫，通假爲衡。……衣帶或繫以佩玉，故黃、衡字經傳亦通作珩。師虎鼎銘黃字從市作橫，知黃與市有關，確爲繫市之帶。……冊命金文黃字之前有冠詞，如：金、朱、素、同、幽等，此皆爲繫帶（黃、衡、珩）之顏色形容字。〔註43〕

《商周青銅器銘文選》也同意將黃（元）釋爲帶。〔註44〕這一說在〈師虎鼎〉的黃作橫，可以得到有力的證明。

則是說有三個綱衡而中間的一個是染成蔥綠色的。師酉簋說：「赤市朱黃中絧」則是說三個或五個「朱衡」的中間的一個是用繭麻做的。最近發現的師克盨說：「赤市五黃」，則是說有五個衡。由此可見「衡」可以用繭麻來做，又可以有三個或五個，就決不是佩玉的「珩」了。（頁96）

〔註43〕 陳漢平《西周冊命制度研究》，頁232～233。其他說法如：帯字與黃字在所賜命服中地位相同，皆爲繫帶之類，依字形觀之，此字當釋爲帶。……元年師旋設賜物有「赤市、同黃、麗般」，般字舊無解，今疑即鞶帶之鞶。（頁234）

〔註44〕 其說法如：朱黃中絧 朱黃，市肩上用以繫佩的朱色帶子。黃，舊釋璜，不確。師虎鼎作「朱橫」，字從市，可以知是市的一部分。黃字經籍作衡，《禮記·玉藻》：「一命縕韍幽衡，再命赤韍幽衡，三赤韍蔥衡。」古韍、市通，韍、市也稱爲韠。市與黃之形狀，王夫之《禮記章句》云：「韠，蔽膝也。其制以熟皮爲之，著於衣裳之外。大帶之下，垂當前中，上分三裂，中爲頸，兩旁爲肩，肩通革帶以繫佩，佩兩旁垂而韠當中也。大古未有衣服，但以皮革蔽其前後，後王示不忘古，去其後而留其前以爲飾焉。」絧，即綱。古制一市有五根衡帶，朱黃中絧是指三根朱色衡帶中間夾有兩根綱色的衡帶。（頁126～127）

赤市縈黃：縈，從糸熒聲，即縈字，讀爲幽。縈、幽古同喻紐。（頁161）

參同（綱）蔥（中）恩 是指束市帶子的顏色配置，即三根綱色中間夾兩根蔥色的衡帶。如師酉簋銘「赤市朱黃中絧」，「朱黃中絧」是指朱色中夾著綱色的帶子。（頁217）

同𫂄黃 繪有紋飾的白麻色繫市的的帶。𫂄是縷的異體字，《說文·系部》：「縷，白文兒。《詩》曰：『縷兮斐兮，成是貝錦。』」今本《詩·小雅·巷伯》作「萋兮斐兮」，毛亨《傳》：「萋菲，文章相錯也。」（頁277）

朱橫：朱色的維繫蔽膝的帶子。橫，從市從黃乃是其本字。他器銘文多作朱黃，黃假借爲衡，衡是衣帶之通名。冠帶亦稱衡。《左傳·桓公二年》：「衡紞紘綖」，杜預《注》：「衡，維持冠者。」（頁136）

金鋎：即金黃，市之革帶金文皆作黃，元、黃同部通假。鋀市金鋎讀爲金黃，鋎從元聲，趞簋銘作「赤市幽元」，幽元即幽黃，元、黃同部通假。鋀市金鋎即十一年師嫠簋銘的「叔市金黃」。（頁196）

第三說：以「黃」為帶，和亢可能不同。

陳夢家先生也舉了五個要點來說明黃不是玉器（主要目的在駁斥前人與郭沫若先生的意見），他的五個要點如下：

> 金文名物之「黃」不是玉器而是衣服的一種：（1）西周金文與「市」相隨的「黃」皆不從玉，只是縣妃設的「戈珚玉黃」和「五年珚生設」的「束帛、璜」才是玉器之璜。（2）西周金文中的賞賜，命服與玉器是分開敘述的，「黃」隨于「市」之後而多與「玄衣黹屯」「玄袞衣」「中絅」「赤舄」等聯類並舉；尤其是師酉設的「朱黃」介于「赤市」與「中絅」之間，臼壺的「赤市幽黃」介于「玄袞衣」與「赤舄」之間，師毇設的「金黃」介于「叔市」與「赤舄」之間，可證「黃」是整套命服的一部分。（3）加于「黃」前的朱、赤、悤、幽等都是帛的顏色，而回（絅）、暴（繚）、五（午），則是「黃」所以織衣的材料、織法等形容詞，不是用以形容玉色的。（4）康鼎曰「易女幽黃、鋚革」，可知幽黃可以作一種獨立的命服而賞賜。〔註45〕

接著認爲黃是帶，並對加於黃前的字，加以說明：

> 大帶又名鞶帶，則應有革製的。但金文一般的黃，似皆絲、帛、繒所製，故著帛色：（1）朱，《說文》「絑，純赤也。」《詩‧七月》傳「朱，深纁也。」（2）素，《說文》「素，白緻繒也。」（3）悤，《說文》「繱，帛青色。」（4）幽，《玉藻》鄭注「幽讀爲黝，黑謂之黝，青謂之蔥。」《說文》「黝，微青黑色的。」（5）金，《說文》「黅，黃黑也，從黑金聲。」《玉篇》「黅，黃黑如金也。」《詩‧車攻》「赤市金舄」箋「金舄，黃朱色也。」（6）暴，《說文》「繚，白文皃，詩曰繚兮斐兮，成是貝錦。」（7）回，《詩‧碩人》：「衣錦褧衣」，《中庸》「衣錦尚絅」。《尚書大傳》「衣錦尚顈」，《說文》「褧，蘏也」，《詩》曰「衣錦褧衣，示反古」，又曰「蘏，枲屬」，引詩作蘏。褧、蘏、絅、顈即《本草》之茼麻，即今製粗繩所用者。《詩》之「錦蘏衣」猶金文之「回暴黃」，皆以茼麻交織而成。（8）五，五黃猶繚黃，疑指交織之形。

由上所述，則金文的朱黃、素黃、金黃、幽黃、蔥黃即《玉藻》的

〔註45〕陳夢家：〈西周銅器斷代、虢國考、賞賜篇〉，《燕京學報》新一期，頁277。

朱帶、素帶、錦帶、幽衡、蔥衡；而幽衡和緇帶可能是同類的。……
西周金文的「黃」也有另外兩種寫法。何段的「朱𠂆」，盠方彝和趞
鼎的「幽𠂆」，師耤段的「金鈦」（𠫤也可能是太，即鈦），都是《說
文》「𠂆，胻曲脛也」，即《檀弓》的巫𠂆。聲與黃通。黃與𠂆可能
是二物，𠂆疑即邪幅。〔註46〕

以上三個的說法，以黃爲帶之說最爲合理，與黃又作𫎸的異體寫法相合。𠂆
和黃由文例比對來看，應是一物，陳夢家先生疑𠂆爲邪幅，然其依據主要是
《說文》的釋義，尪𠂆字和𠂆形並不相同，而𠂆作帶是假借，所以𠂆還是應
和黃視作一物才是。邪幅金文稱作「牙僰」。黃或𠂆字前所加的「朱」、「幽」、
「悤」、「素」、「金」、「縈」皆爲顏色字，「同」是指質材（麻），「五」則如唐
蘭先生爲數目字，或有可能如郭沫若先生說爲顏色字。

（6）牙僰〔註47〕

賞賜「牙僰」的實例有二，分別爲西周中期的〈十三年瘨壺〉與晚期的
〈師克盨〉：

〈師克盨〉04467-468、N199401：「赤市五黃、赤舄、牙僰；駒車：萃較
朱虢䀇𣂐、虎𣎴熏裏……」

〈十三年瘨壺〉09723-724「畫袋、牙僰、赤舄」

學界或將「牙僰」釋爲笏的一種，如郭沫若先生在〈師克盨銘考釋〉：

案此即是荼字，笏也。《禮記・玉藻》「天子搢珽，方正于天下也。
諸侯荼，前詘后直。……太夫前詘后詘。」又云「笏：天子以球玉，
諸侯以象，大夫以魚須文竹，士竹本象可也。」《荀子・大略篇》亦
云：「天子御珽，諸侯御荼，大夫服笏，禮也。」荼即是笏，古亦言
手板，今言則爲朝片。「以象」者以象牙爲之。此銘之牙即是象牙。
荼乃假借字，本植物字匯。从人者示采擷之意。今此字从二从𣎴一

〔註46〕同上註，頁278～279。

〔註47〕關於牙僰，本學位論文初稿撰寫時，擬爲舄前端之飾，後於口試後再改稿時
（2004年10月），考定爲邪幅，本已寫成專文〈西周銘文牙僰新釋〉，然經陳
美蘭博士告知，北京大學陳劍博士對「牙僰」亦有專文考釋，查之，爲〈西
周金文「牙僰」小考〉發表（北京）首都師範大學出版之《語言》第四輯（頁
188～191），因見解相同，故本欲發表之章文乃作罷，於此加註說明，以免他
人有疑。因本論文稿已修定，故未能將陳劍先生意見引入，僅於文中提及考
釋結論，以免頁數變動過大。

人，**茶**即象荼草之形。故此當爲荼之初字，茶爲其衍變。荼假爲芴之別名，亦可以玉爲之，故別創一璏字，番生殷與毛公鼎有「玉環、玉璏」可證。〔註48〕

關於釋牙僰爲牙璏的的說法，于省吾先生則認爲「可備一說，仍要待考」。〔註49〕

　　另外，有學者認爲牙僰爲一種衣領，如伍仕謙先生在〈微氏家族銅器群年代初探〉一文中認爲：

牙襋，則爲衣領上所鑲的牙飾之形。此種牙飾之衣領至今尚存。〔註50〕

陳漢平先生於《西周冊命制度研究》對牙僰的考釋：

癲壺**㝔**字略有變化，前人未釋，當釋爲牙。牙僰之賜究爲何物，推測有兩種可能：或此物爲象牙質地之服飾；或牙僰當讀爲衺襋。〔註51〕
在古文獻中，衺字義通邪、斜。衺字从衣从牙，造字之意在衣襟像兩牙相交。斜領之衣爲中國服飾常見樣式。……若此推測不誤，牙僰則爲斜領之上衣。又疑牙僰爲象牙所制服飾，茲存疑。〔註52〕

而《商周青銅器銘文選》於〈十三年癲壺〉「牙僰」考釋則認爲牙僰是雅美的衣領：

雅襋。牙讀爲雅，牙、雅雙聲同部字，音之假借。雅之言雅麗，即雅美之意。僰从人棘聲，讀爲襋，《說文·衣部》：「襋，衣領也，从衣棘聲。」牙僰指雅美的衣領。〔註53〕

在釋爲衣領的說法中，對牙字的解釋就很分歧，有本字爲釋，有釋爲衺、雅的看法。有趣的是《商周青銅器銘文選》於〈師克盨〉考釋有一條「牙**茶**（茶）」：

牙芴。**茶**从二**茶**及人。舊釋茶，示採擷之意。《荀子·大略篇》：「天子御珽，諸侯御荼，大夫服芴，禮也。」又《禮記·玉藻》：「芴：

〔註48〕郭沫若〈師克盨銘考釋〉，《文物》1962：6，頁13～14。
〔註49〕于省吾〈「師克盨銘考釋」書後〉，《文物》1962：11，頁57。
〔註50〕伍仕謙：〈微氏家族銅器群年代初探〉（陝西周原考古隊　尹盛平主編：《西周微氏家族青銅器群研究》，北京：文物出版社，1992年6月，頁204，原文發表於《古文字研究》第五輯，北京：中華書局，1981年5月）
〔註51〕陳漢平：《西周冊命制度研究》（上海：學林出版社，1986年12月），頁238。
〔註52〕同上註，頁238～239。
〔註53〕馬承源主編：《商周青銅器銘文選》第三卷，北京：文物出版社，1988年4月，頁211。

天子以球玉，諸侯以象」，象就是笏用象牙制作。〔註54〕
這是從郭沫若先生的意見。事實上〈十三年瘋壺〉和〈師克盨〉所載都是牙
樊，只是字形稍有不同。《銘文選》將之分釋爲兩物，是不適宜的。

郭沫若先生將樊字釋爲璪，並且以〈毛公鼎〉和〈番生毁〉爲佐證，這
是將樊字和璪（瓚）字混同的結果，只要查看二器的銘文，便可看出〈毛公
鼎〉和〈番生毁〉的璪（瓚）字和〈十三年瘋壺〉、〈師克盨〉的樊字是顯然
有別的。

既然牙樊不會是牙璪，那麼牙樊和衣領是否相關呢，我們由〈師克盨〉
銘牙樊的文例來看，牙樊應當不屬於衣領，那麼，牙樊的部分和赤舄是相差
不遠的。

陳劍先生〈西周金文「牙樊」小考〉〔註55〕已釋出「牙樊」爲文獻所載
的「邪幅」，其說甚是。

「牙樊」正是文獻的「邪幅」，《詩·小雅·采菽》說「赤芾在股，邪幅
在下。」觀此詩所提到的名物：路車乘馬、旂、鸞、赤芾等，都是具有身分
代表性的賞賜物，那麼「邪幅」也當有一定的代表性，否則詩人不會刻意去
提及。關於「邪幅」，毛《傳》云：「邪幅：幅，偪也。偪，所以自偪束也。」
鄭《箋》云：「邪幅，如今行縢也，偪束其脛，自足至膝，故曰在下。」由此
可知邪幅就是邪纏於足的布，相當裹腿布。

《左傳·桓公二年》：「袞、冕、黻、珽，帶、裳、幅、舄，衡、紞、紘、
綖，昭其度也。」這個幅，也就是邪幅，因爲是邪纏著，所以稱邪幅，但單
就其名而言，可稱爲幅。《左傳》這段文字所列者，皆有身分象徵之意，亦足
證邪幅爲賞賜物是很合適的。

〈十三年瘋壺〉稱「牙樊，赤舄」而〈師克盨〉稱「赤舄，牙樊」，文例
一在赤舄前，一在赤舄後，正猶如賞賜物的陳述次序一般是先衣後芾（市），
但是也可見先芾後衣的情況，如〈師奎父鼎〉「載市同黃、玄衣黹屯」、〈虎毁
蓋〉「載市幽黃、玄衣黹屯」〔註56〕、〈即毁〉「赤市朱黃、玄衣黹屯」等，可
爲佐證。

銘文寫作「牙樊」而傳世古籍作「邪幅」，牙和邪可通，由邪字從牙得聲，

〔註54〕同上註，頁223。
〔註55〕陳劍：〈西周金文「牙樊」小考〉，《語言》第四輯，頁188～191。
〔註56〕黹字釋讀請參白於藍：〈「玄衣黹純」新解〉，《中國文字》2000年：新廿六期。

不難理解，从牙得聲的衺字和邪字通用亦不乏其例，如《周禮‧天官‧宮正》：「去其淫怠，與其奇衺之民」，《經典釋文》云：「衺，似嗟反，亦作邪。」、《周禮‧天官‧內宰》：「禁其奇衺」，《經典釋文》云：「衺，似嗟反，本亦作邪」，衺和邪都是牙聲系的字。至於樊和幅的關係，《呂氏春秋‧恃君覽》：「樊人、野人，篇笮之川。」高誘注：「樊，讀如前匍之匍。」又《禮記‧王制》：「西方曰棘。」鄭玄注：「棘當爲樊。樊之言偪，使之偪寄於夷戎。」偪、幅、匍都由畐得聲，樊與幅音可互通當無疑問。由以上的論證可知「牙樊」就是「邪幅」。既非玉琤之類，亦與衣領無關，

　　另外，關於樊字，有一例金文可以在此附帶一提：《歷代鐘鼎彝器款識法帖》卷十一收有〈尹卣〉，此器《殷周金文集成》編號爲 5431，更名爲〈高卣〉，名稱當如《集成》，其文例爲「尹易臣隹小樊，揚尹休，高對乍父丙寶障彝」，這兒的樊和牙樊是不同的東西，有學者曾引此器（其隸定爲「雀樊」）來證明牙樊爲衣飾，是不合適的。

　　（7）鞞鞍

　　鞞鞍或作鞞刻，見於西周銅器銘文的有二器，屬冊命銘文的西周晚期器〈番生段蓋〉與非冊命銘文的西周早期器〈靜段〉，〈靜段〉銘文中記載靜受賞賜主因是王射于大池，靜因薗射學宮，表現無罪而受賜鞞刻（僅賞賜此物），所以學界以鞞刻（鞍）和武器有關，〈番生段〉銘文中記載了周王賞賜成套車服器物給番生，鞞鞍在恩黃之後玉環之前，那麼鞞鞍在服飾的座標是在人的腰的部位，在冊命賞賜中很罕見。兩件器的資料如下：

　　　　〈番生段蓋〉04326「朱市、恩（蒽）黃、鞞鞍、玉睘（環）、玉琮、車：電軫、奉（貢）縟（緟、幦）較（較）、朱裔商（鞃）虧（靳）、虎盲熏裏、遣（錯）衡、右厄（軛）、畫轉、畫輴、金童（踵）、金豙、金簟弼（茀）、魚葡（箙）、朱旂旜（旆）金芳二鈴」

　　　　〈靜段〉04273「鞞刻」

　　對於鞞鞍寫專文探討的有郭沫若和唐蘭二位先生，二說有明顯的歧異。早在《詩‧小雅‧瞻彼洛矣》的「鞞」字，毛亨傳就認爲「鞞，容刀鞞也。」清代學者吳大澂在考釋〈靜段〉時同意《說文》「鞞，刀室也。」的看法（《愙齋集古錄》第十一冊，頁六），刀室也就是毛傳的容刀鞞，吳大澂自是根據毛傳而來，郭沫若先生因不同意吳大澂的意見，他在 1932 年〈釋鞞鞍〉一文中

首先提出韠與鞞都是劍（劍鞘）的飾玉的看法，他認爲韠即珌，是劍柄下端和劍身相接托處的飾玉，至於鞞則認爲是璏、璲，指劍鞘上端用以貫緌的飾玉。〔註57〕到了 1952 年，郭沫若先生重新出版《金文叢考》，在〈釋韠鞞〉一文後加上案語，今移其文如下：

> （後案）「韠鞞」之韠仍以説爲刀室爲妥。二字連文乃謂刀室上之璏也。如釋韠爲珌，珌不能脫離刀柄以爲賜予物，故知非是（一九五二年十月十二日）〔註58〕

是郭先生修正了他之前的看法，他認爲韠還是當依前人舊說，釋爲刀室，但是韠鞞是「刀室上之璏」，也就是說郭沫若先生認爲韠鞞一詞的結構是以韠來修飾鞞，所賜之物只是璏（當然璏一定用在刀室的，因爲字義是刀室用來貫緌的飾玉專名），唐蘭先生於 1961 年寫〈「韠剝」新釋〉一文，此文之作乃在反對郭沫若先生的說法（但他顯然沒有看到郭先生在 1952 年的案語，所以文中有不少句子在批評郭先生以韠爲玉的說法），唐蘭先生認爲韠爲刀室（這一點和郭沫若先生的看法是相同的）而鞞爲繫韠的帶子，唐蘭先生論述甚爲精到，其說如下：

> 其實「韠」是刀室，「鞞」或「剝」既從革，又從刀，是繫刀用的革帶。革帶可以改用絲帶，所以「鞞」可以寫作「緌」，《爾雅·釋器》：「緌，綬也。」這種帶子又可用以繫佩玉，所以又可以寫作「璲」。《爾雅·釋器》「璲，瑞也。」實際只是一個字。……《說文》：「韠，刀室也」又「削，韠也。」削又作鞘，《說文》新附：「鞘，刀室也。」《廣雅·釋器》：「韠鞘，刀削也。」劍鞘沿用刀鞘的名稱，所以揚雄《方言》（卷九）說：「劍削自河而北，燕趙之間謂之室，自關而東或謂之廓，或謂之削，自關而西謂之韠。」「削」字本從刀，說明它是刀鞘，「韠」、「鞘」、「鞘」等字從革，「韠」字從韋，說明它是用皮革製的。……根據番生簋「錫朱䩞蔥衡，韠鞞，玉環玉琮」，可見西周時代䩞衡跟容刀、佩璲、玉環等服飾成爲一組，秦漢以後只是把「鞞」和其他玉佩取消了，佩刀、佩璲和玉環等還保留著。再

〔註57〕 此文收於《金文叢考·金文餘釋》，其說如下：劍柄之上端曰首，一曰摽首，或謂之環，以玉爲之謂之琫。劍柄之下端與劍身相接托處曰口，一謂之喉，一謂之鐔，以玉爲之謂之珌、或謂之珥。劍鞘上端有玉飾以貫緌者謂之鼻，一謂之璏，或謂之衛。珌於經典作韠，金文亦然，《說文》訓韠爲刀室，殆誤也。璏於經典作璲，金文作鞞若剝。吳大澂韋謂剝鞞爲射鞲之遂，亦誤也。（頁 170～171）

〔註58〕 同上註，頁 173。

根據靜簋的「剝」字從刀來看，可見「佩璲」本來是繫刀用的革帶，但也可以用來繫玉佩，也可以用絲織品來代替革帶。那末，「鞶」是繫在鞞衡繫刀用的綬帶類服飾，也是絲毫不容懷疑的。……靜簋裡周穆王賞給靜「韐剝」，這種賞賜和《易經》裡所說「或錫之鞶帶」是相類似的。但在番生簋裡的「韐鞶」則屬于鞞衡一組服飾。毛公鼎也賞賜鞞衡一組，卻又沒有「韐剝」。可見這是可以有，可以無的。但無證如何，「韐剝」是革製的刀鞘和繫刀鞘的革帶，而不是什麼玉飾，則是可以斷言的。〔註59〕

依唐先生的看法，所韐鞶實是韐和鞶成組的賞賜物，包含刀室及其繫帶，這樣的看法合於傳世古籍也兼顧到銅器銘文的釋讀。其後《商周青銅器銘文選》於〈靜簋〉「韐剝」考釋時提出：

番生簋作韐鞶。韐為刀之室。《詩·小雅·瞻彼洛矣》「韐琫有珌」。毛亨《傳》：「韐〔註60〕，容刀韐也。」韐從革，刀鞘以革製，當以解釋作刀室為宜，韐也是指有刀室的刀。剝或鞶，釋為繸或璲。《爾雅·釋器》：「繸，綬也。」郭璞《注》：「即佩玉之組，所以連繫瑞玉者。」邢昺《疏》：「繸，綬也。釋曰：所佩之玉名璲，繫玉之組名綬，以其連繫璲玉，因其名綬曰繸。」韐剝是連鞘帶繸的刀。〔註61〕

依其意，所賜的是「連鞘帶繸的刀」。另外還有一種意見：陳夢家先生的舊稿中有一段有關「韐鞶」的考釋（因為由後人整理，發表於1995年，但由自署日期知其文寫於1958年6月5日），他的意見是：

今以為韐鞶是一物，乃是革製的圍身之帶而可以佩兵器者。《廣雅·釋器》曰「韐靳，刀削也」王念孫引《內則》「右佩遰」鄭注云「遰，刀鞞也」說「遰與靳同」案韐靳即韐遰，亦即韐鞶。《說文》曰「削，鞞也」《玉篇》從韋作鞘。削或從刀或從韋，猶金文鞶之或從刀。金文韐從革，而《方言》從韋。……《左傳》桓公二年「藻率鞞鞛。」杜注「韐，佩刀削上飾，鞛下飾」鞛疑即鞶。此物在玉器之前，疑是系佩玉者。《爾雅·釋器》「繸，綬也」注云「即佩玉之組所以連繫瑞

〔註59〕唐蘭：〈「韐剝」新釋〉，《唐蘭先生金文論集》（北京：紫禁城出版社，1995年10月），頁96～98。

〔註60〕毛傳原字作「韐，容刀韐也」，「韐」字《商周青銅器銘文選》引為「韐」。

〔註61〕馬承源主編：《商周青銅器銘文選》，頁111。

玉者，因謂之緌。」《後漢書‧輿服志》（案：原書作與，誤）「緌者
古佩璲也。」《玉藻》鄭注「綬者所以貫佩玉。」〔註62〕

唐蘭先生、《銘文選》、陳夢家先生的意見各有異同。唐先生認爲是「刀室＋
緌」，《銘文選》以爲是「刀＋刀室＋緌」，陳先生認爲是「緌」。三說中，以
唐蘭先生和《銘文選》之說較爲合宜，《毛傳》、《說文》、《廣雅》都說鞞是
刀室，則陳夢家先生的說法將鞞說爲緌，較爲不宜；「鞞鞛」有兩種可能：

其一：銘文有刀字，二器銘文皆不說賜刀，是所賜重點不在刀而在刀室
　　　（鞞鞛都从革，合唐先生說），在冊命賞賜中，不特別賜刀，也說
　　　明刀不是身分的區別或代表物，可見刀在西周賞賜物中並不重
　　　要。如此則唐說可從。

其二：當然刀可能連刀室一同賜，而這樣完整的刀及刀室組就稱爲鞞刜
　　　（即《銘文選》之說）。

　　唐蘭先生和《銘文選》的說法較前人舊說爲合理，由於兩說未能斷定何
者爲是，故兩說並存。〔註63〕

（8）非 余

　　西周銅器銘文中出現「非余」之賜的有兩例，分別爲西周早期與西周晚
期，而皆非冊命賞賜：

〈卜鼎〉02696「金一勻、非余」

〈小臣傳毁〉04206「非余」

　　對於非余，除了容庚先生之外，多數學者皆認爲非余是玉器，〔註64〕只
是意見仍有差別，尤其在非字的釋義上。

　　郭沫若先生首先以專文考釋

　　　余謂余當即〈玉藻〉「諸侯荼，前詘後直」之荼，笏也。《廣雅》
　　　作琰，《集韻》作琜。非當是赤色之意，以非爲聲之字多含赤義，
　　　龔定菴《說文段注札記》於「翡赤羽雀」條下云「凡从非之字古
　　　皆有赤義，若緋之爲赤帛，琲之爲赤珠，雖許書所未收，要之古

〔註62〕陳夢家：〈西周銅器斷代、虢國考、賞賜篇〉，《燕京學報》新一期，頁281。

〔註63〕張光遠先生告知西周時代銅刀的出土數量不多，而銅劍的實例遠多於銅刀，
　　　　鞞鞛很可能爲劍室。（2003年6月29日）

〔註64〕容庚先生在《金文編》（北京：中華書局，1998年8月）卷十一「非」字下云：
　　　　「古者金與馬每同賞賜，非余當讀作騑駼。」（頁769）。

也。」此言凡，言皆，雖免含混，要不失為創見。……故「非余」
必為緋琮無疑，即赤笏也。古人之笏未明其色，今知有赤色者在
矣。〔註65〕

郭說以「余」為「琮」，即笏，「非」則讀「緋」，這一說受到不少學者支持〔註66〕，「余」釋為「琮」，學界幾無異說，但對於非的釋讀，陳夢家先生〔註67〕與唐蘭先生都提出「非」即「笏」的看法：

《說文》笏、菲互訓，是「非余」之「非」即笏。《爾雅·釋草》曰「簡篆，中」注云「言其中空，竹類。」古之笏析竹為之。《說文》「篆，析竹筐也」，《方言》十三「析竹謂之篆。」古文閔、勿相通，簡篆即笏篆。析言之則為笏為篆。《玉藻》曰「笏，天子以球玉，諸侯以象，大夫以魚須、文竹，士竹本象可也。」《玉藻》曰「天子搢珽」注云「此亦笏也。」《左傳》桓公二年傳注云「珽，玉笏也，若今之持簿手版也」《說文》以為大圭。《玉藻》曰「諸侯荼」注云「是以謂笏為荼。」《廣雅·釋器》曰「天子御珽，諸侯御荼，大夫御笏」……金文所記，都是諸侯賜臣屬的。〔註68〕

我懷疑非余是荼的異名。《禮記·玉藻》：「天子搢珽」，鄭玄注：「此亦笏也」。因記文承前文「史進象笏」而來，所以這樣說。那麼，「諸侯荼」，也是笏的異名，但珽和荼是用玉，所以荼又作琮和璿。非聲與勿聲相近，《爾雅·釋草》「菲，笏」，陸璣《草木鳥獸蟲魚疏》：「菲似葍，……幽州人謂之笏。」明是方言之異，是聲之轉。則此云「非余」，當即笏之異名，或單稱琮，即荼；或單稱非，聲轉為笏，或以竹為之，所以從竹。〔註69〕

〔註65〕郭沫若：〈釋非余〉，《金文叢考·金文餘釋之餘》，頁262。

〔註66〕如《商周青銅器銘文選》考釋〈小臣傳簋〉：非余：賞賜的物品，亦見於𦅪鼎銘：「內史令𦅪事，易金一鈞，非余。」或說非余讀為緋、琮。緋，赤色；琮，笏。《禮記·玉藻》「諸侯篆，前詘後直」之荼訓為「笏也」。荼，《廣雅》作琮，《集韻》作琮。（頁81）

〔註67〕陳夢家先生曾釋「非余」為「璠璵，魯之寶玉。」（陳夢家：〈西周銅器斷代（二）〉，《考古學報》第十冊，1955年12月，頁92）但於1958年寫成的〈西周銅器斷代、虢國考、賞賜篇〉則改了意見。

〔註68〕陳夢家：〈西周銅器斷代、虢國考、賞賜篇〉，《燕京學報》新一期，頁280～281。

〔註69〕唐蘭：《西周青銅器銘文分代史徵》，卷五中·〈小臣傳卣〉註4，頁367。

以非余一詞的非和余皆笏之異稱，說法較郭說爲佳，西周賞賜物有「玉琮」，
見於冊命賞賜〈番生殷蓋〉，那麼陳夢家先生「都是諸侯賜臣屬的」一點可以
修正。

二、車馬與兵器的部分

由於賞賜時車馬器常和兵器一起敘述，有些兵器是配合戰車使用的，所
以合在一單元探討，西周車馬各部件名稱眾多，於賞賜銘文中提及者不在少
數，此處擇學者討論甚有分歧者四項來說明。金簞弻前人以爲車蔽，依此本
應例爲車馬器，然本文用唐蘭先生的說法，以爲兵器，至於兵器中常見「戈
珊戚鼻（厚）必（柲）彤沙（鞣）」，訓釋的學者意見良多，本文加以整理。
此處要討論的有六項：車馬的部分有（1）奉畐較、奉緟較；（2）㐭（圓）斬；
（3）冟；（4）金甬；兵器的有：（5）金簞弻、（6）戈珊戚鼻必彤鞣。

（1）奉畐較、奉緟較

車較字銘文作較，或加支字形（如〈三年師兌殷〉），常見名稱爲「奉較」，
或稱爲「奉畐較」、「奉緟較」、「鞏交」，都出現在西周中晚期的賞賜銘文中。
由字面上來看，「奉畐、奉緟」是車較的裝飾物，銘文中出現奉較的有六例，
其中四例爲西周晚期，另二例西周中期的器也在中期的後段（懿孝時期），此
六例如下：

〈三年師兌殷〉04318-319「鬱鬯一卣、金車：奉較（較）、朱虢㐭斬、虎
冟熏裏、右厄（軛）、畫轉、畫轎、金甬；馬三（四）匹、攸（鋚）勒」

〈牧殷〉04343「鬱鬯一卣、金車：奉較（較）、畫轎、朱虢㐭斬、虎冟
熏裏、旂、☐三（四）匹、取☐守」

〈師克盨〉04467-468、N199401「鬱鬯一卣、赤市、五黃、赤舄、牙僰、
駒車：奉（賁）較（較）、朱虢㐭（軷）斬（靳）、虎冟熏裏、畫轉、
畫轎、金甬、朱旂、馬三（四）匹、攸（鋚）勒、素鉞」

〈㠱盨〉04469「鬱鬯一卣、乃父市、赤舄、駒車：奉較（較）、朱虢㐭
斬、虎冟熏裏、畫轉、畫轎、金甬；馬三（四）匹、鋚勒」

〈吳方彝蓋〉09898「鬱鬯一卣、玄袞衣、赤舄、金車：奉㐭朱虢斬、虎
冟熏裏、奉較（較）、畫轉、金甬；馬三（四）匹、鋚勒」

〈四十三年逑鼎〉N200303-12「鬱鬯一卣、玄袞衣、赤舄、駒車：奉較

（較）、朱虢圅斳、虎冟熏裏、畫轉、畫輯、金甬；馬三（四）匹、攸
（鋚）勒」

稱「莽畕較」一例、「輻爻」一例，受賜者分別為伯（鱉王之子，彔伯）
與厌：

〈彔伯威戜段蓋〉04302「鬵鬯一卣、金車：莽畕（幃）較（較）、莽圅朱
虢斳、虎冟案裏、金甬、畫輯、金厄（軛）、畫轉；馬三（四）匹、鋚
勒」

〈伯晨鼎〉02816「曑（鬵）鬯一卣、玄袞衣、幽夫（市）、赤舄、駒車：
畫🔲🔲輻爻（較）、虎幃冟衮里幽、攸（鋚）勒、旂五旂、彤（彤弓）
彤（彤矢）、旅弓旅矢、🔲戈、皋冑」

曑即輻，〈伯晨鼎〉的輻爻（較），很可能是〈彔伯威戜段蓋〉「莽畕較」的
省稱，也有可能是「畫🔲🔲輻爻」為一器，畫🔲🔲是用來修飾輻較。

稱「莽縪較」兩例，時代都在西周晚期，受賜者職嗣很高，毛公廥為「尹
卿事寮、大史寮、覭嗣公族雩參有嗣、小子、師氏、虎臣」，番生為「覭嗣公
族、卿事、大史寮」：

〈毛公鼎〉02841「鬵（秬）鬯一卣、鄸（祼）圭瓚（瓚）寶、朱市、悤
（蔥）黃、玉環、玉玲；金車：莽（賁）緈（縪、幦）較（較）、朱䵎冏（軜）
斳（靳）、虎冟熏裏、右厄（軛）、畫轉、畫輯、金甬、錯衡、金踵、金豙、
約🔲、金簟弻（㢶）、魚葡（箙）；馬三（四）匹、攸（肇）勒、金䤦、金雁
（膺）、朱旂二鈴」

〈番生段蓋〉04326「朱市、悤（蔥）黃、鞞鞍、玉睘（環）、玉玲、車：
電軫、莽（賁）緈（縪、幦）較（較）、朱圅冏（軜）斳（靳）、虎冟
熏裏、遣（錯）衡、右厄（軛）、畫轉、畫輯、金童（踵）、金豙、金
簟弻（㢶）、魚葡（箙）、朱旂旛（游）金芳二鈴」

由時代觀察，西周中期的莽畕較很可能就是西周晚期的莽縪較。等級上比莽
較要高。關於莽較的考釋，較早學者有吳式芬、孫詒讓、王國維等先生，王
國維先生的考釋如下：

縪，《詩・大雅》作幭，《周禮・巾車》作禩，〈既夕禮〉古文作幦，
今文作幬，〈玉藻〉、〈少儀〉亦作幬，此从系作縪，或从巾或从系，
其誼一也。〈毛傳〉「幭，覆軾也。」鄭於二禮禩幬注皆云「覆笭也。」
較，《詩》與〈考工記〉皆作較，《說文》作較，鄭云：「車輢上出軾

者是也」。緐爲覆軾，此較亦當爲覆軾之物。《續漢書・輿服志》：「乘輿：金薄繆龍爲輿倚較，文虎伏軾。」又「公、列侯安車：倚鹿較，伏熊軾。」又云「乘輿倚龍伏虎，皇太子、諸侯王倚虎伏鹿，公、列侯倚鹿伏熊。」所謂軾較均指覆軾覆較之物，此云✖緐較亦謂軾與較，皆以✖飾之，〈師兌敦〉「金車華較」，云緐，其證也，否則較爲車之兩輢，既車不當別言之矣。〔註70〕

而郭沫若先生在前人基礎上，提出意見：

奉同賁，飾也。緐，孫（詒讓）云「《說文》系部緐爲捕鳥覆車，此當爲幬飾之義，與《說文》義異。吳式芬釋爲幣，亦非。」王國維以〈大雅〉之幩字當之，云「緐，《詩・大雅》作幩，《周禮・巾車》作禎，〈既夕禮〉古文作幂，今文作幣，〈玉藻〉、〈少儀〉亦作幣，此從系作緐；或從巾，或從系，其誼一也。《毛傳》：『幩覆式也。』鄭於二《禮》禎幣注，皆云『覆笭也』。較《詩》與〈考工記〉皆作較，《說文》作較，鄭云『車輢上出軾者』是也。緐爲覆軾，此較亦當爲覆較之物。」是王於緐擴充吳說，於較乃別出異義。今案當以孫說爲是，《詩》之幩與《禮》之禎若幣，究爲何物，尚是問題。而此之緐則絕非覆軾。此與〈番生敦〉之「奉緐較」與〈录伯致敦〉之「奉幬較」同例，言較上有緐若幬以賁飾之也。故省之則爲「奉較」或「幬較」。《續漢書・輿服志》上「乘輿：金薄繆龍爲輿倚較，文虎伏軾」，又「公列侯安車：倚鹿較，伏熊軾」，《史記・禮書・集解》引徐廣曰「乘輿車，金薄璆龍爲輿倚較，文虎伏軾。」索隱引劉民曰「薄猶飾也。」薄緐一聲之轉，蓋天子之較以金色之緐飾之，繢以盤龍。諸侯之緐則繢以鹿。鹿較與繆龍較同例，故知必出於畫繢或刺繡。《漢志》之「金薄繆龍較」與「鹿較」，即彝銘之「賁緐較」、「賁較」，彝銘渾言之，未詳所賁爲何物而已。〔註71〕

郭說以賁釋奉「飾也」，又言「未詳所賁爲何物而已」，是對於「奉緐」、「奉幬」，郭先生的意思是賁物于緐幬之上。關於奉的字，陳漢平先生提供了另一種思考：

〔註70〕王國維：《觀堂古金文考釋》，收錄於《王國維先生全集初編（十一）》（臺北：臺灣大通書局，1976年），頁4894～4895。
〔註71〕郭沫若：《金文叢考・器銘攷釋・毛公鼎》，頁281～282。

　　賁與賁字通。《易・賁》釋文引傅氏云：「賁，古斑字，文章貌。」
　　此賜物之稱賁者，言器物上有斑畫紋飾。〔註72〕

陳先生的說法比起郭若沫先生之說更爲具體。而《商周青銅器銘文選》於〈九年衛鼎〉「較賁」則提出「較賁：又名賁較，指車輿左右上緣有垂飾的圓木。讀爲較幬。……賁賁同音，字讀如幬。」，〔註73〕這是值得注意的。

　　〈九年衛鼎〉銘文云：「矩取眚（省）車：較賁（幬）、畗虎冟（幎）、希偉（幃）、畫轉……」銘中的「較賁」是否是「賁較」？

　　由考查賜「賁較」（賁曟較及賁繮較）可以清楚看出，賁較是不可能單獨賞賜的，凡是賜賁較的器銘，都是先說賜金車、駒車、車，接著說明所賜車的特色時，才說到賁較，因此可以肯定賁較是車子的一部分，西周中期到晚期的賞賜銘文中，提到賜車（金車、駒車），幾乎都會將這車的配備、規格說上一遍，而賁較常是數到的第一件配備，〈九年衛鼎〉的「較賁」是車的配備，解釋爲「賁較」是正確的，所謂的賁較或賁曟較、賁繮較，當是指有賁的較。曟較和繮較應是異名，繮即繎、幦，和曟（幬）是同類的東西，車較以木爲之，爲了顯示尊貴，在較上披上繮或幬，所以稱「曟較」、「繮較」，尤其〈白晨鼎〉的「韠較」說明幬可以用韋爲之。賁字是指紋飾，陳漢平說賁是斑紋，雖有所據，但是考慮到其他賞賜物也加「賁」字於前，如〈王臣段〉的賁親（襯）、〈吳方彝蓋〉的賁畗，將賁釋爲飾紋較爲圓轉。

（2）畗（囩）斳

　　西周銅器銘文中出現賞賜物車馬器「畗斳」的有九例，時代在西周中期（三例）和晚期（六例），賞賜「畗斳」的銘文，都是伴隨整套車馬賞賜中，所以這九例銘文在上一個討論器「賁較」中都引用過，因在下文的引用就以較簡略的方法；

　　〈毛公鼎〉02841「金車：賁（賁）繮（繎、幦）較（較）、朱畾囩斳、虎冟熏裏、右厄（軛）、畫轉、畫輔、金甬、錯衡、金踵、金豪、約、金簟弼（弻）、魚葡（箙）」

〔註72〕陳漢平：《西周冊命制度研究》，頁240。其有關說法又如：繮即繎字，亦書作繿，又通作幦。《說文》：「繿，捕鳥覆車也。」「幦，鬃布也。《周禮》曰：『駹車大幦。』」《公羊傳・昭公二十五年》：「以幦爲席。」注：「車覆笭。」《廣雅・釋器》：「覆笭謂之幦。」「賁繮較」即有賁繿之車較。（頁241）
〔註73〕馬承源主編：《商周青銅器銘文選》第三卷，頁137。

〈彔伯㦰𣪕蓋〉04302「金車：𠦪𠷎（幬）較（較）、𠦪𢍰朱虢𣃔、虎冟㝧裏、金甬、畫𨌲、金厄（軛）、畫轉」

〈三年師兌𣪕〉04318-319「金車：𠦪較（較）、朱虢𢍰𣃔、虎冟熏裏、右厄（軛）、畫轉、畫𨌲、金甬」

〈番生𣪕蓋〉04326「車：電軫、𠦪（賁）縟（緃、𢃔）較（較）、朱𩕾𢍰𣃔、虎冟熏裏、遣（錯）衡、右厄（軛）、畫轉、畫𨌲、金童（踵）、金豙、金簟弼（弼）、魚葡（箙）」

〈牧𣪕〉04343「金車：𠦪較（較）、畫𨌲、朱虢𢍰𣃔、虎冟熏裏」

〈師克盨〉04467-468、N199401「駒車：𠦪（賁）較（較）、朱虢𢍰𣃔、虎冟熏裏、畫轉、畫𨌲、金甬」

〈𨟭盨〉04469「駒車：𠦪較（較）、朱虢𢍰𣃔、虎冟熏裏、畫轉、畫𨌲、金甬」

〈吳方彝蓋〉09898「金車：𠦪𢍰朱虢𣃔、虎冟熏裏、𠦪較（較）、畫轉、金甬」

〈四十三年逑鼎〉N200303-12「車：𠦪較（較）、朱虢𢍰𣃔、虎冟熏裏、畫轉、畫𨌲、金甬」

這九例中，𢍰有省寫作𢀜的，而較值得留意的有二，一爲多數器的「虢」在〈毛公鼎〉和〈番生𣪕蓋〉是作「𩏂或𩕾」，這兩件器在車馬器的賞賜上是最完整（或者說是最多備件）的，而上引九例的九位受賞賜人中，也以毛公和番生的職位最高，這是解釋「朱𩏂（𩕾）𢍰（𢀜）𣃔」可思索的方向：朱𩏂𢍰𣃔的層級是否高於朱虢𢍰𣃔？另一個值得留意的問題是：這九例銘文都是將「𢍰𣃔」連文作「朱𩏂𢍰𣃔」或「朱虢𢍰𣃔」，而〈彔伯㦰𣪕蓋〉和〈吳方彝蓋〉二銘則作「𠦪𢍰朱虢𣃔」，那麼彔伯㦰和吳受賜的是「有紋飾的𢍰與朱鞹做的𣃔」，這和其他銘文的「朱鞹做的𢍰和𣃔」是不同的，〈彔伯㦰𣪕蓋〉和〈吳方彝蓋〉都是西周中期器，賞賜「𢍰𣃔」的九例銘文，有三例屬西周中期，其中兩例作「𠦪𢍰朱虢𣃔」，這是否說明了西周中期以賜「𠦪𢍰」爲常，而在西周晚期就都賜「朱虢𢍰」或「朱𩏂𢍰」了。

關於𣃔的釋讀，孫詒讓認爲𣃔是䩕字的異文（《古籀餘論》卷二〈格仲尊〉），主要是由音韻來認明，𣃔从斤聲，斤聲和艮聲通，並引《爾雅・釋器》「輿革前謂之䩕」郭璞注：「䩕以韋靶車軾」。郭沫若先生不同意這個意見，他在專文討論「𩏂」及考釋〈毛公鼎〉「朱𩏂𢀜𣃔」時他提出的意見如下：

惟「朱鬲」，它器作「朱虢」，〈牧段〉、〈曩盨〉云「朱虢圓靳」，〈彔伯玫段〉、〈吳彝〉云「幸圓朱虢靳」，〈師兌段〉云「朱虢靳」。《大雅・韓奕》則言「鞹鞃」。鞃圓一字，虢即鞹之叚，靳者靳之古字也。「朱虢圓靳」者言鞃與靳以朱色之鞹爲之也，則鬲若鬻亦當與鞹同意，疑讀爲鞄，《說文》云「鞄，柔皮也」，又「鞹，皮也」。〔註74〕

「朱鬻」它器作「朱虢」，〈番生段〉作「朱鬲」，此鬻與彼鬲自係一字。《說文》云「鬲，治也，幺子相亂，受治之也，讀若亂同。」案鬲本象繅絲之形，許所謂「幺子」似指蠶繭，繅絲時其聲囂騷，故字復從朙。……本銘鬻字鬲下從止，此亦古金文之變例，金文從止從又之字每相亂，此不足異。鬻聲讀如亂，而與虢字義近，殆叚爲鞄。虢與鞹通，「朱虢圓」即《詩》之「鞹鞃」。鞹，皮也，鞄，柔皮也。圓即是鞃，鞃者軾中也。「朱虢圓」或「朱鞄圓」者，蓋言軾中以皮鞄之而塗之以朱。靳字前人或釋旂，或釋褐（裸），或釋幭，均不確。……且如〈彔伯玫段〉、〈吳彝〉圓靳分言，〈師兌段〉單言靳而不言圓，可知圓與靳靳非一物，亦不必同屬於軾。余謂靳乃靳之古字，《說文》「靳，當膺也，從革斤聲。」左氏定九年《傳》「吾從子如驂之有靳」，《正義》云「驂馬之首當服馬之胸，胸上有靳。」《秦風・小戎》「游環脅驅」，《傳》云「游環，靳環也，游在背上所以禦出也。」《箋》云「游環在背上無常處，貫驂之外轡以禁其出。」是則靳乃馬之胸衣，故古靳字從衣，𠘧象其形，𠘧上有環以貫驂馬之外轡故從束，斤聲也。〈伯晨鼎〉之「畫听」乃假听爲之，尤足證字之當從斤聲。至鞎與靳，余謂當爲一字，均靳字之晚出者也。以馬而言，靳當其膺，故曰「靳當膺」；以車而言，則靳在最前，故曰「輿革前」；其實一也。……既知靳之爲靳，則圓靳自是二事，故〈彔段〉與〈吳彝〉分言。其合言之者，蓋二物同以「朱虢」若「朱鬲」爲之也。〔註75〕

他認爲圓（𠷎）即鞃，靳即靳，虢即鞹，鬻疑讀爲鞄，鬻和虢是同類（未將之等同），楊樹達先生對𠷎字有不同的看法：

《憨齋集古錄》第拾壹冊（二葉）載此器銘賜物有幸（賁）𤔔。吳

〔註74〕郭沫若：《金文叢考・金文餘釋・釋鬻》，頁191。
〔註75〕郭沫若：《金文叢考・器銘攷釋・毛公鼎》，頁282～284。

式芬《攗古錄金文》參之貳卷（五一葉）釋⊗為靷，吳大澂謂是靷字之省文，近日孫詒讓《古籀餘論》參卷（卅三葉上）柯昌濟《韡華閣集古錄跋尾》（丙篇卅三葉）郭沫若《兩周金文辭大系考釋》（上冊六二葉）亦皆釋為靷。今按《說文・三篇上・革部》靷訓車軾中把，⊗字形殊不類，靷字之釋殆非也。考函皇父匜函字作⊛，函皇父敦作⊛，並象藏矢之器之形。以彼例此，即⊗實象藏弓器之形，疑其為韔字也。《詩・秦風・小戎篇》曰：「虎韔鏤膺，交韔二弓」，毛傳云：「韔，弓室也。」《說文・五篇下・韋部》云：「韔，弓衣也。從韋長聲。」⊗字正象弓室藏弓之形，其為韔字明矣。〔註76〕

他釋⊗為韔，由字形來看甚佳，不過賜⊗的銘文有二例賜魚葡（葡、服）。於是⊗有郭沫若先生的鞃靷說和楊樹達先生的弓韔說；靳有孫詒讓的靮和郭沫若先生的靳兩種說法。

⊗之物，郭沫若先生以為靷（車軾），楊樹達先生以為韔（弓室），楊說於形為勝，然在賞物車馬器的次序來看，並不適合，凡賞賜魚葡之銘，魚葡多排在車器後馬器前，如為弓韔，則似宜序於車器之後，再者，文中⊗字的用法尚有〈王孫遺者鐘〉00261「余⊗韐龏犀」、〈毛公鼎〉02841「⊗我邦我家」、〈彔白㽙敦蓋〉04202「重（惠）⊗天令（命）」等辭例，⊗宜解釋為「弘」，則郭沫若先生釋⊗為靷，除了與文獻《詩・大雅・韓奕》「鞃靷」可為對應，二說中以釋⊗為靷較佳。

至於靳的解釋，黃然偉先生同意孫詒讓的說法，並提出文例的問題：

> 郭說可商榷，據銘文通例，凡銘文敘列之器物，車、馬之飾各有劃分，多先敘車飾，次及馬飾，未有於車飾之名稱內夾有馬飾者。郭訓靳為靳以為馬胸衣，不合金文慣例。〔註77〕

陳漢平先生對靳的考釋用力甚深：

> 冊命金文賜物中之靳、𫐉、袶、𫐌，無論為服飾或馬飾，俱用為束縛之物。……作為服飾之袶，以字形從衣推之，知此物為服于人身者，當為衣外束帶之類。在此有數種可能，或人之所服亦稱靳，或靳字在假為紟。《說》：「紟，衣系也。從糸，今聲。䋆，籀文從金。」

〔註76〕楊樹達：《積微居金文說（餘說）・彔白㽙敦三跋》，頁251。該文作者自註日期為1954年2月。

〔註77〕黃然偉：《殷周青銅器賞賜銘文研究》（香港：龍門書店，1978年9月），頁178。

此與從衣訓爲『交衽』、『交領』之衿、裣、襟字有別，然亦有混用
現象。……瘐壺之「畫袞」疑爲施有繪飾之衣帶。瘐盨之「𦩅个」
前一字當釋爲「般」，在此疑讀爲「鞶」，即鞶帶。又疑般字可讀爲
「幣」。……袞、𦎫字考釋僅爲推測，因斤字與今字韻部不同，故誌
此存疑。然據斬、袞、𦎫字字形與字義推之，此物爲束帶之屬則可
肯定。〔註78〕

陳漢平先生將服飾的斬（袞）也加以討論，銘文中有關的兩例賞服飾斬、袞
皆西周中期器，而且受賜的是同一人——瘐：

〈瘐盨〉04462-463「敭（般）斬、虢𫄧（市）、攸（鋚）勒」

〈十三年瘐壺〉09723-724「畫袞、牙僰、赤舄」

這兩件器銘中的斬、袞釋爲靳，是很好的意見。〔註79〕袞和斬形構有繁簡之
別，然釋爲靳於服飾與車馬器皆可通。另《商周青銅器銘文選》於〈彔伯𪅂
簋〉的考釋「莽函朱虢斬」時有以下的意見：

番生簋、師兌簋、盨盨銘等都作「朱郭函斬」，此當是朱虢賁函斬之
倒文。虢通作郭，假借爲鞟。《說文·革部》：「鞟，革也。」朱鞟是
染成朱色的皮革。函是弓藏，引伸爲包藏之義。斬，另有尊文作𫐉，
各省其半，整文作斬，從𰀉析聲。析或作𣂰，簡寫作斤，均當是析
的形變，爲字之聲符，假借爲軾，析、軾古音相同。朱虢函斬是指
用朱色皮革蒙包的車軾。賁，朱鞟上有花紋。〔註80〕

這裡有兩個問題，第一個問題是將「莽函朱虢斬」視爲「朱虢莽函斬」的倒
文，這樣的看法沒有著實的證據，作「莽函朱虢斬」的器有二例，除了〈彔
伯𪅂簋〉外，尚有〈吳方彝蓋〉，所以不宜只以倒文來處理，兩例都出現在西

〔註78〕陳漢平：《西周冊命制度研究》，頁235～236。

〔註79〕《商周青銅器銘文選》於〈四年瘐盨〉考釋「敭袞」時提出以下的意見：敭，
　　　從攴從𰀉，𰀉即易字，或釋爲舟，非是。當讀爲裼，《禮記·檀弓上》「裼，表
　　　裘也」，謂裘上所加之衣。袞，從同，象重複，袞衣正與裘表加衣之義相合。
　　　（頁206）
　　　第一字由拓片細審，的確從易從攴，當依銘文選隸定爲敭，第二字從兑從衣，
　　　當隸定爲袞，故《銘文選》第二字之隸定及釋義是有疑問的。第一字依陳漢
　　　平的看法是般字，般字左邊所從的字形不加器耳之形，而〈瘐盨〉有之，〈元
　　　年師旋般〉賞賜物「麗般（鞶）」之般字亦如此作，與常見般字稍有小別，但
　　　以足證〈瘐盨〉之字爲般。

〔註80〕馬承源主編：《商周青銅器銘文選》，頁118～119。

周中期，很可能西周中期賞賜的「𩛥、斲」可有不同的質材或紋樣。第二個問題是將𩛥由弓藏再引伸爲包藏，那麼𩛥就成了斲的修飾詞，這因由於考釋者將「幸𩛥朱虢斲」看成一物，這樣便會出現「幸」、「朱虢」「𩛥」都成爲修飾「斲」的特質（質材、紋樣、性質）的詞了，這在銘文中是很少見的，所以《銘文選》的解釋恐怕有所不宜。

三說中說斲爲鞇者，爲孫詒讓和黃然偉先生，此說𩛥斲爲以韋靶車軾，也就是𩛥和斲是一物，這一說的優點是於車馬賞賜物的文例次序是較好的，但以𩛥和斲一物則與銘文「幸𩛥朱虢斲」不合。另一說以斲是靳的，有郭沫若和陳漢平先生，這一說的優點是兼顧了銘文中的「敚斲」、「畫裝」，但於賞賜物的文例次序不合。第三說是《銘文選》的說法，以𩛥爲包藏之意，斲爲軾，此說可商處上文已論述。

𩛥爲軾，則「幸𩛥朱虢斲」當是指有幸飾的𩛥和朱虢做的斲，不宜說是「朱虢幸𩛥斲」的倒裝。斲釋靳爲是，陳漢平先生以爲束帶之類是也，然依郭沫若先生說爲胸衣則非，孫機先生對秦皇始陵墓出土的二號銅車馬的研究，提到：

> 二號車的驂馬曳的是偏套，套繩分別沿兩驂內側向後通過前軫左右之吊環而繫於輿底的桄上。此套繩應稱爲靳，《左傳‧定公九年》記王猛對東郭書說：「吾從子如驂之有靳」，杜注：「猛不敢與書爭，言己從書，如驂之隨靳也。」所以靳才是驂馬套繩的名稱。〔註81〕

斲字從束，正有束繫之意，所謂朱虢斲是指染朱的鞹所做的靳，這樣就可以明白爲何古人釋爲「輿革前」了，靳由輿底的桄向前至驂馬，所以由輿前延伸，位置和𩛥（軾）相當，所以才會一起陳述，這就於釋字形和賞賜車馬器的次序都符合了。

（3）𣛮

𣛮爲冊命賞賜銘文中的常見車馬器，銘文十例，都是「虎𣛮」，可見在西周表現身分的車𣛮都是虎𣛮，但𣛮的裏有不同的顏色，最常見的是「熏裏」，在十例中占了八例：

> 〈毛公鼎〉02841「金車：幸（賁）絹（緟、韐）較（較）、朱鬤𤔲斲、虎𣛮熏裏、右厄（軛）、畫轉、畫輯、金甬、錯衡、金踵、金豙、約🈁、

〔註81〕孫機：〈始皇陵二號銅車馬對車制研究的啓示〉，《文物》1983：7，頁57。

金簟弼（弼）、魚葡（箙）」

〈三年師兌殷〉04318-319「金車：幸較（較）、朱虢面鞹、虎冟熏裏、右
厄（軛）、畫轉、畫輔、金甬」

〈番生殷蓋〉04326「車：電軫、幸（賁）緒（韏、幣）較（較）、朱裔
面鞹、虎冟熏裏、遣（錯）衡、右厄（軛）、畫轉、畫輔、金童（踵）、
金豪、金簟弼（弼）、魚葡（箙）」

〈牧殷〉04343「金車：幸較（較）、畫輔、朱虢面鞹、虎冟熏裏」

〈師克盨〉04467-468、N199401「駒車：幸（賁）較（較）、朱虢面鞹、
虎冟熏裏、畫轉、畫輔、金甬」

〈朢盨〉04469「駒車：幸較（較）、朱虢面鞹、虎冟熏裏、畫轉、畫輔、
金甬」

〈吳方彝蓋〉09898「金車：幸裔朱虢鞹、虎冟熏裏、幸較（較）、畫轉、
金甬」

〈四十三年逨鼎〉N200303-12「車：幸較（較）、朱虢面鞹、虎冟熏裏、
畫轉、畫輔、金甬」

另外有一例「㝉裏」，是西周中晚期之交的器：

〈彔伯䛗殷蓋〉04302「金車：幸言（韔）較（較）、幸裔朱虢鞹、
虎冟㝉裏、金甬、畫輔、金厄（軛）、畫轉」

由其銘文來看，自稱父考的釐王，是其於周稱白（伯）於彔稱王，非周族可
知，則虎冟㝉裏可能是周王賜外族君王所用，而周室臣子大都是「虎冟熏裏」。

此外，尚有「虎幃冟衺里幽」一見：

〈伯晨鼎〉02816「駒車：畫🔲䡇爻（較）、虎幃冟衺里幽」

〈伯晨鼎〉的時代為西周中晚期，此銘相較於其他器銘，有其殊之處，如較
作爻，言作䡇，而「畫🔲」字未能識，查銘文於較前之車器有軫，而此字與
軫亦不同，故僅能以形摹之，而最特別在「虎幃冟衺里幽」和其他器的「虎
冟△裏」顯然多出三個字，即於「虎冟」中加「幃」字，於里字後又有幽字，
而此器幽字後接「攸勒」，故幽字不能下讀，只能和「衺里」連讀，虎幃冟不
難理解，而衺字則古籍所無，他器亦未見，陳漢平先生釋為祒：

此字當釋困、茵、韜、祒。……此字可視作從大，從衣，當釋為困、
祒，讀為茵、韜。河南信陽出土戰國竹書祒字作🔲、🔲，造字與🔲

字相類，可爲佐證。〔註82〕

其釋形甚有可商之處，所引裀字从因，然此字从立，立和因畢竟於古文字判然可別，將袁釋爲裀，恐非是。

學界對冟字的釋讀是存有分歧的，王國維先生說冟爲茵：

案此上下皆車上物，不得有韄，疑即〈秦風〉之文茵，〈毛傳〉「文茵，虎皮也。」《釋名》「文鞇，車中所坐者也，用虎皮文采。」〔註83〕

郭沫若先生釋「虎冟熏裏」的意見一直在當前學界有很深的影響，他的意見如下：

冟字頗有聚訟。宋人薛尚功釋冕。阮元於〈吳彝〉（《積古》卷五）釋冟而讀爲韄……孫星衍《古文苑》釋爲良。孫詒讓……「今案當爲冥。《說文》冥部『冥从日从六，冂聲』巾部『幎，幔也，从巾冥聲。』此借冥爲幎，即《周禮・巾車》之幦，亦即《詩》之淺幭也。」王國維亦云「此上下皆車上物，不得有韄，疑即〈秦風〉之文茵。《毛傳》『文茵，虎皮也。』《釋名》『文茵，車中所坐者也，用虎皮，有文采。』」今案字之非韄非良，毫無可疑。釋冥於字形不合。字實爲小篆之冟形。……然由古文字形以推考其義，乃於盛食之器物上加冂以覆之，寔與冪字同意。字形同意，同從冂聲，且同屬明紐，則冟與冪古殆一字。冪者蓋也，字通作幂，又通作幎，幎亦或作幦。孫釋冟爲冥之說，至此可得一較爲妥當之說明，即小篆冥字又由冟字而譌變者也。是故「虎冟」當即「虎冪」、「虎幎」，亦即《詩》之「淺幭」。然《毛傳》訓「淺幭」爲虎皮淺毛之覆軾，其所以者蓋因《詩》之「淺幭」系於「鞹鞃」之下，故連類爲說。今觀古器銘圉與冟之閒每介以它物，二者非必連類也。……且彝銘凡言「虎冟」者必及其裏，其裏之色或熏或窔或幽，可知此裏之關係非同等閑，覆笭覆軾之物，不必於其裏之色彩亦兢兢言之。準此，余謂毛鄭釋幭釋幦之說均不足信。通觀諸彝銘，凡關於輿馬之裝置幾於應有盡有，惟有一事未宷，則輿馬之華蓋是也。輿蓋乃最重觀瞻之物，王之所錫不至盡爲無蓋之車，不應於車上諸名物多所列舉，而於輿蓋

〔註82〕陳漢平：《西周冊命制度研究》，頁 244～245。其有〈釋因〉一文收於《甲骨文與殷商史》第三輯。

〔註83〕王國維：《觀堂古金文考釋》，收錄於《王國維先生全集初編（十一）》，頁 4896。

乃無一器提及。余見及此，乃知「虎冟」之當爲輿蓋之覆，其上畫
以虎文，非以虎皮爲之也。《續漢書・輿服志》「乘輿，翠羽蓋華蚤」
注引徐廣曰「翠羽蓋黃裏，所謂黃屋車也」，言蓋而及其裏，與彝銘
同例。又〈伯晨鼎〉文於「虎冟」之間介以膟字，「裏幽」之上冠以
𡙇字，膟殆即幃之異文，𡙇當从衣立聲，立字古文以爲位，袞殆即
位之異文。「虎幃冟位，裏幽」言覆輿之車罩畫以虎文，其裏黑色也。
《詩》之「淺幭」，《禮》之「犬幨」等皆言車罩。《說文》訓幭爲「蓋
幭」，訓幨爲「鬃布」。推許之意蓋言古人以漆布爲輿蓋之冪也。知
其然者，以許於幨下引《周禮》「駹車犬幨」，而幭字見於《詩》與
〈曲禮〉者（〈曲禮〉字譌爲簚）均車上物，則「蓋幭」即輿蓋之冪
矣。是許說異於毛鄭而實長於毛鄭，自覆笭覆式之說行而幭義晦，
許說亦晦，說亦有幸有不幸矣。〔註84〕

這裡，郭先生指出幾個重點：冟即冪幃、虎冟即淺幭（幭爲蓋幭）、袞讀爲位、
將「虎幃冟袞里幽」斷句爲「虎幃冟位，裏幽」。楊樹達先生先於〈象伯戔毀
跋〉提出他的意見〔註85〕，以幨釋冟，幨又作幨，故冟、幨、幨一也，和郭
沫若先生的說法都是將冟和幨相通，但郭說以冟爲車蓋之幨，而楊說以冟爲
覆式之幃。之後於〈伯晨鼎跋〉則又改將冟同郭沫若先生說：

近日郭沫若釋象伯戔毀，說冟爲車上蓋冪，其說甚確。……惟釋虎
爲冪上畫以虎文，以此銘勘之，則殊不合，蓋蓋冪正無妨以獸皮爲
之也。〔註86〕

根據郭先生和楊先生的說法，「虎幃冟袞里幽」是虎皮的幃冟（車蓋），裏子

〔註84〕郭沫若：《金文叢考・器銘攷釋・毛公鼎》，頁284～288。
〔註85〕楊樹達：《積微居金文說》，頁3。該文作者自註日期爲1941年1月14日。其
　　　　說如下：銘文記錫物有㹑㘝，又有虎冟，阮氏跋吳彝讀爲虎韔，王靜安釋毛
　　　　公鼎疑爲文茵，並非也。余謂冟當讀爲幨。《禮記・玉藻篇》云：「君羔幨虎
　　　　犆，大夫齊車；鹿幨豹犆，朝事。士齊車，鹿幨豹犆。」鄭注云：「幨，覆笭
　　　　也。」幨字又作幨：《周禮・春官・巾車》云：「木車……犬幨。素車……犬
　　　　幨。……藻車……鹿淺幨。……駹車……然幨。……（然者，果然也）……
　　　　漆車……豻幨。」按凡云羔鹿犬然豻者，皆是獸名，乃舉其質言之，謂以其
　　　　皮爲之也。此云冟，與〈玉藻〉之羔幨鹿幨，巾車之犬幨然幨豻幨，文例正
　　　　同。幨字又通作幭：《詩・大雅・韓奕篇》云：「鞹鞃淺幭。」毛傳云：「淺，
　　　　虎皮淺毛也；幭，覆式也。」（覆式即覆笭。）然則此文之虎冟，即《詩》文
　　　　之淺幭。此以㹑㘝與虎冟連言，猶《詩》文以鞹鞃淺幭連言也。
〔註86〕同上註，頁5。

是黑色的。至於袠，於今尚未有較好的意見，可能與褘冟相似之物。銘文中出現「冟」的記錄始見於西周中期，至晚期則已成固定語彙「虎冟熏裏」，可能〈伯晨鼎〉時，這樣的語彙還未固定。

（4）金甬

成套的冊命車馬器賞賜物中常見「金甬」之名，清代學者或認爲是釭（如徐同柏）。郭沫若先生以鈴釋之：

> 「金甬趞衡」：——徐（同柏）讀甬爲釭，云「《說文》：『釭車轂口鐵也。』《釋名》『釭，空也，其中空也。』甬，迺鐘柄釭形似之，故假甬爲釭。」今案此說似是而寔非。觀諸器銘之言「金甬」者，均與軛衡及其附屬物相連帶，本鼎言「右厄、畫轉、畫轓、金甬、趞衡」，〈彔伯殷〉言「金甬、畫轓、金厄、畫轉」，〈吳彝〉言「畫轉、金甬」，〈曶盨〉言「畫轓金甬」——衡者轅（今言車柄）端之橫木，轓者伏兔下之革帶（伏兔在車下，車轅衡軸之處），後端縛於軸，前端縛於衡，厄在衡上所以又馬頸，轉通作轉，厄之裏也。——轉轓均附屬於軛衡之物，則「金甬」亦必屬於軛衡，斷不至於軛衡諸物中而突閒以轂口之鐵。故徐說決非。然則「金甬」當爲何物？曰，《續漢書‧輿服志》所屢見之「吉陽筩」者，是也。〈志〉曰「乘輿：龍首銜軛，左右吉陽筩，鸞雀立衡」，又曰「六百石以上施車轓，得銅五末（五粲），軛有吉陽筩。」又曰「凡轓車以上軛皆有吉陽筩。」据此，可知「吉陽筩」乃施於軛上之物，左右各一。然此究爲何物，舊注無說。余謂「吉陽」當即吉祥，「筩」當即《說文》鐘下重文之鋪。「吉祥鋪」殆謂鸞鈴。（今傳世有漢牛馬鈴，多書吉宜字，器甚小，疑即此類。）觀《續漢志》於「乘輿左右吉陽筩」之下即著以「鸞雀立衡」，於公侯大夫之車則否，可知天子之車於衡上立鸞雀，即以鸞雀銜其鈴，公侯大夫之車則僅繫鈴而不著鸞雀。彝銘之「金甬」，有鸞與否不得而知，然其爲金鈴金鐘，則毫無可疑。〔註87〕

楊樹達先生在〈彔伯致殷跋〉一文中也認爲金甬爲金鈴：

> 錫物又有金甬。金甬者，余去歲撰〈釋甬篇〉，謂甬爲鐘之象形初文，

〔註87〕郭沫若：《金文叢考‧器銘攷釋‧毛公鼎》，頁 288～289。

此云金甬，即金鐘也。（薛氏《款識》卷壹釋商鐘之甬爲鐘，阮元釋
吳彝亦謂甬即鐘字。）此文皆言車上之物，車上不得有鐘，而云金
鐘者，車上有鈴。《廣韻》云：「鈴似鐘而小。」鐘與鈴大小雖異，
而形制則同，故云金鐘也。番生段記王賜諸物與此文略同，此文之
金甬，彼文作金童，童爲鐘之省，亦足證明余說。蓋此器用象形初
文，彼用後起字鐘之省形字也。〔註88〕

郭、楊兩位先生考定金甬爲金鈴，甚具卓見，車馬器有鈴這類部件，考古報
告習稱爲鑾鈴或鑾，器常於衡或軛上，這類器應該就是銘文所稱的「金甬」。
陳漢平先生提出疑問：「或說金甬爲銅質鈴鐺，在馬頸下或車衡、車軛下，但
冊命賜物另有鑾鈴一項，故金甬似非銅鈴，亦誌此存疑。」〔註89〕這樣的疑
問乃因將旂上的鑾（銅器銘文所載）和鑾鈴（古籍文獻所載、考古報告所稱）
相混了。銘文中稱鑾者在旂上，或又稱爲鈴，如朱旂二鈴，銘文稱於衡或軛
上的鑾鈴爲金甬。就文例來看，金甬常在「畫轎」之後、「馬三匹」之前，如
〈三年師兌段〉04318-319、〈詈盨〉04469、〈四十三年逨鼎〉N200303-12，或
在「畫轉」之後、「馬三匹」之前，如〈吳方彝蓋〉09898，特別的是〈毛公
鼎〉02841 次序爲「畫轎、金甬、錯衡」，由這樣的現象可以推測金甬和衡相
關性較大，衡這類器是轅前的衡木，用以縛軛的（參本論文附圖版一七三），
金甬置於衡上的可能性最大，由馬四匹來推測，可能賞賜的金甬也是四個。
吳曉筠女士在車馬器的研究上提出「鑾作爲葬車之禮的最後代表，是西周時
期等級最高的一種車禮器。〔註90〕」這裡所說的鑾就是銘文中的金甬，在考
古發挖的現象和銘文足以應證金甬具有身分的代表性。

　　另外，要澄清的是上文引用楊樹達先生的意見中，楊先生以〈番生段〉
說金童與金甬爲一物，此說不榷，〈番生段〉的金童即爲〈毛公鼎〉的金踵（或
隸定爲金歱），和金甬爲兩物，不應混爲一談。

（5）金䇓弻

　　金䇓弻僅見於西周晚期賞賜銘文〈毛公鼎〉和〈番生段蓋〉，兩人職嗣甚
高，知金䇓弻具有身分象徵，由銘文文例來看，金䇓弻之後接著的賞賜物是

〔註88〕楊樹達：《積微居金文說》，頁 3。該文作者自註日期爲 1941 年 1 月 14 日。
〔註89〕陳漢平：《西周冊命制度研究》，頁 247～248。
〔註90〕吳曉筠：《商周時期車馬埋葬研究》（北京：北京大學考古文博學院博士研究
　　　　學位論文，2003 年 6 月），頁 131。

魚葡。學界對金簞弻大多依經傳注釋，認為是飾以青銅的席，這樣的席是用以遮蔽的。〔註91〕唐蘭先生〈「弓形器」（銅弓柲）用途考〉一文提出前人所未言的意見，並詳細討論其用途：

> 最近，我從番生簋和毛公鼎的銘文裡看到周王賞賜他們的器物裡都有「金簞弻，魚葡，」纔發現現在大家所稱為弓形器的這種器物就是金簞弻。它是用在弛弓時，縛在弓背的中央部位，以防損壞的，當掛上了弦，張弓的時候，弓背就反過來成為裡側了。「金簞弻」是青銅做的簞弻，是弓上的輔助器物，而「魚葡」是魚皮做的盛矢的箙，兩者是互相聯繫的。〔註92〕

楊倞注《荀子・臣道篇》說：「弻，所以輔正弓弩者也。」弻是「閉」和「柲」的本字，一聲之轉。《詩經・秦風・小戎》寫作「閉」，《考工記・弓人》注引作「軷」，而《儀禮・既夕禮》寫作「柲」，今文作「柴」（柴）。《尚書・皋陶謨》「弻成五服」，《說文》引成「阯成五服」。弻的古文彇，從弗聲，而《尚書・費誓》的費，鄭玄注《禮記・曾子問》和《周禮・雍氏》都引作柴，可證弻即是柲。〔註93〕

吳大澂《說文古籀補》：「弻古弼字。毛公鼎『簞弻魚葡』。《詩・采芑》：『簞茀魚服』。《韓奕》『簞茀錯衡』，箋云：『簞茀漆簞以為車蔽，今之藩也。』茀當為彇，古文弻字。弻以蔽車，有輔助之義。」……《詩經》裡有兩種簞茀，其一是車蔽，另一是弓柲。《齊風・載驅》說：「簞茀朱鞹」，毛傳：「簞，方文席也，車之蔽曰茀。」《大雅・韓奕》說「簞茀錯衡」，鄭玄箋說：「簞茀漆簞以為車蔽，今之藩也。」這兩處的簞茀和朱鞹錯衡在一起，都是車的一部分，可見簞茀確是車蔽。……至於另一種弓柲的簞茀，那就是《小雅・采芑》的「簞茀魚服」，跟前邊兩例，截然不同。這裡的「簞茀」就是銅器銘文的「簞弻」。番生簋銘在此前有：「車電軫，葢緱較，朱㲄圅靳，虎冟

〔註91〕如《商周青銅器銘文選》，在〈番生簋蓋〉「金簞弻」考釋云：
《說文》云古文作彇，從弓弗聲，弻、弗音同。簞弻即簞茀。《詩・小雅・采芑》鄭玄《箋》云：「茀之言蔽也，車之蔽飾象席文也。」金簞弻是指有青銅裝飾的車蔽席。（頁226）
〔註92〕唐蘭：〈弓形器（銅弓柲）用途考〉，《唐蘭先生金文論集》（北京：紫禁城出版社，1995年10月），頁471。
〔註93〕同上註，頁472。

熏裏，趙（錯）衡，右厄，畫轉，畫轎，金童，金豪」等。毛公鼎銘前面是「金車，莽縟較，朱鼉囝裝，虎冟熏裏，右厄，畫轉，畫轎，金甬，趙（錯）衡，金暉，金豪，束㦇」等。車上的名物都已數完，纔說到「金簟弼魚服」，是屬於弓矢方面的。簟茀跟魚服在一起，魚服是矢箙。《小雅‧采薇》「象弭魚服」，象弭是象骨做的弓弭。《鄭語》「檿弧箕服」，檿弧是用檿桑做的弓。可見魚服應該和弓或有關弓的器物在一起，如果這個簟茀是車蔽，那麼下面怎麼能突然講到盛放箭的魚服呢。何況銅器銘文作簟弼，弼字顯然從兩弓和簟形的 𝌆，跟魚箙的箙作 𝌆……象矢在箙中的形狀，完全是一致的。可見這個簟茀即簟弼，是竹閉，或柲，又叫做紲這一種器物無疑。……一個是車蔽，一個是弓柲，由於聲音相通，漢代的《詩經》寫本都寫做「簟茀」，因而搞混亂了。……銅器銘文裡冠以金字的器物，如：金車、金甬、金暉、金豪等等，都是指用銅做的，可見金簟弼也是用銅做的。這更可以證明「簟弼」決不是車蔽。因為所謂金車，實際是木車而加上許多青銅裝飾品。而禦風塵的車蔽，不管象《爾雅》所說的車後也罷，或鄭玄所說的車旁也罷，那樣大的面積，決不可能用銅來做，如果全用銅，這樣一塊銅板至少也要一、二百斤，用以掩蔽風塵顯然是不適宜的。如果是用竹席、蒲席或羽毛，是無法在其上加青銅裝飾的。〔註94〕

由銘文中，凡賞賜金簟弼者必賜魚箙，而賜魚箙則亦必賜金簟弼，是二者有很高的關聯性，如果將金簟弼依經學家之注釋為車蔽，則和魚箙不類，又弼字於結構上和弓有關，唐先生說為弓形器，很有說服力。

　　弓形器的討論在銅器分類上，一直存在各種擬測的意見，宋人《宣和博古圖》卷廿七收有一件與當前學界所稱弓形器相似的銅器，定其名為「漢旐鈴」。這件器兩端形似鑾鈴，弧部上有五個鑾鈴（即本文所考釋之金甬）做為裝飾，與學界所習稱的弓形器形似而多了鑾鈴。

　　學界對弓形器還有異說，季旭昇先生歷數各家意見：
宋《宣和博古圖》釋為漢旐鈴、清李光庭《吉金志存》釋為馬鈴、馬衡在《中國金石學概要》中釋為和鈴、于省吾先生在《商周金文錄遺》中釋為鏼、林澐在〈關於青銅弓形器的若干問題〉中以為這是「繫於

〔註94〕同上註，頁473～474。

腰帶正前方的掛韁鈎」、唐嘉弘在〈殷商西周青銅弓形器新解〉中以
爲這是「衣服上的掛鈎，用以懸掛裝飾和實用物品的」。〔註95〕

黃銘崇先生也做了補充：

> 古董商人都用「旂鈴」說。高本漢同意此說並且認爲即是所謂「月
> 題」。……郭寶鈞疑爲是盾面上的裝飾，梁思永則疑爲弓囊上的裝
> 飾，Tallgren 亦有相同的看法。見郭寶鈞，〈1950 年春殷墟發掘報告〉，
> 《中國考古學報》，第 5 期（1951），頁 1－62，特別見頁 35。……
> 認爲弓形器是弓的弰的部位上的裝飾及具有功能性的附件者包括，
> 石璋如、唐蘭、高去尋、季旭昇等。參見石璋如，《小屯·殷墟墓葬
> 之一·北組墓葬》……及高去尋，〈西周岡出土的殷代弓形銅器〉，《東
> 吳大學中國藝術史集刊》，第 2 期（1973），頁 1－9。……近幾年則
> 以「掛韁勾」說法最盛行，是由林澐提出的，贊成者有烏恩，孫機、
> 楊寶成等。〔註96〕

由兩位先生對弓形器研究史的發表陳述，我們可以將弓形器主要說法大致可
以分爲三類：第一類是旂鈴說，〔註97〕第二類爲弰的裝飾及具有功能性的附
件，第三類爲掛韁勾。

季旭昇先生同意唐先生的看法，並引《詩經·采芑》爲說：

> 全篇一開始寫的是方叔率領了三千輛兵車要去南征，第二章寫方叔
> 的指揮車，駕車的四牡整齊壯盛，車子鮮紅明亮，「鈎膺鞗革」是馬
> 的配飾，「簟茀」如果照鄭《箋》說的是車子的帷蔽，在車馬之間硬
> 插入一個兵器類的「魚服」（鄭《箋》：「魚服，矢服也。」）服爲箙的
> 假借），豈不突兀？「簟茀魚服」在本詩中並沒有押韻的限制，完全
> 沒有必要破壞了描寫車馬器物的順序。因此，這兒的鄭《箋》很明
> 顯的是有問題的。〔註98〕

〈采芑〉篇的「簟茀魚服」既是戰車上的配備，「簟茀」當然絕不可
能有「蔽塵」。「簟茀」應該是縛弓的簟弰，唐蘭先生之說是正確的。

〔註95〕季旭昇：《詩經古義新證》（北京：學苑出版社，2001 年 6 月），頁 266～267。
〔註96〕黃銘崇：〈弓末器及其相關問題〉，《故宮學術季刊》第二十卷第四期，頁 57。
〔註97〕秦建明：〈商周「弓形器」爲「旂鈴」說〉，《考古》1995：3，頁 256～258。
　　　　重申此說。
〔註98〕季旭昇：《詩經古義新證》，頁 266。

〔註99〕
就經傳古籍的注釋來補證唐蘭先生的意見。黃銘崇先生對於「掛彊勾」的說法，引用石璋如先生的說法做了有力的駁斥。〔註100〕黃先生不同意唐蘭先生的意見，他對弓形器的意見如下：

> 弓形器就是固定在弓的中段弣的部位，一方面固定以保持弓的力量，另一方面也作為標限以防弓拉過滿而敗弓。可能也具有準星的作用，以利描準。〔註101〕

關於弓形器，本文認為即是金彇弸，而其用法以石璋如、黃銘崇兩位先生的意見為是。

（6）戈琱威鼻必彤緌

冊命賞賜銘文中，最常見到的兵器賞賜首推「戈琱威鼻必彤緌」。西周賜琱戈的銘文，目前所見屬西周早期的有〈麥方尊〉06015 的「玄琱戈」與〈小盂鼎〉02839 的「威戈」。〈麥方尊〉的琱讀為琱，琱戈即琱戈，這個玄琱戈的賞賜是在井（邢）疢見于宗周，周王大豊後，在寢賜井疢的賞賜物，應屬於獎賞井疢從王射于璧雝的獎品，和同銘下面的具有冊命性質的賞賜是有別的。〈小盂鼎〉的「威戈」中「威」字是指戈的內，此處賜以威戈，當即有「內有琱飾的戈」，和〈師奎父鼎〉的「戈琱威」是相同的。

到了西周中期有四例，其中三例是冊命銘文賞賜：〈師奎父鼎〉、〈王臣殷〉、〈走馬休盤〉，三例的賜戈銘文如下：

器　號	器　銘	銘　　　　　文
02813	師奎父鼎	戈琱威
04268	王臣殷	戈畫威厚必彤沙
10170	走馬休盤	戈琱威彤沙厚必

〈師奎父鼎〉只有「戈琱威」，未言及「厚必」與「彤沙」，〈王臣殷〉語詞次序是「戈畫威」和一般常見的「戈琱威」不同，畫指紋飾，而琱指琱紋，戈威上的紋飾自當是琱紋，所以字面不同而所指是相同的。「厚必彤沙」是較常出現的語序，〈走馬休盤〉卻作「彤沙厚必」，另有一例西周晚期前段的〈輔

〔註99〕　同上註，頁 271。
〔註100〕黃銘崇：〈弓末器及其相關問題〉，頁 57～59。
〔註101〕同上註，頁 59。

師爰設〉作「戈彤沙珇戒」，也和常見語序不同，這樣的現象應該解釋爲西周中期以後錫戈有其範式，即「珇戒、厚柲、彤沙（彔）」，然中期爲形成期，到晚期前段語序便固定了，錫戈的制度由中期的發展到晚期也成熟。

晚期的賞賜珇戈有九例：

器　號	器　銘	銘　　文
02814	無叀鼎	戈珇戒厚必丹沙（丹即彤）
02819	裏鼎	戈珇戒厚必彤沙
04216-218	五年師旋設	戈珇戒厚必彤沙
04321	訇設	戈珇戒厚必彤沙
04311	師獸設	戈戲戒──必彤彔（彔即沙）
04257	弭伯師耤設	戈珇戒──井沙
04258-260	害設	戈珇戒──彤沙
00060-63	逆鐘	戈───彤彔〔註102〕（彔即沙）
04286	輔師爰設	戈───彤沙珇戒

〈逆鐘〉的情況可有兩種推測：一、其時代在西周中晚期之際（西周晚期偏早，也不排除是西周中期偏晚器），合乎上文推測上時制度仍在發展中的可能。二、〈逆鐘〉非周王冊命賞賜，是公室對其屬臣的冊命賞賜銘文，也可能因此沒能在錫戈上具備有「珇戒厚必」。兩種可能都存在，但以第一種推測的可能性高。因爲另一例也屬西周晚期前段而且非周王冊命賞賜的〈師獸設〉是具備「珇戒厚必」（銘文泐處應是厚字）的，可見非周王亦可賜「戈珇戒厚必彤沙」，所以第一種推測是較可行的，也就是西周中期錫戈範式仍在發展階段，至西周晚期前段才定型爲「戈珇戒厚必彤沙」，因此「戈彤彔」、「戈彤沙珇戒」、「戈晝戒厚必彤沙」等，都和「戈珇戒厚必彤沙」同等級，沒有身分上的區分。

關於「戈珇戒厚必（柲）彤沙（彔）」的考釋，其重點有三：「戒」、「厚必」、「彤沙」。對「戒」，郭沫若先生考釋如下：

〔註102〕〈逆鐘〉銘文隸定爲：「今余易（錫）女丗五錫，戈彤彔（沙）」，其中錫字應
　　　　上讀，由〈師獸設〉「戈戲戒□必（柲）彤彔、丗五錫」知錫是毌的單位詞，
　　　　《商周青銅器銘文選》頁198，斷句誤。

戠字舊釋爲戟，非是。彝銘每以「戈琱戠」連文，乃屬于戈體之事物。以字形而言，當是戠之古文。戠當从戠才聲，此省去聲符也。古文有以戠爲樴者（見「鄉射禮」注），此蓋假戠爲識，「戠戈」謂有琱識之戈也。〔註103〕

「戈彤沙琱戠」者，言戈上有紅綏，戈之援（戈身）上有琱紋。〔註104〕

郭沫若先生認爲「戠」是「戈援」，陳漢平先生提出意見如下：

琱戠即有琱飾之戈戠，戈戠大抵即戈身，古代文物中戈之內與胡常見有琱飾者，大約即上物。〔註105〕

陳說以戠爲內，《商周青銅器銘文選》對「戠」也有相同的看法：

戠戈：金文賞賜物中常見。戠从戈从肉，《說文》所無，舊釋戟。一說是戈援，但此銘曰「戠戈」，戈必有援，何必云有援之戈，此字今闕疑。〔註106〕

戈琱戠：戈雕「內」。戠，从戈肉聲，《說文》所無。或云，戈之肉即戈之體，亦即戈「援」，但古代戈的雕飾多在戈的「內」部，甚少在「援」部。雖然商周戈「援」部偶有雕飾，但總非主紋，而戈「內」爲裝飾的主要所在。疑戠即是戈「內」，字爲从戈肉聲。肉、內古皆从入聲，金文肉即入。肉、內聲符相同音近而假借。〔註107〕

由以上的論述，足證戠即內，琱戠即指戈之內有琱飾。

關於「厚必」，陳漢平先生的考釋如下：

兵器之柲積竹爲之，故冔、簹二字有厚義，厚字字形與字義即由此而來。……按緱字从糸，冔聲。以聲類求之，當即緱字本字。《說文》：「緱，刀劍緱也。从糸，侯聲。」朱駿聲按：「劍首纏絲手所握處也。从糸，侯聲。《史記‧孟嘗君列傳》：『耳又蒯緱』索隱：『緱謂把劍之物。』但以蒯繩纏之。」（《說文通訓定聲》）其說極是。冔、厚、侯、緱諸字上古音相同，俱屬匣母侯部，緱字當爲緱字之本字，後

〔註103〕郭沫若：《兩周金文辭大系圖錄考釋》，〈小盂鼎〉，頁38。

〔註104〕郭沫若：〈輔師嫠簋考釋〉：《考古學報》1958年第2期。收於郭沫若著《文史論集》（北京：人民出版社，1961年1月），頁331。

〔註105〕陳漢平：《西周冊命制度研究》，頁257。

〔註106〕馬承源主編：《商周青銅器銘文選》，〈小盂鼎〉，頁43。

〔註107〕同上註，〈師𡚼父鼎〉，頁134。

世鼻、侯聲傍通用，緱字即以侯替代鼻爲聲傍作緱，緱字漸行而緱字廢，不爲後人所識。……刀劍之柄纏絲手所把握處名爲緱，戈、矛、戟等兵器之柲纏絲以供把握者亦名爲緱。金文賜物琱戈之「緱必」當釋爲「緱柲」。「緱柲」即有絲繩纏繞以供把握之柲（欑、杖、柄）。……戈琱威緱必彤沙，即戈有琱飾花紋之威；有纏絲之柲（柄），且戈內之末端繫以紅纓。〔註108〕

論證甚詳，以厚柲指戈之柲有纏繞之緱，可從。有些錫戈未言「厚柲」，蓋因「厚柲」與戈可以分開，可能所錫時未有厚柲，也有可能是省而不言。

對於「彤沙」，郭沫若先生考釋如下：

戈之紅綏，古彝銘中稱「彤沙」。

今觀宋刊《嘯堂集古彔》本〈師嫠殷〉（原作「周嫠敦」見下冊五三）文，彤下一字作 床，其文絕無任意增損之痕跡。細案，蓋即沙綏字之本字也。其字从尾沙省聲。戈綏以旄牛爲之，故从尾。〔註109〕

《商周青銅器銘文選》提出反對飾牛尾的看法：

彤沙：紅色的流蘇。據師獸簋銘，沙字作屎，屎是彤沙之沙的本字。屎即蘇。《史記‧司馬相如列傳》「蒙鶡蘇」，裴駰《集解》：「蘇，尾也。」《集韻‧模部》：蘇，「鳥尾也，所謂流蘇者，緝鳥尾垂之若流然。」屎當是流蘇之蘇的本字。沙是其假借字。一說沙假爲綏，通作綏，綏是以牛尾爲旍飾。商周戈柲不長，而據字形 尾，戈「內」所飾毛甚短，牛尾不當爲戈飾。沙字仍應作鳥尾垂毛之蘇字解釋，彤沙則爲紅色的流蘇。〔註110〕

屎爲本字，沙爲假借字，至於《銘文選》批評屎爲牛尾過長，則可再商，所錫之戈即有「彤沙（屎）」則儀仗性質高於實用性，如此就算有長的流蘇，亦無不合理之處，屎字既从尾，有二可能：一爲此物繫於戈內之後，就整個銅質戈來看，有如其尾；二則本由牛尾裝飾而來，故字从尾。不論爲何，在周王所賜的「彤沙（屎）」是染紅的垂飾物，不一定必用牛尾或鳥尾，也有可能是其他質材的。

〔註108〕陳漢平：《西周冊命制度研究》，頁257～258。
〔註109〕郭沫若：《金文叢考‧金文餘釋之餘‧釋屎》，頁241。
〔註110〕馬承源主編：《商周青銅器銘文選》，〈詢簋〉，頁151。

三、取償的部分

銅器銘文中常見「取償△守」的句子，△爲一數字，最常見的是五，也有廿、卅的，這樣的句子都見於西周中期和晚期的銘文，以晚期爲多，常在冊命宣達職嗣之後，也有和賞賜物一起宣告的，這類銘文共有八例：

「取償卅守」一例：〈毛公鼎〉02841

「取償廿守」一例：〈番生殷蓋〉04326

「取償五守」五例：〈龥殷〉04215、〈楚殷〉04246-249、〈戲殷〉04255、〈趞殷〉04266、〈揚殷〉04294-295

另有一例〈牧殷〉04343 字泐，但由〈毛公鼎〉職務爲「尹卿事寮大史寮、親嗣公族雩參有嗣小子師氏虎臣」則「取償卅守」，而〈番生殷蓋〉職務爲「親嗣公族卿事大史寮」則「取償廿守」來看，〈牧殷〉職務「辟百寮」相當於番生的職務（辟有治理的意思），所以〈牧殷〉的殘文可以補爲「取償廿守」。

償字前人常釋爲徵，此外還有釋爲賦、貺、貰、債等的意見，直到〈楚殷〉的出土才使此字的釋讀有新的見解，馬承源先生在〈說賰〉一文有精闢的考釋，學界由此得有定說，茲移其文於下（由於罕用字形甚多，在引文改以代號：賣代號 A；遺代號 B；償代號 C；垦代號 D）：

> 這個字在金文辭中常置於命辭任官後的第一項授予物。……毛公曆作爲周宣王的輔佐重臣，所取守數最多。取 A 當是命官的一種制度，而與賞賜物全然不同。……1978 年 4 月，陝西武功縣出土的楚簋，對 B 字問題實質的採討，很有幫助。楚簋此字不作 B 或 C，而作遄。那末，A 或 B 的音讀，應與遄相同或相近。楚簋遄字從辵耑聲，A 字從貝從 D，D 當是聲符，由此我們可以斷定，A 所從的 D，就是楚簋遄字所從的耑字。𧶜之與𦎫，上部結構完全相同，A 下部因從貝，筆劃較多，垦是𦎫之縮略或簡化，甚至有減筆作𦎫的，其實都是同一個字。楚簋此字作遄，這就使我們比較容易識別 A 字上部的 D 就是耑字。洹子孟姜壺遄字作𦎫，耑字的下部已短縮而近垦形。金文中省變字常見，祇是耑字的省變較難辨別，因而一直未能認識。由於耑字的推定，可以知道 A 字從貝從耑，就是賰字。B，可以寫作𧶜，再變爲遺，成了繁體。本字應是賰，楚簋遄字是賰的假借。〔註111〕

〔註111〕馬承源：〈說賰〉，《中國青銅器研究》（上海：上海古籍出版社，2002 年 12 月），頁 202。原文發表於《古文字研究》第十二期（北京：中華書局，1985

進一步說，在金文中，賹不僅是指金屬的貨幣性質，而且也是指貨幣的形式，即圓形的金餅。〔註112〕

從尚，兼指其形態而言。金文取賹之數有五守、廿守、卅守。守為特定的重量單位值專字。在貨財之中，貝以朋計，圓形的賹以重量單位守計，那末這個賹就是煉礦而得的銅餅了。〔註113〕

賹言取而不言錫，乃是一可注意的現象。取賹若干守之辭，往往置於命官之後或所任的事務之後，取賹之辭，也從不列於賞賜的命辭中。由此可以推測，取賹與所任的官職有關。……命官與取賹，實際就是封官受祿。又一可以注意的現象是，西周金文中命官有兩種，一種是世襲舊官，其辭為更乃祖考官司某職，一種是非世襲而新命之官。凡言取賹者，似乎都是新命官而非世襲官。因世襲之官已有規定的舊祿，按舊章辦事，不必再記；而新命之官需加祿之數書於策命，故在銘文中也需提及，上即《禮記・王制》所謂「位定然後祿之」之意。〔註114〕

在《商周青銅器銘文選》中則有以下的補充：

償：即賹或遄之本字。楚簋銘作「取遄五守」，遄字從辵從尚，省貝，即金文中常隸定的償、賓、償，實為賹字的別體，舊釋從微從貝，非是。字常假為鍰，賹與鍰古音相同。《說文・金部》：「鍰，鋝也，從金爰聲。」以鋝訓鍰。又：「鋝，十一銖二十五分銖之十三也，從金守聲。《周禮》曰：重三鋝。北方以二十兩為三鋝。」鋝則解釋為重量單位。金文中有金百鋝，也有賹（鍰）百鋝，是以「鍰」相當於「金」。但鍰不單是銅，而是用銅做的貨幣，統言之亦可稱「金」。是以「鍰」為金屬貨幣的專名，而以「鋝」為其單位的名稱。〔註115〕

取償的記載自西周中期始，但這樣的制度應在西周早期就已建立的，只是西周早期沒有將俸祿記錄於銘文的習慣。西周早期的俸祿或許不以償，而以貝，西周中期以後賜貝的記錄漸漸的少了，可能是被償漸次取代了吧。

在此，將本章討論的結果，陳述如下：

年。此處引用自《中國青銅器研究》。

〔註112〕同上註，頁203。

〔註113〕同上註，頁204。

〔註114〕同上註，頁205～206。

〔註115〕馬承源主編：《商周青銅器銘文選》，〈曶鼎〉註十三，頁171。

◎冂

1. 冂即冕之初文，禮冠專名。
2. 賞賜冂僅見於西周早期。

◎戠　衣

1. 戠是顏色字，有二種可能：黃色（埴）、近於赤色（熾）。
2. 戠衣是指黃色或近於赤色的絲衣。
3. 戠玄衣有三種可能性：
   其一是介於戠色和玄色的絲衣，
   其二是雜以戠色和玄色的絲衣，
   其三是本作戠衣，因涉常用詞玄衣而衍。

◎韍　市

1. 韍字从韋𢦏聲，即是紂色（緇色）
2. 韍市是緇色的市。
3. 韍市和𤔲市應是同一物的不同寫法，一般寫作韍。

◎⊗有三種：質材、紋樣、顏色。以紋樣的的可能性高。

◎黃、亢

1. 黃和亢是一物，是市的繫帶，相當於漢代的綬。
2. 黃或亢字前所加的「朱」、「幽」、「悤」、「素」、「金」、「縈」皆爲顏色字，「同」是指質材（𦬦）。

◎牙僰：邪幅。

◎鞞鞣：刀室與配帶用的縫，也可能包括刀在內成為一套。

◎非　余

1. 非和余是笏之不同稱呼。
2. 有學者認爲非余「都是諸侯賜臣屬的」，說法不正確。

◎桒䩒較、桒縪較

1. 桒字是指紋飾。
2. 䩒和縪是異名，縪即緈、幦，和䩒（幬）是同類的東西。
3. 「桒縪」、「桒䩒」是賁飾于緈幬之上
4. 「桒䩒較」或「桒縪較」是指在較上所披的有紋飾的縪或幬。
5. 由時代觀察：西周中期的桒䩒較很可能就是西周晚期的桒縪較。等

級上比奉較要高。

◎卣（昷）靳

1. 卣即是軝，車軝。
2. 靳即是靳，皮質做的繫馬和車輿的帶子。
3. 靳由輿底的桄向前至驂馬，所以由輿前延伸，位置和卣（軝）相當
4. 「朱鼃卣靳」的層級高於「朱虢卣靳」。
5. 西周中期以賜「奉卣」為常，而在西周晚期即都賜「朱虢卣」或「朱鼃卣」了。

◎冟

1. 冟即幂幀，冟或寫作幦、襆。
2. 虎冟即淺幭
3. 「虎幃冟衺里幽」是虎皮的幃冟（車蓋），裏子是黑色的。
4. 銘文中出現「冟」的記錄始見於西周中期，至晚期則已成固定語彙「虎冟熏裏」。

◎金甬：即考古報告習稱為鑾鈴或鑾，器常於衡或軛上。

◎金簟弼：銅做的弓形器，用來輔助弓。

◎戈琱戚䏦必彤屌

1. 戚即內，琱戚即指戈之內有琱飾。
2. 䏦必即是「緱柲」，即有絲繩纏繞以供把握之柲（欑、杖、柄）。
3. 彤屌即紅綏，戈的內的後端所繫著的裝飾物。
4. 戈琱戚緱必彤沙，即戈有琱飾花紋之戚；有纏絲之柲（柄），且戈內之末端繫以紅綏。
5. 西周中期以後賞賜戈已形成「琱戚——厚柲——彤沙（屌）」的範式。

◎償

1. 償又寫作賗、遺、遺，指金屬的貨幣性質，而且也是指貨幣的形式，即圓形的金餅。
2. 命官與取償，實際就是封官受祿。
3. 銘文中提到取償者，幾乎都是新命官而不是世襲官。
4. 西周晚期償可能已逐漸取代貝。

第二節　成套現象與分期

對於西周銅器銘文中賞賜物成套的現象，本論文第二章第二節已提及關於各器類間的關聯性，本節探討的對象著重於「服飾」與「車馬」的成套現象，之所以限定在這兩類，乃因就賞賜銘文來看，只有冊命銘文才有成套的賞賜物可資探討，而冊命賞賜物中服飾和車馬是明顯的兩大類，其中的細類有充分的材料可資分析。探討成套的情形同時也由時代的角度初入，探討賞賜物在時代上的變化。

一、服飾的成套現象

在西周冊命賞賜銘文中屬於賞賜服飾的有七十七例，其中〈走毀〉為傳世摹本，且有缺字，所以在下文的討論中將之捨去不用，因此討論的實例是七十六例（表見頁 178～181）。由表中可以看出西周早期成套的賞賜服飾是以「冂、衣、市、舄」的次序陳述，而且衣、市、舄都未加上顏色、紋樣、質材的修飾字詞。西周早期的三例如下：

（1）「冂→衣→市→舄」二例：〈大盂鼎〉02837、〈麥方尊〉06015

（2）僅賜「市」一例：〈靜方鼎〉N199804。

屬西周中期的冊命賞賜服飾有三十八例，以曶壺蓋的「玄袞衣、赤市幽黃、赤舄」最為完整，這個時期的銘文已未見賞賜物「冂（晃）」。各類的形式如下：

（1）「衣＋市黃＋舄」一例

〈曶壺蓋〉09728：「玄袞衣」→「赤市幽黃」→「赤舄」

（2）「衣＋市＋舄」一例：

〈伯晨鼎〉02816：「玄袞衣」→「幽夫（市）」→「赤舄」（中晚期）

（3）「衣＋市黃」七例：

（甲）：「衣」→「市黃」四例

〈師虎鼎〉02830：「玄袞黼屯」→「赤市朱橫」

〈走馬休盤〉10170：「玄衣黹屯」→「赤市朱黃」

〈訇毀〉04321：「玄衣黹屯」→「載市同黃」

〈趩觶〉06516：「𢽾衣」→「載市同黃」

（乙）：「市黃」→「衣」三例

〈師奎父鼎〉02813：「載市同黃」→「玄衣黹屯」

〈虎𣪘蓋〉N199601：「載市幽黃」→「玄衣黹屯」

〈即𣪘〉04250：「赤市朱黃」→「玄衣黹屯」

（4）「衣＋市」二例：「衣→市」和「市→衣」各一例

〈豆閉𣪘〉04276：「𢧜衣」→「⊗市」

〈庚季鼎〉02781：「赤⊗市」→「玄衣黹屯」

（5）「黃＋衣」一例：

〈王臣𣪘〉04268：「朱黃」→「鋚勒」→「玄衣黹屯」

（6）「衣＋舄」一例：

〈吳方彝蓋〉09898：「玄袞衣」→「赤舄」

（7）「袞＋牙僰＋舄」一例：

〈十三年𤼈壺〉09723-724：「畫袞」→「牙僰」→「赤舄」

至此，成套有十四例，約占西周中期的三分之一，而且重複性很低。

（8）「市・黃」十一例：只有「赤市幽亢（黃）」有三例，其他都僅一、

二例：

「市・朱黃」：〈殷𣪘〉N198601-02

「赤市・朱黃中絲」：〈師𫑡𣪘〉04288-291

「赤市・幽黃」：〈呂服余盤〉10169

「赤市・幽亢」：〈趞𣪘〉04266、〈盠方尊〉06013、〈宰獸𣪘〉N199802

「赤市・緐黃」：〈申𣪘蓋〉04267

「載市・朱黃」：〈廿七年衛𣪘〉04256

「載市・同黃」：〈免卣〉05418、〈七年趞曹鼎〉02783

「赦𣂪・虢敤」：〈𤼈盨〉04462-463

（9）「衣」：僅賜衣的有三例

「玄衣朱襮裣」：〈㣽方鼎〉02789（非周王賞賜）

「玄衣黹純」：〈救𣪘蓋〉04243

「𢧜衣」：〈免簠〉04626

（10）「市」六例：

「赤市」：〈衛𣪘〉04209-212（增命）、〈師毛父𣪘〉04196

「赤⊗市」：〈利鼎〉02804、〈曶鼎〉02838、〈免𣪘〉04240、〈望𣪘〉

04272

（11）「舄」二例：皆為「赤舄」：〈師晨鼎〉02817、

〈師虎毀〉04316

（12）其他

「莽親（親）」一例：〈王臣毀〉04268

「虎裘」一例：〈大師虘毀〉04251-252

「裘」一例：〈次卣〉05405（非周王賞賜）

屬於西周晚期的有三十四例（不包含〈走毀〉，其中〈輔師嫠毀〉有初命和增命兩次賞賜，所以一器視同兩例），賞賜爲「玄衣黹玄＋赤市朱黃」的就有六例，可以說是西周晚期的常見成套型式，下面將西周晚期的實例加以分析：

（1）「衣＋市・黃」六例：皆爲「玄衣黹屯→赤市朱黃」：〈裏鼎〉02819、

〈此鼎〉02821-823、〈善夫山鼎〉02825、〈頌鼎〉02827-829、〈趞鼎〉、

〈02815〉、〈輔師嫠毀〉04286（增命）

（2）「衣＋市」凡三例：

「戠衣→赤⊗市」一例：〈卻智毀〉04197

「戠玄衣→赤⊗市」一例：〈戠毀〉04255

「玄衣黹屯→銖市」一例：〈弭伯師耤毀〉04257

（3）「帶＋衣」一例：

〈害毀〉04258-260：「莽朱帶→玄衣黹屯」

（4）「衣＋舄」二例：皆「玄袞衣→赤舄」：〈蔡毀〉04340、〈四十三年逨

鼎〉N200303-12

（5）「市黃＋舄」二例：

「叔市金黃＋赤舄」：〈師嫠毀〉04324-325

「市五黃＋赤舄」：〈元年師兌毀〉04274-275（繼承祖之市，銘文未言

何類市）

（6）「市＋舄」一例：〈皇盨〉04469（繼承父之市，銘文未言何類市）

（7）「市黃＋舄＋牙樊」一例：

〈師克盨〉04467-468、N199401：「赤市五黃」→「赤舄」→「牙樊」

（8）「市黃＋麗鞶」一例：

〈元年師旋毀〉04279-282：「赤市同黃」→「麗鞶」

（9）「市黃＋玉器」二例：

「朱市悤黃→鞞鞍玉睘玉琮」：〈番生毀蓋〉04326

「朱市悤黃→玉環玉璪」：〈毛公鼎〉02841

以上為成套的實例，但只有「玄衣黹屯→赤巿朱黃」明顯有較多的例子。

（10）「巿・黃（元）」十例：

「赤巿幽黃」凡三例：〈南宮柳鼎〉02805、〈伊毀〉04287、〈逨盤〉N200313

「赤巿朱黃」凡三例：〈師𩰬毀蓋〉04277、〈師頪毀〉04312、〈𢏼毀〉04202（黃作元）

「載巿朱黃」凡二例：〈輔師𡟫毀〉04286（初命）、〈柞鐘〉00133-139（省略巿字）

「赤巿同㝅黃」一例：〈鄩毀蓋〉04296-297

「叔巿參同荒悤」一例：〈大克鼎〉02836

（11）「衣」一例：為「玄衣黹屯」：〈無重鼎〉02814

（12）「巿」二例：皆為「赤𢀟巿」：〈楚毀〉04246-249、〈揚毀〉04294-295（𢀟作𩏩）

（13）「舄」一例：為「赤舄」：〈弭叔師察毀〉04253-254

（14）「其他：裘」一例：為「虎裘、豹裘」：〈𩎟伯慶鼎〉N199701

下面是這七十六例的總表：（此表「衣」及「巿黃」前的數字為序次，如〈大盂鼎〉的次序為「1冂→2衣→3巿→4舄」，而冂出現時皆為第一位，故冂前的次序 1 省去不填，而舄皆在末，故其前表示次序的數字亦不填，然而偶有「其他」欄時，則填出次序數字）

編　號	器　　名	冂	衣	巿　黃	舄	其他	時代
02837	大盂鼎	冂	2 衣	3 巿	舄		A
06015	麥方尊	冂	2 衣	3 巿	舄		A
N199804	靜方鼎			巿〔註116〕			A
02781	庚季鼎		2 玄衣黹屯	1 赤𢀟巿			B
02783	七年趞曹鼎			載巿同黃			B
02789	敔方鼎		玄衣朱襮裣				B
02804	利鼎			赤𢀟巿			B
02813	師全父鼎		2 玄衣黹屯	1 載巿同黃			B

〔註116〕〈靜方鼎〉的賞賜物為「邑、旒、巿、采霝」，邑可聯係到銘文中常見的饗邑一卣，采霝為其采邑，霝是地名，此器的賞賜物序次和常見「邑→巿→旒」的次序不同。

02817	師晨鼎			赤舄		B
02830	師𩛥鼎	1 玄袞齵屯	2 赤市朱橫			B
02838	智鼎		赤⊗市			B
04196	師毛父毁		赤市			B
04209-212	衛毁		（曾令）赤市			B
04240	免毁		赤⊗市			B
04243	救毁蓋	玄衣黹純				B
04250	即毁	2 玄衣黹屯	1 赤市朱黃			B
04251-252	大師虘毁			虎裘		B
04256	廿七年衛毁		載市朱黃			B
04266	趩毁		赤市幽亢			B
04267	申毁蓋		赤市縈黃			B
04268	王臣毁	3 玄衣黹屯	1 朱黃	2 夆親		B
04272	𤤶毁		赤⊗市			B
04276	豆閉毁	1 戠衣	2 ⊗市			B
04288-291	師酉毁		赤市朱黃中 絅			B
04316	師虎毁			赤舄		B
04321	訇毁	1 玄衣黹屯	2 載市冋黃			B
04462-463	癲盨		歕斬虢敝			B
04626	免簠	戠衣				B
05405	次卣			裘		B
05418	免卣		載市冋黃			B
06013	盠方尊		赤市幽亢			B
06516	趩觶	1 戠衣	2 載市冋黃			B
09723-724	十三年癲壺		畫袋	赤舄	牙僰	B
09728	智壺蓋	1 玄袞衣	2 赤市幽黃	赤舄		B
09898	吳方彝蓋	1 玄袞衣		赤舄		B
10169	呂服余盤		赤市幽黃			B
10170	走馬休盤	1 玄衣黹屯	2 赤市朱黃			B
N198601-02	毀毁		市朱黃			B
N199601	虎毁蓋	2 玄衣㣇屯	1 載市幽黃			B
N199802	宰獸毁		赤市幽亢			B

02816	伯晨鼎		1 玄袞衣	2 幽夫	赤舄		BC
02786	康鼎			幽黃			BC
00133-139	柞鐘			載朱黃			C
02805	南宮柳鼎			赤市幽黃			C
02814	無叀鼎		玄衣黹屯				C
02815	趞鼎		1 玄衣屯黹	2 赤市朱黃			C
02819	袁鼎		1 玄衣黹屯	2 赤市朱黃			C
02821-823	此鼎		1 玄衣黹屯	2 赤市朱黃			C
02825	善夫山鼎		1 玄衣黹屯	2 赤市朱黃			C
02827-829	頌鼎		1 玄衣黹屯	2 赤市朱黃			C
02836	大克鼎			叔市 參冋 苪愍			C
02841	毛公鼎			1 朱市愍黃		2 玉環玉㻌	C
04197	卻智殷		1 戠衣	2 赤⊗市			C
04202	牆殷			赤市朱亢			C
04246-249	楚殷			赤⊗市			C
04253-254	弭叔師察殷				赤舄		C
04255	戠殷		1 戠玄衣	2 赤⊗市			C
04257	弭伯師耤殷		1 玄衣黹屯	2 銖市			C
04258-260	害殷		2 玄衣黹屯	1 夆朱帶			C
04274-275	元年師兌殷			1 且市五黃	赤舄		C
04277	師𠦪殷蓋			赤市朱黃			C
04279-282	元年師旋殷			赤市冋黃麗鞶			C
04286	輔師嫠殷			載市素黃			C
			1 玄衣黹屯	2 赤市朱黃			
04287	伊殷			赤市幽黃			C
04294-295	揚殷			赤⊗市市			C
04296-297	鄁殷蓋			赤市冋嬰黃			C
04312	師穎殷			赤市朱黃			C
04324-325	師嫠殷			叔市金黃	赤舄		C

04326	番生設蓋			1 朱市恖黃	2 鞶鞍玉瞏玉琮	C
04340	蔡設	玄袞衣			赤舄	C
04467-468 N199401	師克盨			赤市五黃	赤舄 牙僰	C
04469	望盨			父市	赤舄	C
N199701	詻伯慶鼎				虎裘 豹裘	C
N200303-12	四十三年逑鼎	玄袞衣			赤舄	C
N200313	逑盤			赤市幽黃		C

在上文的分析，西周早期有三例二型，以「冂、衣、市、舄」為主；西周中期（含中晚期）有三十八例，大的類型十二型，如細分則有三十一型，而最完整的是「衣、市·黃、舄」，但沒有固定的型，大致可以說的是「衣和市」是這個時期的常見成套賞賜物，衣有「玄袞衣、玄衣、戠衣」，市以「赤市、赤㕣市、戠市」為常；西周晚期有三十四例，大的類型有十四型，如細分則有二十二型，而最完整的是「衣、市·黃」成套（照推理，應是「衣、市·黃、舄」但實例上未見與舄成套），此期「玄衣黹屯→赤市朱黃」是較為明顯的成套型類，賜衣以「玄衣黹屯」最為常見，賜市黃以「赤市朱黃」、「赤市幽黃」、「戠市朱黃」最為常見。

下面就各類賞賜服飾的配對，各別分析探討：

（一）冂

賞賜冂（冕）的有二例，皆見於西周早期，且在服飾成套的賞賜中排在最前面，西周中期後則未見賞賜「冂」的例子，這有兩種思考方向，一是沒有賞賜冂，另一種可能是也賜了冂，但銘文沒寫出來。這兩種可能中，第一種的可能性較大，如果有賞賜冂，不太可能在二十多例的成套賞賜中都不寫出來。那麼，為何在西周中晚期成套服飾中，沒有冂的賞賜呢，本文認為冂的形式在西周不因冊命而有變化，所謂身分，是由「爵位」與「職嗣」構成，爵位包含「諸侯、大夫、士」，本文認為大多數的冊命都在職嗣上，而爵位與血統嫡庶的繼承有關，西周中晚期所見冊命銘文，很少更動爵位的，而在職

嗣的更動中，也很少改變冕的層級。冕的制度，向來依據傳世文獻《周禮‧司服》、《禮記‧禮器》等記載：

● 《周禮‧司服》：「王之吉服，祀昊天上帝則服大裘而冕，祀五帝亦如之；享先王則袞冕；享先公饗射則鷩冕；祀四望山川則毳冕；祭社稷五祀則希冕；祭群小祀則玄冕」、「公之服，自袞冕而下如王之服；侯伯之服，自鷩冕而下如公之服；子男之服，自毳冕而下如侯伯之服；孤之服，自希冕以下如子男之服，卿大夫之服，自玄冕而下如孤之服。」

● 《禮記‧禮器》：「禮有以文爲貴者。天子龍袞，諸侯黼，大夫黻，士玄衣纁裳。天子之冕，朱綠藻，十有二旒，諸侯九，上大夫七，下大夫五，士三。此以文爲貴也。」

由這兩段文字來看，從天子至士都有冕（由〈禮器〉「士三」，推之），西周自天子到士這一級的冕是否有如此多的種類，事實或許與文獻不見得相符，但貴族都有冕是可以肯定的，因爲這樣，在冊命賜服時冕就不是必要的了，因爲所見西周銘文中，隨著受賜者接受冊命，衣市是會改變的，但冕是不怎麼會改的，所以自然在賞賜銘文中，少見賜冕。

（二）衣

西周賞賜銘文中提到的衣，主要有三類「玄袞衣」、「玄衣」、「戠衣」（「戠玄衣」僅一見）分別分析如下：

「玄袞衣」六例，其中五例配以赤舄，赤舄爲最尊之舄，而玄袞衣爲最尊之衣，故相配得宜。《左傳‧桓公二年‧傳》云：「袞、冕、黻、珽，帶、裳、幅、舄，衡、紞、紘、綎，昭其度也。」以袞爲首，多少表現出衣袞者，身分非凡，杜預注：「袞，畫衣也。」說甚簡，孔穎達正義補充：「畫衣，謂畫龍於衣。祭服玄衣纁裳，《詩》稱玄袞，是玄衣而畫以袞龍。袞之言卷也，謂龍首卷然。〈玉藻〉曰：『龍卷以祭。』知謂龍首卷也。」由《詩經》所提及袞的文句來觀察，如〈小雅‧采菽〉：「又何予之？玄袞及黼。」、〈大雅‧韓奕〉：「王錫韓侯，淑旂綏章，簟茀錯衡，玄袞赤舄……」、〈豳風‧九罭〉：「袞衣繡裳」等，都提到玄袞和袞衣，三例都和諸侯有關，《詩》中稱爲「君子」（〈采菽〉毛傳：「君子，謂諸侯也。」）、「韓侯」，值得留意的是經學家在〈采菽〉一詩的註解：

毛亨傳：「玄袞，卷龍也。白與黑謂之黼。」

鄭玄箋：「玄袞，玄衣而畫以卷龍也。黼，黼黻，謂絺衣也。諸公之
服自袞冕而下，侯伯自鷩冕而下，子男自毳冕而下。王之賜，維用
有文章者。」

都釋袞爲「畫卷龍」，玄袞是畫有卷龍的玄衣，身分爲天子及諸侯所服，禮書
的說法是：

● 《禮記・王制》：「三公一命卷，若有加則賜也，不過九命。次國
之君，不過七命。小國之君，不過五命。」

鄭玄注：「卷，俗讀也，其通則曰袞。三公八命矣，復加一命，則
服龍袞，與王者之後同。多於此，則賜，非命服也。」

● 《禮記・禮器》：「禮有以文爲貴者。天子龍袞，諸侯黼，大夫黻，
士玄衣纁裳。天子之冕，朱綠藻，十有二旒，諸侯九，上大夫七，
下大夫五，士三。此以文爲貴也。」

如果依鄭玄注〈王制〉的說法，三公要九命才服袞，這顯然和銅器銘文的情
況不同，依《周禮・春官・典命》王的三公是八命，加一命是上公出封爲伯，
在銅器銘文中受賜玄袞衣的〈伯晨鼎〉器主是侯，〈吳方彝蓋〉器主是作冊，
都非三公之職，所以我們可以說受賜玄袞衣者，身分很高，但不必限定爲三
公或爵位伯。另外，於《儀禮・覲禮》鄭玄注云：「上公袞無升龍」可以參
考。

玄袞衣配市的三例，有〈伯晨鼎〉的「幽夫（市）」、〈師龢鼎〉的「赤市
朱橫（黃）」、〈曶壺蓋〉的「赤市幽黃」，沒有明顯的固定配套，另外〈師龢
鼎〉云「玄袞齲屯」，齲字見於文獻作黼，《說文解字》：「黼，會五采鮮皃，
从黹虘聲。《詩》曰：衣裳黼黼。」《說文》引《詩》爲〈曹風・蜉蝣〉句，
三家詩作「黼黼」《毛詩》作「楚楚」。〈師龢鼎〉齲和黼爲古今字，虘从且聲。
齲字爲屯之形容字，屯字讀爲純，《說文解字》：「緣，衣純也。」《廣雅・釋
詁二》：「純，緣也。」故可知玄衣齲屯即有五彩鮮色繡緣的玄袞衣。

「玄衣」，於傳世先秦文獻記載爲貴族吉服，鄭玄《周禮・司服》注云：
「六服同冕者，首飾尊也……凡冕服，皆玄衣纁裳。」又《禮記・禮器》：「禮
有以文爲貴者。天子龍袞，諸侯黼，大夫黻，士玄衣纁裳。」依此則貴族皆
服玄衣，而天子玄衣有龍袞，即玄袞衣，諸侯與大夫之玄衣有飾紋，士則玄
衣。事實上諸侯也可服玄袞衣，這點在文獻中也是有據的，而銘文中更不乏
其例，玄衣在銘文中有幾類：

（1）「玄衣黹屯」凡十五例，爲最常見的形式：

西周中期的有七例：〈庚季鼎〉02781、〈師奎父鼎〉02813、〈救毁蓋〉04243（屯作純）、〈即毁〉04250、〈王臣毁〉04268、〈訇毁〉04321、〈走馬休盤〉10170；

西周晚期的有八例：〈無叀鼎〉02814、〈袁鼎〉02819、〈此鼎〉02821-823、〈善夫山鼎〉02825、〈頌鼎〉02827-829、〈弭伯師耤毁〉04257、〈害毁〉04258-260、〈輔師嫠毁〉04286（增命）。

（2）「玄衣屯黹」一例，屬西周晚期，當是「玄衣黹屯」誤將黹屯二字倒置：〈趞鼎〉02815。

（3）「玄衣�लₙ屯」一例，屬西周中期，〈虎毁蓋〉N199601。

（4）「玄衣朱襮裣」，一例，屬西周中期非周王賞賜，〈叡方鼎〉02789。

（5）「玄衣赤🔳」，〔註117〕一例，屬非冊命賞賜，〈敔毁〉04166。〔註118〕

如果第（5）的「赤🔳」，和玄衣無關，那麼這就是目前所見銘文中唯一玄衣單用的例子，如果「赤🔳」是形容玄衣，那麼這些銘文中提到的玄衣就都加有屯飾或裣飾。（1）與（2）是同樣的，所以「玄衣黹屯」有十六例，占了出現玄衣例子的八成，而（3）的㬎字，依陳昭容女士之意讀爲「錦」，玄衣㬎屯是以錦爲緣的玄衣。〔註119〕白於藍讀爲「紃」，認爲是以彩色絲線辮成的線條所飾於衣縫的玄衣。〔註120〕〈虎毁蓋〉銘中與玄衣㬎屯同賜的服飾尚有「載

〔註117〕馬承源主編：《商周青銅器銘文選》，第三卷，頁287，以爲「衣衣赤袞」，但第四字和袞字形仍有別，而赤袞一詞亦未見於傳世文獻或其他銘文，本文持闕疑態度。

〔註118〕此器時代主要有二說：《商周青銅器銘文選》第三卷以爲西周厲王（編號412，頁287。）；《殷周金文集成》器號4166以爲西周（未有細部分期）。因爲此器僅見拓本，未見原器，故僅能就其字形及內容來判斷時代，字體上來看若推爲西周晚期，似乎稍嫌過晚，此器時代不宜晚於西周中期。囿於銘文內容不能提供重要線索，又未有器形紋飾可爲資憑，故闕疑。

〔註119〕陳昭容：〈說「玄衣㬎屯」〉，《中國文字》1998年：新廿四期。其說如下：愚以爲「㬎」或可讀爲「錦」，錦以金聲，是見母侵部字，「㬎」字從「竟」，爲見母陽部字，兩者聲母相同。……在韻部方面，「競」「兢」爲一字、讀若「矜」，提供了一個串連的線索，多拐了一個彎，仍見其細微的關係。「㬎」字讀爲「錦」，在聲音上是可以說得通的。（頁58～59）

虎簋蓋銘「玄衣㬎屯」可讀爲「玄衣錦純」，《說文》曰「錦，鑲邑織文也，從帛金聲」，《繫傳》《段注》本作「襄色織文」，睡虎地簡「『履錦履』之狀何如？律所謂者，以絲雜織履，履有文，乃爲『錦履』。」（《法律答問》簡162）《釋名・釋采帛》說錦「其價如金」，可知「錦」是染色絲織綵爲文，是一種華麗而珍貴的絲織品。（頁60）

〔註120〕白於藍〈「玄衣㬎純」新解〉，《中國文字》2000年：新廿六期。其說如下：

市幽黃」。

就玄衣黹屯（含屯黹）的十六例來分析與其他服飾的關係：

（1）只賜玄衣黹屯的有二例：

　　　西周中期：〈救𣪊蓋〉

　　　西周晚期：〈無重鼎〉

（2）與「赤市朱黃」同賜的有八例，西周中期一例（可留意尚有一例與「朱黃」同賜的西周中期器，參（6）），其他皆爲西周晚期。

　　　西周中期：〈即𣪊〉。

　　　西周晚期：〈趞鼎〉、〈袁鼎〉、〈此鼎〉、〈善夫山鼎〉、〈頌鼎〉、〈輔師嫠𣪊〉、〈走馬休盤〉。

（3）與「載市冋黃」同賜的有西周中期二例：〈師𡉈父鼎〉、〈訇𣪊〉。

（4）與「赤𢀾市」同賜的有西周中期一例：〈庚季鼎〉。

（5）與「𫁡市」同賜的有西周晚期一例：〈弭伯師耤𣪊〉。

（6）與「朱黃、夆親」同賜的有西周中期一例：〈王臣𣪊〉。

（7）與「夆朱帶」同賜的有西周晚期一例：〈害𣪊〉。

由以上的分析可以看出「玄衣黹屯」在西周晚期和「赤市朱黃」成套配對已爲定制，而在西周中期時「玄衣黹屯」可能尚未有明顯的成套配對現象。

「䊹衣」在本文上一節討論認爲「銘文䊹衣，若是指某一顏色的絲衣，那麼可能是黃色的（有文獻黃裳，可爲佐證）或赤色（應該說是近乎赤色）。」銘文的五例䊹衣（含一例䊹玄衣），四例配以市：「赤𢀾市」有〈卲穸𣪊〉、〈䊹𣪊〉，「𢀾市」有〈豆閉𣪊〉，「𢀾市」當爲「赤𢀾市」之省，如此則「赤𢀾市類」有三例，「載市冋黃」有〈趩觶〉。市中赤𢀾市和載市等級略低於赤市，䊹衣未和赤市配對，可見䊹衣的等級不如玄衮衣與玄衣。

古文字中竟字上部均从言，不从音。所以，竟字實應是一個从人从言的會意字，推其本義當與言語有關。因此，「䚄」字作「訓」字的異體，與訓字之从言表義并不相悖。至於「䚄」字所从之言旁，當系追加之義符。

筆者以爲，此處之「䚄（訓）」當讀爲「紃」。訓、紃俱从川聲，自可相通。《淮南子・精神訓》：「以道爲紃，有待而然。」高誘《注》：「紃者，法也。」朱駿聲《說文通訓定聲》：「紃，假借爲訓。」即其例。

紃實際上是一種以彩色絲線辮成的線條，可以施之於衣服。（頁 152）

「玄衣䚄（紃）屯（純）」是指在衣緣之縫中飾有以彩色絲線辮成的線條的玄色衣服。（頁 153）

（三）市、黃

市和黃爲相伴隨同賜的兩物，在上一節「考釋歧異的探討」，得到幾個看法：「截市和𢾅市應是同一物的不同寫法，因爲一般寫作截，寫作𢾅是孤例，這也說明𢾅市是用了罕用的字，而截是通用字，若此論無誤，則截市和𢾅市都是紂色的市。」、「至於⦵的字義，由其與赤構成『赤⦵市』一詞來看，⦵是形容詞，用來修飾市，可能是質材、紋樣，當然也有可能『赤⦵』爲一近於赤之色，二者闕疑待考。」、「以黃爲帶之說最爲合理，與黃又作橫的異體寫法相合。亢和黃由文例比對來看，應是一物。」、「黃或亢字前所加的『朱』、『幽』、『㥈』、『素』、『金』、『縈』皆爲顏色字，『同』是指質材（麻）」。

在此將就「市」和「黃」的成組關係做分析，爲了方便討論，本文將相關銘文實例依「衣」、「市」、「黃」、「其他」分欄，製成下表：

編　號	器　名	衣	市	黃	其他	時代
02837	大盂鼎	衣	市			A
06015	麥方尊	衣	市			A
N199804	靜方鼎		市			A
N198601-02	殷殷		市	朱黃		B
04196	師毛父殷		赤市			B
04209-212	衛殷（曾令）		赤市			B
04250	即殷	玄衣黹屯	赤市	朱黃		B
10170	走馬休盤	玄衣黹屯	赤市	朱黃		B
04288-291	師酉殷		赤市	朱黃中緊		B
02830	師𩛥鼎	玄袞齜屯	赤市	朱橫		B
04266	趩殷		赤市	幽亢		B
06013	盠方尊		赤市	幽亢		B
N199802	宰獸殷		赤市	幽亢		B
09728	㵮壺蓋	玄袞衣	赤市	幽黃		B
10169	呂服余盤		赤市	幽黃		B
04267	申殷蓋		赤市	縈黃		B
02781	庚季鼎	玄衣黹屯	赤⦵市			B
02804	利鼎		赤⦵市			B
02838	㵮鼎		赤⦵市			B

04240	免段		赤𢘑市			B
04272	朢段		赤𢘑市			B
04276	豆閉段	戠衣	𢘑市			B
02816	伯晨鼎	玄袞衣	幽夫			BC
04462-463	癲盨		虢敊		敊靳	B
04256	廿七年衛段		載市	朱黃		B
N199601	虎段蓋	玄衣牒屯	載市	幽黃		B
02813	師𡛐父鼎	玄衣㴱屯	載市	同黃		B
04321	訇段	玄衣㴱屯	載市	同黃		B
05418	免卣		載市	同黃		B
06516	趩觶	戠衣	載市	同黃		B
02783	七年趞曹鼎		載市	同黃		B
04268	王臣段	玄衣㴱屯		朱黃		B
02786	康鼎			幽黃		BC
04274-275	元年師兌段		市	五黃		C
04469	朢盨		市			C
04467-468 N199401	師克盨		赤市	五黃		C
04202	牁段		赤市	朱亢		C
02815	趞鼎	玄衣屯㴱	赤市	朱黃		C
02819	裘鼎	玄衣㴱屯	赤市	朱黃		C
02821-823	此鼎	玄衣㴱屯	赤市	朱黃		C
02825	善夫山鼎	玄衣㴱屯	赤市	朱黃		C
02827-829	頌鼎	玄衣㴱屯	赤市	朱黃		C
04286	輔師嫠段（增命）	玄衣㴱屯	赤市	朱黃		C
04277	師𡕢段蓋		赤市	朱黃		C
04312	師穎段		赤市	朱黃		C
02805	南宮柳鼎		赤市	幽黃		C
04287	伊段		赤市	幽黃		C
N200313	逨盤		赤市	幽黃		C
04279-282	元年師旋段		赤市	同黃	麗鞶	C
04296-297	鄩段蓋		赤市	同㝏黃		C
02841	毛公鼎		朱市	悤黃		C

04326	番生段蓋		朱市	悤黃		C
04294-295	揚段		赤巿市			C
04197	卻窋段	戠衣	赤巿市			C
04246-249	楚段		赤巿市			C
04255	戠段	戠玄衣	赤巿市			C
04257	弭伯師耤段	玄衣黹屯	銖市			C
02836	大克鼎		叔市	參同葶悤		C
04324-325	師嫠段		叔市	金黃		C
00133-139	柞鐘		載	朱黃		C
04286	輔師嫠段		載市	素黃		C

（案：〈柞鐘〉省稱「載」，而〈輔師嫠段〉作「韋市」）

　　西周中期的賜市除了單獨用「市」字的〈殷段〉外，其他都對所賜的市加注顏色或質材，這樣的實例有二十七例，其中「赤市」有十二例，「赤巿市（含巿市）」有六例，「載市」有七例，「虢敝（市）」一例，未明其色。因此在標明色調的二十六例中赤市幾乎占了一半。可以肯定西周中期的市，是分為三個等級的：「赤市」、「赤巿市」、「載市」。之所以知赤市尊於赤巿市，乃因赤市可和玄袞衣相配，而赤巿市僅與玄衣和戠衣相配，西周中期如此，西周晚期亦然。

　　在十二例賞賜赤市的西周中期冊命銘文中「幽黃」占了五例，「朱黃」占四例，「縈黃」僅一例，二例無賜黃。看來「赤市朱黃」和「赤市幽黃」可以視為二個類別，就周人習慣而言，朱色尊於幽色，故「赤市朱黃」可能比「赤市幽黃」為尊。

　　在六例賞賜赤巿市（含巿市）的西周中期冊命銘文，都不賜黃，這種情況在西周晚期亦如此。

　　在七例賞賜載市的西周中期冊命銘文中，「同黃」占了五例，「朱黃」一例，「幽黃」一例，所以載市和同黃成組的情況是較常見的。

　　討論至此，有一事值得思考，「同黃」在西周中期和載市成組，但西周中期赤市無與「同黃」成組，而西周晚期有「赤市同黃」，再看西周中期有「赤市縈黃」，不由不令人想到「縈黃」就是「同黃」。郭沫若先生在〈釋黃〉一文提出「同當讀為縈」，[註121] 陳夢家先生對傳世文獻的異文比對，提出意見：

〔註121〕郭沫若：《金文餘釋・釋黃》（收錄於《金文叢考》，北京：人民出版社，1952

同，《詩・碩人》：「衣錦褧衣」，《中庸》「衣錦尚絅」。《尚書大傳》「衣錦尚穎」，《說文》「褧，襜也」，《詩》曰「衣錦褧衣，示反古」，又曰「襜，枲屬」，引詩作襜。褧、襜、絅、穎即《本草》之苘麻，即今製粗繩所用者。《詩》之「錦襜衣」猶金文之「同霝黃」，皆以苘麻交織而成。〔註122〕

唐蘭先生在〈毛公鼎「朱韍、蔥衡、玉環、玉瑹」新解──駁漢人「蔥珩佩玉」說〉一文中，對同黃提出相似的看法：

金文屢見「同黃」，師酉簋「赤市朱黃中絿」，「絿」就是「絅」。《詩經・衛風・碩人》、《鄭風・豐》都說「衣錦褧衣」，《列女傳》引作「衣錦絅衣」。《禮記・中庸》：「衣錦尚絅」，《尚書・大傳》作「衣錦尚穎」。《說文》：「褧，襜也。詩曰衣錦褧衣，示反古」。又：「襜，枲屬。詩曰衣錦襜衣」。從金文來看，西周時代，這個字作「同」或「絅」，其它都是後起的形聲字；由衣服說是「褧」，由草木說是「穎」，由麻屬說是「襜」。本草稱爲「苘麻」，就由「同」字而加上草旁。「苘麻」又稱爲「白麻」……。這是一年生的錦葵科植物。莖皮纖細絜白，可以編索，織布，但質地不堅固。麻布生產比絲織品早，在錦衣上加苘麻的單衣，所以說是「反古」。金文「同黃」是用同麻織成的「衡」。〔註123〕

由幾位學者的論證，同即苘，由文獻上的異文比對，苘、褧、襜、絅、穎都是異文，是音同或音近之字，那麼縈和同的音也是可通的，縈黃和同黃實爲一物的不同寫法，西周中期的〈師酉簋〉「朱黃中絿」的絿就是縈、同。「苘麻」又稱「白麻」那麼同黃很可能是白色的，西周晚期〈輔師嫠簋〉的「素黃」應該也是白色的，那麼「同黃」、「縈黃」、「素黃」是同爲白色的「黃」。

西周晚期的賜市共有二十八例，已含〈輔師嫠簋〉一器二例，其中只稱「市」的有兩例，「赤市」的有十五例，「赤⊙市」有四例，「叔市（含銖市）」三例，「載市」有二例，「朱市」二例。

只稱「市」的兩例，一例配「五黃」，一例未配黃。

年）頁184。

〔註122〕陳夢家：〈西周銅器斷代、虢國考、賞賜篇〉，《燕京學報》新一期（1995年），頁279。

〔註123〕唐蘭：〈毛公鼎「朱韍、蔥衡、玉環、玉瑹」新解──駁漢人「蔥珩佩玉」說〉，《唐蘭先生金文論集》（北京：紫禁城出版社，1995年10月），頁89。

在十五例賞賜赤市的西周晚期冊命銘文中「朱黃」占九例,「幽黃」占了三例,「同黃(含同鬻黃)」二例,「五黃」一例。由此看來「赤市朱黃」占了六成,「赤市幽黃」占了二成。

在四例賞賜赤⊗市的西周晚期冊命銘文,都不賜黃,這種情況在西周中期相同,其中兩例配以「戠衣」。

在三例賞賜載市的西周晚期冊命銘文,「素黃」和「朱黃」各一例。

在三例例賞賜叔(銖)市的西周晚期冊命銘文,「參同莽悤」、「金黃」各一例。一例不配黃。

二例賞賜朱市的西周晚期冊命銘文,都配以「悤黃」,「朱市」和「悤黃」都是西周中期所未見的。

換個切入點,由黃切入來看黃和市的關係:賞賜黃的有四十二例,其中〈王臣毁〉只賜朱黃,未賜市,〈康鼎〉只賜幽黃,未賜衣與市。因此下面的討論特將二器去除,由這四十例為實例樣本。

賞賜「朱黃」的有十六例,十例屬西周晚期,有一例「朱黃中絅」。這十六例中,配以赤市的有十三例,占了八成多,只有兩例配似載市,一例未言配以何種市。因此可以說「赤市朱黃」為常例。

賞賜「幽黃」的有九例,六例屬西周中期,三例屬西周晚期,西周中期或作「幽亢」,而晚期未見作「幽亢」的例子。但以西周晚期猶見「朱亢」一詞,故亢非只用於西周中期。這九例中配以赤朱的有八例,占了約九成,只有一例配似載市。因此可以說「赤市幽黃」為常例。

賞賜「同黃」的有七例(含一例是「同鬻黃」),其中五例屬西周中期,二例屬西周晚期。這七例中配以載朱的有五例,只有二例配似赤市,且都為西周晚期。因此可以說「載市同黃」為常例。另外賞賜「素黃」一例,配以載市,屬西周晚期;賞賜「縈黃」一例,配以赤市,屬西周中期;賞賜「參同莽悤」一例,配以「叔市」,屬西周晚期,以上三例,不影響同黃的討論。

賞賜「五黃」的有兩例,都屬西周晚期,一例與赤市配,一例未明言為何類市。

賞賜「悤黃」的有兩例,都屬西周晚期,皆與赤市配。

賞賜「金黃」的有一例,屬西周晚期,與叔市配。

(四)舄

舄是鞋履中最尊者,是經學家所謂「達屨」(《詩·小雅·車攻》毛傳),

特徵是「複下」(《周禮・天官・屨人》鄭注)。西周冊命賞賜銘文中,賜的舄
都是赤舄(西周早期二例只言舄,但由文獻和其他銘文推之,知是赤舄),賜
舄的實例有十四則:

編　號	器　名	衣	市	黃	其他	時代
02837	大盂鼎	冂	2 衣	3 市	舄	A
06015	麥方尊	冂	2 衣	3 市	舄	A
02816	伯晨鼎		1 玄袞衣	2 幽夫	赤舄	B
02817	師晨鼎				赤舄	B
04316	師虎殷				赤舄	B
09723-724	十三年瘋壺			畫袞	赤舄	B
09728	㝬壺蓋		1 玄袞衣	2 赤市幽黃	赤舄	B
09898	吳方彝蓋		1 玄袞衣		赤舄	B
04253-254	弭叔師察殷				赤舄	C
04274-275	元年師兌殷			1 且市五黃	赤舄	C
04324-325	師嫠殷			1 叔市金黃	赤舄	C
04467-468 N199401	師克盨			赤市五黃	赤舄	C
04469	皇盨			1 父市	赤舄	C
N200303-12	四十三年逨鼎		1 玄袞衣		赤舄	C

和「赤舄」相應而有記錄的衣都是「玄袞衣」,可以推論玄袞衣必配以赤舄(玄
袞衣爲賜服最尊者,赤舄爲舄之最尊者。)當然有不少例子沒有賜衣,我們
對這些沒有賜衣的實例器銘觀察受賜者的身分,多數是「師」,此外〈十三年
瘋壺〉的器主瘋是「史」,〈皇盨〉的職嗣由銘文來看「雩邦人、正(胥)人、
師氏人又(有)辠(罪)又(有)故(辜),迺孚俑即女(汝)」,知其官職甚
高。因此未言賜服的,有可能是著「玄袞衣」,當然這樣的看法仍將在以後不
斷的求證。但是說「玄袞衣」者,都著「赤舄」大致上是無誤的。

　　關於舄,傳世文獻有清楚的記錄,依照〈屨人〉鄭玄注的說法,王和諸
侯之舄,依尊而卑依次是:赤舄、白舄、黑舄,后及諸侯夫人則爲:玄舄、
青舄、赤舄:

　　　　《周官・天官・屨人》鄭注:「王吉服有九,舄有三等:赤舄爲上,

冕服之舃,《詩》云:『王錫韓侯,玄袞赤舃。』則諸侯與王同,下
有白舃、黑舃。王后吉服六,唯祭服有舃,玄舃爲上,褘衣之舃也,
下有青舃、赤舃,鞠衣以下皆屨耳。」

《左氏・桓公二年・傳》孔穎達正義:「赤舃者,冕服之舃。白舃者,
皮弁之舃。黑舃者,玄端之舃。其士皆著屨。纁屨者,爵弁之屨。
白屨者,皮弁之屨。黑屨者,玄端之屨。其卿大夫服冕者,亦赤舃,
餘服則屨。其王后,褘衣玄舃,褕狄青舃,闕狄赤舃,鞠衣黃屨,
展衣白屨,褖衣黑屨。其諸侯夫人及卿大夫之妻合衣狄者,皆舃,
其餘皆屨。其舃之飾,用對方之色,赤舃黑飾是也。屨之飾用比方,
白屨黑飾是也。」

所以「赤舃」爲最尊之舃,銘文中爲王所冊命賞賜者,身分當在大夫以上,
故所賜爲「赤舃」。又《詩・小雅・車攻》:「赤芾金舃。」毛亨傳云:「諸侯
赤芾金舃,舃,達屨也。」鄭玄箋云:「金舃,黃朱色也。」孔穎達正義:「此
云金舃者,即禮之赤舃也,故箋云:『金舃,黃朱色』。加金爲飾,故謂之金
舃。白舃、黑舃猶有在其上者,爲尊未達。其赤舃則所尊莫是過,故云『達
屨』,言是屨之最上達者也。」「金舃」僅一見,經學家的意見是在赤舃上加
金飾,或說其色朱黃,但這畢竟不是禮服常例,故舃之最尊者爲「赤舃」。

二、車馬器的成套現象

西周冊命賞賜車馬器的銘文有四十例(如下表),其中只賞賜鑾勒(金勒、
勒)的二十五例,超過六成。這四十例只有五例未言賜鑾勒,四十例中有兩
例只賜馬匹(〈公臣𣪕〉、〈次卣〉,皆非周王賜賞),有一例只言賜車馬——〈大
盂鼎〉,因爲是西周早期器,在記錄賞賜物時,只記大略,如服飾「衣」、「巿」
都記大略,未細言爲何類衣、巿,所以〈大盂鼎〉的車馬也有可能包括鑾勒。
鑾勒是冊命賞賜車馬器中最常見的賞賜物。

編　號	器　名	器　　物	時代
02786	康鼎	鑾革	BC
02805	南宮柳鼎	攸勒	C
02814	無叀鼎	攸勒	C
02815	趞鼎	攸勒	C

02819	寰鼎	攸勒	C
02827-829	頌鼎	攸勒	C
04253-254	弭叔師察𣪕	攸勒	C
04257	弭伯師耤𣪕	攸勒	C
04258-260	害𣪕	攸革	C
04283-284	師瘨𣪕蓋	金勒	B
04285	諫𣪕	勒	B
04287	伊𣪕	攸勒	C
04288-291	師酉𣪕	攸勒	B
04312	師類𣪕	攸勒	C
04321	訇𣪕	鋚勒	B
04324-325	師嫠𣪕	攸勒	C
04332-339	頌𣪕	攸勒	C
04341	班𣪕	鈴鑿	B
04462-463	瘨盨	攸勒	B
06013	盠方尊	攸勒	B
09728	曶壺蓋	攸勒	B
09731-732	頌壺	攸勒	C
10169	呂服余盤	鋚勒	B
N199802	宰獸𣪕	攸勒	B
N200313	逨盤	攸勒	C
05405	次卣	馬	B
02837	大盂鼎	車馬	A
04184-187	公臣𣪕	馬乘	C
06015	麥方尊	王乘車馬金勒	A
02830	師訊鼎	大師金膺攸勒	B
02816	伯晨鼎	駒車畫韔交虎幃冟衰里幽攸勒	BC
02841	毛公鼎	金車桒綷較朱鞹𩎟靳虎冟熏裏右厄畫轉畫輯金甬錯衡金踵金豙約金簟弼魚葡馬三匹攸勒金釁金膺	C
04302	彔伯𢦚𣪕蓋	金車桒𩏽較桒𩎟朱虢靳虎冟宲裏金甬畫輯金厄畫轉馬三匹鋚勒	BC

04318-319	三年師兌殷	金車奉較朱虢䖬靳虎冟熏裏右厄畫轉畫輴金甬馬三匹攸勒	C
04326	番生殷蓋	車電軫奉緐較朱䖬䖬靳虎冟熏裏遣衡右厄畫轉畫輴金童金豪金簟弼魚䑸	C
04343	牧殷	金車奉較畫輴朱虢䖬靳虎冟熏裏、☑三匹	B
04467-468 N199401	師克盨	駒車奉較朱虢䖬靳虎冟熏裏畫轉畫輴金甬朱旂馬三匹攸勒	C
04469	叚盨	駒車奉較朱虢䖬靳虎冟熏裏畫轉畫輴金甬馬三匹鋚勒	C
09898	吳方彝蓋	金車奉䖬朱虢靳虎冟熏裏奉較畫轉金甬馬三匹鋚勒	B
N200303-12	四十三年逨鼎	駒車奉較朱虢䖬靳虎冟熏裏畫轉畫輴金甬馬三匹攸勒	C

　　車馬器的賞賜中，以〈毛公鼎〉最為詳細完整，因此下面以〈毛公鼎〉為基準，討論車馬器賞賜物次序。

　　〈毛公鼎〉的賞賜物依次為：「奉緐較」→「朱䖬圓靳」→「虎冟熏裏」→「右厄」→「畫轉」→「畫輴」→「金甬」→「錯衡」→「金踵」→「金豪」→「約![字]」→「金簟弼」→「魚䑸」→「馬三匹」→「攸勒」→「金巤」→「金雁」，加以簡化可以得出如下的次序：

　　較→圓靳→冟→厄→轉→輴→甬→衡→踵→豪→約![字]→金簟弼→魚䑸→馬→鋚勒→巤→雁

與西周中期的〈吳方彝蓋〉、〈牧殷〉、〈伯晨鼎〉（中晚期）、〈師訇鼎〉、〈彔伯崴殷蓋〉（時代可推在西周中晚期之交）及西周晚期的〈番生殷蓋〉、〈三年師兌殷〉、〈師克盨〉、〈叚盨〉、〈四十三年逨鼎〉等十例比較，大致上次序與〈毛公鼎〉同，不同的有以下幾點：

1. 〈師訇鼎〉「大師金雁」在「鋚勒」前，這可以解釋為「大師金雁」有特別尊榮之意。師訇受到白（伯）太師的推薦，受到周王（恭王）的賞賜，而賞賜物中的金雁，特別加上「大（太）師」二字，說明這個金雁本是大師的等級才能使用的，周王加以褒榮，賜師訇使用，所以〈師訇鼎〉在陳述受賜的車馬器中，特別強調大師金雁，將之提在鋚勒之前。

2. 〈伯晨鼎〉的「畫![字]䡇交」，可能是在較上的紋飾或飾件。

3. 〈彔伯崴殷蓋〉的次序「甬→輴→厄→轉」，和其他實例的次序差別

甚大，這可能是此器時代在西周中晚期之際，而這樣成套的車馬器在陳述上，尚未有固定次序。

4. 〈番生毀蓋〉在較前有「電軫」，電軫僅此一見。「衡」在「厄」前。

5. 〈牧毀〉「畫軸」在「啻斳」前，此為西周中期器，也可能是因為成套的車馬器在此時尚未有定型的陳述方式。

6. 〈吳方彝蓋〉「桼啇朱虢斳虎冟熏裏」在「桼較」前，此亦為西周中期器，成套車馬器尚未有定型的陳述方式。

由以上比對來看，在西周中期，車馬器的陳述次序較無固定的現象，但到了西周晚期次序僅有〈番生毀〉遣衡在右厄前，其他車馬器的陳述次序井然。

再探討完車馬器的次序之後，另一個要討論的重點是各別車馬器是否有特別的配對現象，本文對十一例賞賜多樣車馬器的銘文依賞賜器區別製作一表如下：

器名	師訇鼎	牧毀	吳方彝蓋	伯晨鼎	彔伯茲毀蓋	毛公鼎	番生毀蓋	三年師兌毀	師克盨	皇盨	四十三年逨鼎
車		金車	金車	駒車	金車	金車	車	金車	駒車	駒車	駒車
軫							電軫				
較		桼較	桼較	畫轝爻	桼虘較	桼緟較	桼緟較	桼較	桼較	桼較	桼較
啻斳		朱虢啻斳	桼啇朱虢斳		桼啇朱虢斳	朱䰛圅斳	朱圅啻斳	朱虢啻斳	朱虢啻斳	朱虢啻斳	朱虢啻斳
冟		虎冟熏裏	虎冟熏裏	虎幃冟衺里幽	虎冟窠裏	虎冟熏裏	虎冟熏裏	虎冟熏裏	虎冟熏裏	虎冟熏裏	虎冟熏裏
厄					金厄	右厄	右厄	右厄			
轉			畫轉		畫轉	畫轉	畫轉	畫轉	畫轉	畫轉	畫轉
軸		畫軸			畫軸	畫軸	畫軸	畫軸	畫軸	畫軸	畫軸
甬			金甬		金甬	金甬		金甬	金甬	金甬	金甬
錯衡						錯衡	遣衡				

踵						金踵	金童				
豪						金豪	金豪				
約[image]						約[image]					
金簟弻						金簟弻	金簟弻				
魚葡						魚葡	魚蒲				
馬匹		三匹	馬三匹		馬三匹	馬三匹		馬三匹	馬三匹	馬三匹	馬三匹
鋚勒	攸勒		鋚勒	攸勒	鋚勒	攸勒		攸勒	攸勒	鋚勒	攸勒
金韻						金韻					
金雁	大師金雁					金雁					
時代	B	B	B	BC	BC	C	C	C	C	C	C

由上面的表格不難發現賞賜車馬器的陳述時，會在前端先說明賜「車」、「金車」、「駒車」，接著才將各器一一陳述，而且不論是「車」、「金車」或是「駒車」，並不影響賞賜車馬器的品項。

就「較」來觀察，「奉屑較」的受賜者，同時受賜較完整的成組車馬器，在職嗣上也較高，另有受賜「奉畧較」的彔白致，此人稱其父為釐王，則應非周民族，他的身分也應該很高。

就「啇斷」來觀察，有兩例是「奉啇朱虢斷」（〈彔伯致殷蓋〉和〈吳方彝蓋〉），其他都是「朱虢啇斷」、「朱奇（蠶）啇斷」。兩件作「奉啇朱虢斷」的器，都在西周中期偏晚或在西周中晚期之交，可能這個時候啇斷的制度還未固定，且似不宜由身分來解釋，因為彔伯致的身分不會低於師克和師兌，吳的身分又不會高於毛公和番生。

就「宦」來觀察，只有〈伯晨鼎〉與眾不同，而他所受賜的「較」也與眾有別，很可能是時代上的問題，西周中期制度仍在建立中。

就「厄」來觀察，金厄和右厄應無別，西周晚期都稱右厄。

西周晚期車馬器賞賜有固定的成套現象，最常見的賞賜是「奉較、朱虢啇斷、虎宦熏裏、畫轉、畫輻、金甬、馬三匹、鋚勒」。

三、賞賜物的時代分期

　　賞賜制度自西周早期就已存在，這是無疑的，由傳世文獻的記錄《詩・魯頌・閟宮》一詩中「王曰『叔父，建爾元子，俾侯于魯。大啓爾宇，爲周室輔。』」、「乃命魯公，俾侯于東，錫之山川，土田附庸。」是提到周初分封周公子伯禽於魯之事，如這樣的分封，在《左氏・定公四年・傳》記錄子魚的話，對於周初的幾個重要國家的冊命分封有清楚的說明：

　　　昔武王克商，成王定之，選建明德，以藩屏周。故周公相王室，以尹天下，於周爲睦。分魯公以大路、大旂，夏后氏之璜，封父之繁弱，殷民六族：條氏、徐氏、蕭氏、索氏、長勺氏、尾勺氏，使帥其宗氏，輯其分族，將其類醜，以法則周公，用即命于周，是使之職事于魯，以昭周公之明德，分之土田陪敦、祝、宗、卜、史，備物、典策、官司、彝器，因商奄之民，命以〈伯禽〉，而封於少皞之虛。分康叔以大路、少帛、綪茷、旃旌、大呂，殷民七族：陶氏、施氏、繁氏、錡氏、樊氏、饑氏、終葵氏；封畛土略，自武父以南，及圃田之北竟，取於有閻之土，以共王職。取於相土之東都，以會王之東蒐。聃季受土，陶叔授民，命以〈康誥〉，而封於殷虛，皆啓以商政，疆以周索。分唐叔以大路、密須之鼓、闕鞏、沽洗，懷姓九宗，職官五正。命以〈唐誥〉，而封於夏虛，啓以夏政，疆以戎索。三者皆叔也，而有令德，故昭之以分物。」

當時冊命的命書，今可見者甚少，銘文中對西周早期冊命的記錄也很有限，因此在冊命制度的探討上，實受限於資料。

　　冊命依土地分封的有無可分爲兩大類，《左氏・定公四年・傳》所載子魚的話，是屬於分封的冊命，銘文中〈太保罍〉N199001〈太保盉〉N199002「厌于匽䧞羌馬叡雩馭微克🀄匽入土眔氒嗣」是封侯的實例，分封自有賜土授民，如〈中方鼎〉02785 中賜「裛人」「裛土」，〈趞卣〉05402〈趞尊〉05992 記錄了周王賜趞采邑趞，〈靜方鼎〉N199804 記錄周王賜靜采邑霫，都是賜土的例子，太保諸器所載的是封爲諸侯國，是大土地的分封，〈中方鼎〉、〈趞卣〉、〈靜方鼎〉是屬於小采邑的分封，數量雖然不多，是已足以反應出西周的冊命賞賜情況，當然冊命除了賜土授民之外，自不免有授職（如〈矢令方尊〉06016「王令周公子明俔尹三事三方、受卿事寮」）與賜物（如〈大盂鼎〉02837「鬯一卣；冂、衣、市、舃；車馬」），足見西周早期就有完整的的冊

命賞賜制度，只是銘文中所見賞賜物的描述沒有中期和晚期詳細，例如上文提到的〈大盂鼎〉、〈麥方尊〉、〈靜方鼎〉三器提到賞賜物「衣」、「市」、「舄」，都只標舉通名，未說明是何種衣、何類市、何色的舄。

不過，制度是一直不斷的發展與改變，中期以後賞賜土地及臣隸的現象比早期必然少了很多，因為西周的領土大致固定，於是服飾車馬成為重要的賞賜物，而在服飾上更重視等級細分（當然西周早期就應有所區分），就銅器銘文中所見的現象來說，西周中期開始對賞賜的衣，加上說明：玄袞衣、玄衣、㦱衣，開始對市加以說明：赤市、赤⊗市、幽市等，對於舄也加註顏色——赤舄。

本文觀察到冊命制度由早期到中期的變化是在名目的增加，由對銅器銘文冊命賞賜物的分期，便可一目了然：

賞賜物		西周早期	西周中期	西周晚期
服飾	冂	冂		
	衣	衣		
			玄袞衣	玄袞衣
			玄袞䞓屯	
			玄衣黹屯	玄衣黹屯
			玄衣㡱屯	
			玄衣朱褻袣	
			㦱衣	㦱衣
	市	市	市	市
				朱市
			赤市	赤市
			赤⊗市	赤⊗市
			⊗市	
			載市	載市
			幽夫	
			虢敄	
				叔市
				銖市
	黃			悤黃

		朱黃 朱黃中緟 冋黃 緐黃 幽黃	參冋莽悤 朱黃 冋黃 冋襾黃 素黃 幽黃 五黃 金黃
	牙僰		牙僰	牙僰
	舄	舄	赤舄	赤舄
	其他		裘 虎裘 奉親 敄（般）斷 畫袋	虎裘 豹裘 奉朱帶 麗肇
車馬	車	車 王乘車馬	 金車 駒車	車 金車 駒車
	較		奉롬較 畫 韗攵 奉較	 奉緟較 奉較
	圅斷		朱虢圅斷 奉圅朱虢斷	朱虢圅斷 朱虇圅斷
	冟		虎冟熏裏	虎冟熏裏

		虎冟寒裏 虎幃冟衰里幽	
厄		金厄	
			右厄
轉		畫轉	畫轉
轄		畫轄	畫轄
金甬		金甬	金甬
勒		勒	
	金勒	金勒	
		攸勒	攸勒
馬	馬	馬	馬 馬乘
其他			電軫 錯衡 金踵 金豪 約[image] 金簞弼〔註124〕 賢弼〔註125〕 魚葡 金鑾 狐〔註126〕 金雁
	大師金雁		
鑾旂	旂	旂 縊 縊旂 縊巿八	旂 縊 縊旂

〔註124〕金簞弼在上一章考釋時同意唐蘭先生說爲弓形器，本當爲輔弓之器，但常與車馬器相隨而賜，是器該附於車上。

〔註125〕賢弼，陳佩芬女士疑賢與簞音近相通，依《玉篇》弼爲弼字古文，故此器和金簞弼同類。參陳佩芬：〈釋燮戒鼎〉，《第三屆國際中國古文字學研討會論文集》（香港：香港中文大學中國文化研究所、中國語言及文學系，1997 年 10 月），頁 318。吳振武：〈燮戒鼎補釋〉，《史學集刊》1998：1，頁 4。

〔註126〕狐即貔，同上註。

			鸞旂五日 旂三日 鈴	鸞旂五日 旂五日 鸞旆 朱旂櫅金芳二鈴 朱旂二鈴 朱旂
兵器	弓矢	彤弓彤 旅弓旅矢	彤弓彤 旅弓旅矢	
	戈	玄周戈	戈畫戚厚必彤沙 戈瑂戚彤沙厚必 戈瑂戚 ![char]戈	戈瑂戚厚必彤沙 戈彤沙瑂戚 戈瑂戚彤沙 戈彤屖
	其他		皋胄	冊 素鉞 帗戒
祭玉器		瓚 瓚一卣 盠瓚一卣 商㻌一	瓚瓚一卣 宗彝一膚 㻌章	瓚瓚一卣 ![char]圭㻌寶 圭㻌 玉環 玉璪

				轡鞍
貝金	貝	貝	〔註127〕	
	金			金
			赤金鈞	取償卅守 取償廿守
			取償五守	取償五守
其他 （此例僅供參考）	土		田	田
	宅邑			
	采			
	邦嗣			
	夷嗣王臣			
				尸臣 夷允
				臣妾
	者圳臣			
	駿			
	王人			
	庶人			
	人			人
	人鬲			
	鬲			
	盧			
			僕 大則 牛	
				鐘 磬

〔註127〕西周中期和晚期冊命賞賜銘文中無賜貝者，在非冊命賞賜銘文中有賜貝情形。

由以上的表格可以看出幾點（就 2003 年底所見情況）：

1. 西周早期冊命賞賜著重封土及臣隸，而西周中期與晚期重視服飾和車馬。

2. 「冂」只見載於西周早期冊命銘文，於西周中期和晚期冊命銘文中皆未提及。

3. 就服飾來看，西周中期開始註明類別，衣的部分在「玄衣」上有不同的類型，在西周晚期則僅「玄衣黹屯」一類，西周中期的玄衮衣尚有加註「緟屯」者，而西周晚期則未見此現象。

4. 就市而言，西周中期和晚期都有不少樣式，西周晚期見到的朱市與叔市目前未見於西周中期，而西周中期的幽市目前未見於西周晚期。

5. 目前所見的狀況是西周晚期的黃有較多的類別，可能是西周晚期黃的身分識別作用增加。（當然也可能是銅器出土的情況未完整）。

6. 西周的車馬器（尤其車器）在冊命賞賜銘文中有更多的記載，細目增加不少，這可能是車馬器在身分的識別功能受到重視有關。

7. 自中期始，銘文中開始提到「戈畫戚厚必彤沙」的賞賜，戈成為身分的象徵之一。

8. 西周早期較重視貝。

9. 西周晚期對於旂的陳述多了「朱旂」並對加「鈴」更為重視。

10. 西周中期以後在冊命賞賜時開始提到「取瀆」，而西周晚期提到取瀆的銘文明顯地增加。

至於在這些賞賜物的成組現象，在上文中提到「西周晚期的常見衣與市黃的成套型式為『玄衣黹屯＋赤市朱黃』，而在西周中期時『玄衣黹屯』尚未有明顯的成套配對現象。」、「西周中期在衣市黃的配套上較無固定的型式」、「西周晚期賜市黃以赤市朱黃、赤市幽黃、載市朱黃最為常見。」、「赤⊗市僅與玄衣和戠衣相配，西周中期如此，西周晚期亦然。」、「賞賜赤⊗市的西周中期和晚期冊命銘文，都不賜黃。」、「朱市和悤黃成組僅見於西周晚期」、「西周中晚期之際成套的車馬器在陳述上，尚未成型。」、「兩件作『奉商朱虢鞃』的器，都在西周中期偏晚或在西周中晚期之交，可能這個時候商鞃的制度還未固定。」

可以說西周早期所見的冊命賞賜服飾是「冂衣市舄」，而西周中期到晚期則為「衣市黃」，黃的重要性明顯地增加，西周中期衣市的變化多，而西周晚

期市和黃的變化多，這也符合身分於服飾辨識以衣爲主，後來則由市和黃來做等級的區別。至於冊命賞賜車馬器，則在西周晚期有清楚地成套與陳述次序，車馬器雖在西周早期已見賞賜，但自中期始，作爲身分標識作用加強了，不再只是賜勒而已，西周晚期車馬器的重要性又比中期更爲增強。

西周中期，大分封的時代過去了，雖然分封仍持續著，但周王能掌握的土地資源受到限制，冊命多爲畿內貴族，而所賜以服飾、車馬、鑾旂、兵器來顯示不同等級的身分，冊命賞賜制度也因時期的不同，而有不同的內涵。

第三節　賞賜物的等級

賞賜物的研究繼考釋的探索之後，自然要面對使用者的問題，這些器物是在禮的活動中展現的，因爲使用的人有不同的身分，這些器物就隨著不斷被使用而賦予了人文化的等級意識。在古代社會人的身分是在等級中被規範出尊卑高下，器物的質材、樣式、精細、顏色，都能成爲身分的象徵，而與人相映的賞賜物，是了解西周禮制中身分等級的一個入口。

禮的重要作用之一是「分別、等第」的概念與落實，尤其在儒家有關的思想著作或禮書，都重視這樣的觀念，《荀子》一書，是先秦儒學的重要典籍，荀卿以禮受尊於當世，《荀子》這部典籍是荀卿學派的代表作，此書對禮的「分別、等第」的作用非常重視：

- 〈禮論〉：「君子既得其養，又好其別。曷謂別？曰：貴賤有等，長幼有差，貧富輕重皆有稱者也。」
- 〈禮論〉：「禮起於何也？曰：人生而有欲，欲而不得，則不能無求。求而無度量分界，則不能不爭；爭則亂，亂則窮。先王惡其亂也，故制禮義以分之，以養人之欲，給人之求。使欲必不窮於物，物必不屈於欲。兩者相持而長，是禮之所起也。」
- 〈樂論〉：「樂合同，禮別異。」
- 〈王制〉：「故制禮義以分之，使有貧富貴賤之等，足以相兼臨者，是養天下之本也。」
- 〈富國〉：「禮者，貴賤有等，長幼有差，貧富輕重皆有稱者也。故天子袾裷衣冕，諸侯玄裷衣冕，大夫裨冕，士皮弁服。」
- 〈富國〉：「人之生不能無群，群而無分則爭，爭則亂，亂則窮矣。」

分別、等第就落實在身分和器物的等級制度，藉著層層分級，將貴族身分一再細分，就算是臣隸也有不同的層級：

> ●《左氏‧昭公七年‧傳》：無宇辭曰：「天子經略，諸侯正封，古之制也。封略之內，何非君土？食土之毛，誰非君臣？故《詩》曰：『普天之下，莫非王土。率土之濱，莫非王臣。』」天有十日，人有十等，下所以事上，上所以共神也。故王臣公，公臣大夫，大夫臣士，士臣皁，皁臣輿，輿臣隸，隸臣僚，僚臣僕，僕臣臺。馬有圉，牛有牧，以待百事。……」

> ●《禮記‧王制》：王者之制祿爵：公、侯、伯、子、男，凡五等。諸侯之上大夫卿、下大夫、上士、中士、下士，凡五等。

隨著身分的不同，器物的代表性也有不同的意涵，《左氏‧成公二年‧傳》提到春秋時衛國的一件請「曲縣」和「繁纓」，而與身分不合的例子：

> 新築人仲叔于奚救孫桓子，桓子是以免。既，衛人賞之以邑，辭，請曲縣、繁纓以朝，許之。仲尼聞之，曰：「惜也！不如多與之邑。唯器與名，不可以假人，君之所司也。名以出信，信以守器，器以藏禮，禮以行義，義以生利，利以平民，政之大節也。若以假人，與人政也。政亡，則國家從之，弗可止也已。」

這件事，關係到兩件賞賜物「曲縣」和「繁纓」，杜預注：「軒縣也。《周禮》：天子樂，宮縣四面；諸侯軒縣，闕南方。繁纓，馬飾。皆諸侯之服。」新築人仲叔的身分是不得有「曲縣」和「繁纓以朝」的等級，《左傳》引孔子的言論，闡明器物禮制和身分關係的重要性，孔穎達正義論述：

> 此名號車服，是君之所主也。名位不愆，則爲下民所信，此名所以出信也。動不失信，然後車服可保，此信所以守車服之器也。禮明尊卑之別，車服以表尊卑，車服之器，其中所以藏禮。言禮藏於車服之中也。

這是那個時代的禮制思想，也是政治制度的精神。再證以《周禮》中有關器物等級與身分的關係，可以看出兩周時對器物賦予象徵的準則：

> 《周禮‧春官‧典命》：典命掌諸侯之五儀、諸臣之五等之命。上公九命爲伯，其國家、宮室、車旗、衣服、禮儀，皆以九爲節；侯伯七命，其國家、宮室、車旗、衣服、禮儀，皆以七爲節；子男五命，其國家、宮室、車旗、衣服、禮儀，皆以五爲節。王之三公八

命，其卿六命，其大夫四命。及其出封，皆加一等。其國家、宮室、車旗、衣服、禮儀亦如之。凡諸侯之適子誓於天子，攝其君，則下其君之禮一等；未誓，則以皮帛繼子男。公之孤四命，以皮帛眂小國之君，其卿三命，其大夫再命，其士一命，其宮室、車旗、衣服、禮儀，各眂其命之數。侯伯之卿大夫士亦如之。子男之卿再命，其大夫壹命，其士不命，其宮室、車旗、衣服、禮儀，各眂其命之數。

凡是探討西周冊命賞賜的學者，必然不能忽略到賞賜物的等級問題，陳夢家、黃然偉、陳漢平、楊寬四位學者都有各層面的論述發表，意見具體，在此先將他們的說法整理如下：

（一）陳夢家先生的意見

陳夢家先生主要是對市的制度加以探求，其文如下：

在《玉藻》內存在兩種市制，一是不同身分的韠制，一是三命之韍，大概來自兩種來源。關于前者，雖係西周以後很晚的記述，但其市色所代表的尊卑有參考的價值，可以歸納如下：

	天子	諸侯	大夫	士
《玉藻》	朱韠		素韠	爵韋
《說文》	朱市	赤市	蔥衡	韎韐
《白虎通》	朱紱	赤紱	蔥衡	韎韐

由此可知市色四等約爲（1）韎、爵，（2）素（蔥衡），（3）赤，（4）朱。《玉藻》「縕韍」注云「縕，赤黃之間色，所謂韎也」，韎韐相當于一命縕韍。《士冠禮》「爵弁服」鄭注云「其色赤而微黑如爵頭然，或謂之緅」《考工記》鍾氏「五入爲緅，七入爲緇」鄭注云「緅，今禮俗文作爵，言如爵頭色」，《說文》曰「纔，帛爵頭色。」爵與緇乃淺黑與深黑之別。素是白色。《爾雅·釋器》曰「三染謂之纁」，注云「纁，絳也」，《說文》曰「絳，大赤也」，《詩·七月》傳曰「朱，深纁也」，可知赤與朱乃淺紅與深紅之別。

所謂三命之韍實際上只有兩色韍和兩色衡，赤韍高于縕韍而蔥衡高于幽衡。西周金文中師瘨三次受命服，一命再命（一個王所命）見于輔師瘨段，三命（另一個王所命）見于師瘨段。

三命是：

（1）一命 戴市素黃（《玉藻》作緇韍幽衡），輔師嫠段「戈易女……」

（2）再命 赤市朱黃（《玉藻》作赤韍幽衡），輔師嫠段「今余曾乃令」。

（3）三命 叔市金黃（《玉藻》作赤韍蔥衡）。師嫠段「才昔先王……既令女……今余隹緟就乃令。」

由此知韍色的次第是戴（即緇）、赤、叔，衡色的次第是素、朱、金。〔註128〕

凡同一人先後受不同的命服，其服色似有等級性的差別。並不能因此以爲每一新命，必更錫市黃，在某些例子上再命、三命時並無市黃之賜。關於市和黃的配合，西周金文所見不同「市」色所附不同的「黃」色如下：

戴市 回黃（五見），素黃（一見）

赤市 朱黃（九見），幽黃（五見），回黃（二見），五黃（一見）

叔市 朱黃（一見）

朱市 悤黃（二見）

赤予市 沒有黃（九見）

可見它們之間還有一些關係，但不是完全固定不變的。其中「赤市幽黃」同于《玉藻》的「再命赤韍幽衡」，「朱市悤衡」同于《詩·采芑》〔註129〕的「服其命服，朱芾斯皇，有瑲蔥珩」。它們和《儀禮》的「緇帶素韠」「緇帶爵韠」「緇帶靺韐」的配合關係，無一相同，由于後者乃較晚的追述。

金文中命官與命服往往并提，所以官職的高下也可以表現于服色的尊卑。毛公鼎和番生段的「朱市悤〔註130〕黃」應該高一級的。毛公鼎「緟先王命，命女亟一方」，官職很高，而番生職「嗣公族卿事大史寮」與毛公相仿。「朱市悤黃」的品位似與「叔市」相當。

〔註128〕陳夢家：〈西周銅器斷代、虢國考、賞賜篇〉，《燕京學報》新一期（1995年），頁274～275。

〔註129〕原文作芭，誤，引用時改正。

〔註130〕原文作忽，誤，引用時改正，其文之另一個「朱市忽黃」亦改爲「朱市悤黃」。

在這裡，陳先生提出幾個重要的看法：「三命之韍實際上只有兩色韍和兩色衡，赤韍高于縕韍而蔥衡高于幽衡」，陳先生由傳世文獻得到的結果，對照銅器銘文是相符。又說「韍色的次第是載（即縕）、赤、叔，衡色的次第是素、朱、金。」、「凡同一人先後受不同的命服，其服色似有等級性的差別。並不能因此以爲每一新命，必更錫巿黃，在某些例子上再命、三命時並無巿黃之賜」這個說法是一個重要的原則，在判斷多數冊命賞賜銘文中，賞賜多寡不一的情況，很有助益。陳夢家雖僅就巿黃立說，但對於賞賜物之等級的研究，實有不可輕忽的地位。

（二）黃然偉先生的意見

黃然偉先生對西周冊命賜物數量和身分的看法是無固定的規定：

> 據銘文所示，西周之冊命賞賜，賞賜物數量之多寡，與官階之高低及官員之職司，並無嚴格之規定；同一官階所得之賞錫，其質與量並不盡相同。〔註 132〕

> 西周冊命之賞賜，確無一固定賞賜數量之規定，蓋視王一時之喜好及其所有而定之。〔註 133〕

但對於賞賜物與身分的關係，仍不否認有一定的關聯：

> 王冊命時所賜之器物，爲官方之信物，如鑾旗即爲其一，至於衣服及車馬或車馬飾，則表示受賜者爲王之行政官長，故有其官服及儀仗。至於非冊命之一般賞賜，因與國家行政無關，其賞賜乃屬私人喜好之行爲，故其賞賜之物不包括旗幟、官服及車馬等。〔註 134〕

> 西周時各官階之命服，當因其職守之異，位之高低而有不同，今所見有限之銘文，尚難判其差別。〔註 135〕

事實上非冊命賞賜亦有錫車馬的例子，如〈克鐘〉00204-208、〈公貿鼎〉02719、〈保員殷〉N199101；錫官服的例子，如〈變殷〉04046（在巿，即鈦巿）、〈敔

〔註 131〕陳夢家：〈西周銅器斷代、虢國考、賞賜篇〉，頁 276。

〔註 132〕黃然偉：《殷周青銅器賞賜銘文研究》（香港：龍門書店有限公司，1978 年 9 月），頁 157。

〔註 133〕同上註，頁 158。

〔註 134〕同上註，頁 160。

〔註 135〕同上註，頁 172。

段〉04166（玄衣赤⬛）、〈叔矢方鼎〉N200101（宁衣）。

（三）陳漢平先生的意見

陳漢平先生對於冊命制度有較全面的研究，他對冊命賞賜物和受賜者的身分關係認為有很高的關聯性：

> 金文所見冊命輿服或有世襲制度，一定職官爵位規定賜予一定輿服，世襲祖考舊官爵者，仍賜予祖考舊官爵之輿服。〔註136〕
>
> 旂旗中之「旂四日」、「旂五日」、「緣旂五日」，即旂旗上圖繪有日形，或繪四日，或繪五日，以表示不同身份或等級……古書說為天子專用，而西周金文所見不必為天子專用，所見三例圖繪日形之旂旗與琱戈同賜，受賜者官職為師（或師氏），知此物為某種職官之特殊徽幟，或為天子寵禮有加之特賜。〔註137〕
>
> 官職之正副不同，輿服賜物亦不相同。官職一旦提升，輿服賜物隨之增加，可見官職、爵位、輿服之間有互相對應之尊卑等級關係。〔註138〕
>
> 官職之高低與爵位之尊卑乃平行之兩事，職官不同者爵位可相同，爵位尊卑與輿服等級高低有對應關係。〔註139〕
>
> 一定官職、一定爵位，有一定輿服之賜予。〔註140〕
>
> 冊命武職之師多賜有琱戈，而此物于文職官員賜物中俱未之見。琱戈之賜或建于兵車之上，乃兵器與身份、權力象徵合而為一之賜物。〔註141〕
>
> 金車與駒車當有所不同，金車似較駒車制度為高。又輔師嫠𣪘初命賜物有緣旃（旌？），再命賜物有旂五日，可見旂較旃（旌？）制度為高。〔註142〕

〔註136〕陳漢平：《西周冊命制度研究》（上海：學林出版社，1986年12月），頁277〜278。
〔註137〕同上註，頁278〜279。
〔註138〕同上註，頁280。
〔註139〕同上註，頁283。
〔註140〕同上註，頁283。
〔註141〕同上註，頁283。
〔註142〕同上註，頁285。

冊命金文賜物之赤⊗市、⊗市即文獻中之韐。《說文》:「韐，士無市有韐，制如榼，缺四角，爵弁服，其色韎，賤不得與裳同。」知其當為士所服，形制與市略有不同，而較市卑賤。〔註 143〕

這些意見有些是關於整個冊命賞賜物的通例，有的是個別賞賜物的條例，如「旂高於旜」、「赤⊗市、⊗市卑於市」。赤⊗市和⊗市是市的一種，陳先生因將⊗釋為韐，再與文獻的記載結合，認為⊗市是士的服，這是可議的，由銘文中受賜赤⊗市和⊗市的職嗣來看，決非士的身分。

陳漢平先生採取信任文獻的態度，這有助於他建立起賞賜物的等級系統，對於服色，他列出規律來，本文列表以呈現他的看法：(頁數為《西周冊命制度研究》一書的頁數)

由文獻分析的成果：

服類	文獻出處	顏　色　等　級	頁數
市	說文	朱——赤——韎（縓、緼）	289
韠	禮記玉藻	朱——素——爵（載、緅）	289
韍	禮記玉藻	赤——緼（縓、韎）	289
衡	禮記玉藻	蔥——幽	289
裳	儀禮士冠禮	玄——黃——雜（前玄後黃）	290
冠	禮記玉藻	朱——丹	290

對於赤與黑的色系，得出一個由尊而卑的次序：

赤染	朱——纁——赬——縓（緼、韎）	290
黑染	緇——玄——緅（爵、載）	290

對於金文內容，也得出一個尊而卑的次序

服類	根據銘文	顏　色　等　級	頁數
市	輔師嫠毀、師嫠毀	叔（？）——赤——載	291
黃	輔師嫠毀、師嫠毀	金——赤——素	291
市	免毀、免簠、免尊	載——赤⊗	291
黃	智壺	赤——幽	291
衣	冊命金文	玄——戠——戠玄	292

〔註 143〕同上註，頁 285～286。

| 巿 | 冊命金文 | 虢──戴──赤⊘ | 293 |
| 舄 | 冊命金文 | 赤──白──黑 | 293 |

對於車襡（即冑）得到的結論是：

	根據銘文	顏色等級	頁數
襡	彔伯威毁、白晨鼎	幽（？）──朱──熏	292

最後，將文獻與金文得到的意見結合：（其書頁 293）：

冠	朱──丹
衣	玄──戠（黃）──戠玄（雜、玄黃）
巿	朱─赤─叔？（素）─虢─戴（緹、爵）─赤⊘（線、縕、絑）
黃	悤（蔥）－五？－金－朱－幽？（黝）－素－同（絅、纁、緂、緂、綮、穎）
舄	赤──白──黑
襡	幽？──赤──熏

他將傳世文獻和金文的兩個系統結合，提出顏色的等級，用功甚深，足供參考。對於賞賜物和爵位職嗣的關係，陳漢平先生提出研究成果有以下數項：

> 毛公鼎與番生毁二器受賜輿服爲冊命金文最高一級，而毛公受賜又略高于番生……兩人爵位當大致相等，或毛公高于番生半格，或番生爵位在孤一級，或天子冊命毛公寵禮有加，或二器賜不同時故賜物微異，然可知毛公與番生兩人賜物與爵位大致相當。
> 〔註 144〕
> 彔伯威所受賜物同于王室之卿。白晨身爲郥侯，按五等爵位侯高于伯，而金文所見五等爵位每無定稱，又郥國或較彔國爲小，準大國、次國、小國等級之差例，郥侯白晨爵位等級可與彔伯威相當，故其賜物亦同于王室之卿。〔註 145〕
> 冊命金文單賜⊘巿或赤⊘巿者，其爵位當在下士。〔註 146〕
> 戠玄衣或即《儀禮・士冠禮》之「雜裳」。鄭注：「下士雜裳，雜裳者前玄後黃。」故疑戠位在下士。〔註 147〕

〔註 144〕同上註，頁 295。
〔註 145〕同上註，頁 297。
〔註 146〕同上註，頁 297。
〔註 147〕同上註，頁 297。

卲䎐𣪘、豆閉𣪘以戠衣與赤市或市同賜，而戠衣疑即《儀禮·
士冠禮》之「黃裳」。鄭注：「中士黃裳。」故疑卲䎐、豆閉位在中
士之列。〔註148〕

南季鼎以赤市與玄衣黹屯同賜，此玄衣黹屯疑與《儀禮·士冠禮》
之玄裳相同，鄭注：「上士玄裳。」故疑南季位在上士之列。〔註149〕

趩爵命服之戠衣、載市略當于文獻之「黃裳」、「爵韠」，另有同黃之
賜，按《儀禮·士冠禮》鄭注，疑趩位在中士之位。〔註150〕

輔師𡊿𣪘初命賜「載市、素黃」，為士級命服。而增命賜「玄衣黹屯、
赤市、朱黃、旂五日、戈彤沙琱戜」，當進入大夫級，疑為下大夫。……
據弭伯師耤𣪘命服有「叔市」，又疑師𡊿之三命命服為中大夫一級。

〔註151〕

陳先生將金文中賞賜物及職嗣的記載與文獻（《周禮》、《儀禮》）聯繫，並以
此推出受賜人的爵位。能落實金文中人物的爵位，有助於西周冊命制度的探
索，但陳漢平先生的研究恐過於信任《周禮》，例如將受賜赤市者定為下士，
可能過於低估了。本文認為周王親臨的冊命禮，受賜者的身分在大夫以上，
士賤，是否由周王親自冊命，是值得懷疑的。

（四）楊寬先生的意見

楊寬先生在前人的研究基礎上，對命服提出了以下的意見：

西周王朝的「命服」，以「芾」和「珩」作為貴族等級的主要標志，
是按「芾」和「珩」的色彩作為等級區別的。「芾」以朱色為最貴，
「珩」以蔥色（即青色）為最貴。〔註152〕

西周王朝的「命服」以「朱芾蔥珩」作為最貴的等級，可能是中期
以後所作的規定。康王時製作的麥方尊，記載康王冊封邢侯，賞賜
了「冂」（冕）、「衣」、「市」、「舄」（履），沒有記及「市」的色彩。
同時大盂鼎記載賞賜執政大臣盂，同樣是「冂」、「衣」、「市」、「舄」。

〔註148〕同上註，頁 297～298。
〔註149〕同上註，頁 298。
〔註150〕同上註，頁 298。
〔註151〕同上註，頁 302～303。
〔註152〕楊寬：《西周史》，上海：上海人民出版社，1999 年 11 月。頁 476。

〔註153〕

> 赤芾是比朱芾次一等的芾。……「金舄」是指金色的履，是和「赤芾」相配的。〔註154〕

> 從西周銅器銘文（金文）所載冊命禮看來，周王賞賜臣屬的服飾，以「赤芾」最多，與「赤芾」相配的，以「朱黃」最多，「朱黃」一作「朱亢」，「黃」、「亢」聲近通假。其次爲「幽黃」、「囘黃」。「囘黃」一作「鑾黃」。〔註155〕

〈麥方尊〉、〈大盂鼎〉所授的市必有顏色，依文獻與銘文來推測，應是赤市，西周早期的銘文沒有記錄命服顏色的習慣。又楊先生認爲金舄和赤市相配，這一點還可研商，由銘文來看，和赤市相配的應是赤舄，金舄是特例（見於《詩經》），依禮書所載，禮舄最尊的是赤舄。

楊先生將命服分爲四級：

> 西周中期以後的「命服」制度有著下列等級：第一等是「朱芾蔥珩」，金文作「朱市悤黃」，是賞給公爵的執政大臣的；其次是「赤芾」，是賞給「卿」一級和諸侯的；赤⊙市是賞給「大夫」一級的；再其次是「載市囘黃」，即黑市和素黃（珩），是賞給「司工」、「司輔」、「官司邑人」的官吏的。凡是諸侯以及各級官吏要朝見天子，都是必須穿各級「命服」的。「命服」的等級是以各種不同色彩的「市」和「黃」來區別的。〔註156〕

楊先生對官制有自己的說法（見於《西周史》），他將「公爵」和「卿」分爲兩層，本論文認爲王之卿事即爲公爵。

下面對銘文中提到有關身分象徵的賞賜物依「服飾：衣、市、黃」、「車馬器」、「鑾旂」、「弓矢」等項進行分析：

一、服飾：「衣、市、黃」

服飾的身分標幟性在銘文賞賜器中是實例最多的，也是種類最龐雜的，有些賜服只有一例，或二例，很難討論實質的身分象徵，所以本文僅就能討

〔註153〕同上註，頁477。
〔註154〕同上註。
〔註155〕同上註。
〔註156〕同上註，頁479。

論到的討論。討論服飾而不將「舃」列入，原因是金文中見到的賜舃都只賜「赤舃」，而和赤舃配的賜衣，目前所見的只有玄袞衣，而其他的金文中的赤舃實例，尚有幾條都無賜衣記載，因此也就不能討論赤舃與和玄衣黹屯是否成組。和赤舃所配的市有「赤市、幽市、叔市」等，沒有聚焦，也難做探討。

又僅列服飾之通名（如〈大盂鼎〉）、殘泐不足以辨賞賜服飾之器（如〈走殷〉）不列入討論。

（1）衣的觀察

由賜玄袞衣的金文觀察，西周中期的受賜者有職嗣為「冢嗣土于成周八自」的曶（〈曶壺蓋〉09728）、「作冊、嗣旌采叔金」的吳（〈吳方彝蓋〉09898）、「師」的甗（〈師甗鼎〉「玄袞齲屯」02830），有爵位為「侯」的伯晨（〈伯晨鼎〉02816）。西周晚期的受賜者有「宰嗣王家、嗣百工出入姜氏令」的蔡（〈蔡殷〉04340）、「足（胥）燹兌氊嗣三方吳謺用宮御、官嗣曆人」的逨（〈四十三年逨鼎〉N200303-12），以上所列者之中曶、甗（另有賜大師金雁）、蔡三人的職位是較高的。

賜玄衣的情況，在金文中幾乎都是「玄衣黹屯」。只有西周中期兩例：〈致方鼎〉02789「玄衣朱褻袼」和〈虎殷蓋〉N199601「玄衣儇屯」是例外的。在西周中期賜玄衣者的官嗣較賜玄袞衣者為低，西周晚期的趞（〈趞鼎〉02815稱其父為釐白）和袤（〈袤鼎〉02819、〈袤盤〉10172 稱其父奠白）可能爵位不低，如果襲爵，則亦是伯，如果沒有襲爵，那麼身分可能是大夫。其他受賜玄衣黹屯的例子，受賜者的職嗣都比受賜玄袞衣者低，如走馬（〈走馬休盤〉10170）、嗣尸僕（〈害殷〉04258-260）、輔助嗣寇（〈庚季鼎〉02781）、師（〈師奎父鼎〉02813）、諸侯之師（〈弭伯師耤殷〉04257）等。

賜戠衣之類的金文中，〈戠殷〉是唯一賜戠玄衣的器，但此器為宋人傳世刻本，其四器都作戠衣，賜戠衣者職嗣多數為「嗣土」，如〈免簠〉04626、〈戠殷〉04255、〈卻智殷〉04197，另外〈豆閉殷〉作器人豆閉職嗣為「嗣爰龢邦君嗣馬弓矢」，這些職嗣都比受賜玄衣黹屯者為低，戠的職嗣「嗣土官嗣耤田、胥徒馬」，是輔助徒馬的官職。西周銅器銘文中職嗣是管理走馬者有〈三年師兌殷〉，輔助管理走馬的還有〈元年師兌殷〉04274-275、〈虎殷蓋〉N199601兩例。〈三年師兌殷〉和〈元年師兌殷〉的師兌是一人，在元年器中他是輔助師龢父管理走馬和五邑走馬的官嗣，賞賜物是「且市和五黃、赤舃」，且市是繼承先人之市，也就是襲先人之爵位，西周晚期另一件賜五黃的銘文是〈師

克盨〉04467-468、N199401，五黃可能和師的等級有關，三年師兌被周王再命爲「翍嗣走馬」，也就是正式管理走馬的官職，他由副官升爲正官，而有鑾旂和成套的車馬器，雖然未言其衣，不過大致可以推測至少是玄衣黹屯，〈走馬休盤〉的作器人休受賜玄衣黹屯、〈虎毀蓋〉的作器人虎是輔助師戲管理走馬駿人和五邑走馬駿人，他受賜玄衣臒屯，可見玄衣比戠衣的等級高。這些器可以列表如下：

等級	衣服	職　嗣	根據銅器銘文
一		管理走馬	三年師兌毀
二	玄衣	輔助管理走馬	虎毀蓋（臒屯）、元年師兌毀
三	玄衣	走馬	走馬休（黹屯）
四	戠玄衣	輔助走馬	戠毀

嗣土這類職官的命服的等級是戠衣，而身爲嗣土之長的冢嗣土則是玄袞衣（〈智壺蓋〉）。

由以上的討論可以得出，不論是西周中期或晚期，衣之尊卑次序爲：

　　玄袞衣→玄衣→戠衣。

（2）市與黃的觀察

西周中期和晚期，與赤市相配的除了一例是「玄袞衣」外，其他都是「玄衣」；和赤㐫市相配的除了一例是「玄衣」外，其他都是「戠衣」；和載市相配的只有一例是「戠衣」，其他是玄衣。如果這樣推測，則尊卑次序宜是：

　　赤市→載市→赤㐫市（㐫市）

幽市僅一見，配玄袞衣；叔市有一例配玄衣，師嫠再命時受賜赤市，三命時受賜叔市。如果將幽市和叔市也考慮的話，次序是

　　赤市、幽市、叔市→載市→赤㐫市（㐫市）

不過，分西周中期和晚期來比較：載市和赤㐫市（㐫市），可得一表如下：

	中　　期	晚　　期
載　市	●嗣工〈免卣〉 ●師〈師奎父鼎〉（玄衣黹屯） ●足師戲嗣走馬駿人罘五邑走馬駿人〈虎毀蓋〉 ●啻官嗣邑人先虎臣後庸西門尸秦尸京	●嗣五邑佃人事〈柞鐘〉 ●嗣輔〈輔師嫠毀〉

	尸彙尸師等側新□零尸鼻身尸歔人成周走亞戌秦人降人服尸〈訇段〉	
赤⊙市	●嗣卜事〈召鼎〉 ●足周師嗣歔〈免段〉 ●死嗣畢王家〈望段〉 ●又右俗父嗣寇〈庚季段〉(玄衣黹屯) ●嗣㚸幹邦君嗣馬弓矢〈豆閉段〉	●乍嗣工官嗣量田甸罕嗣応罕嗣剭罕嗣寇罕嗣工司〈揚段〉 ●嗣荸鄙官內師舟〈楚段〉 ●乍嗣土官嗣耤田、胥徒馬〈戠段〉(戠玄衣) ●嗣土〈卻詈段〉(戠衣)

會發現西周中期受賜載市者，官嗣比受賜赤⊙市者高，但西周晚期受賜赤⊙市者，官嗣反而比受賜載市者高。這有兩種可能，一是因為目前所見實例仍少，所以只見一隅，第二種可能就是西周晚期在市的制度上有了變化。

又朱市二例，見於〈毛公鼎〉和〈番生段蓋〉，職嗣最高，故知朱市為市中最尊者。

依上面的推測對於市的尊卑，可以得到以下的推論：

西周中期：（朱市）→赤市、幽市→載市→赤⊙市（⊙市）

西周晚期：朱市→赤市、幽市→赤⊙市（⊙市）→載市

（3）黃的觀察

黃的種類於服飾之中樣式最多，有些樣式例子甚少，所以就目前所見而言，恩黃見於〈毛公鼎〉和〈番生段蓋〉，知恩黃等級最高。

金文中有關幽黃的實例，僅一例和載市配，一例為單獨賞賜，其他都和赤市配，受賜幽黃者，西周中期〈盠方尊〉06013「嗣六自王行參有嗣＝土嗣馬嗣工、氂嗣六自罕八自執」、〈召壺蓋〉09728「乍冢嗣土于成周八自」，可見盠和召的職嗣甚高，其他西周中期的如〈趞段〉04266「廏自冢嗣馬啻官僕射士訊」、〈宰獸段〉N199802「氂嗣康宮王家臣妾夏葦外入」、〈呂服余盤〉10169「嗣六自服」、〈虎段蓋〉N199601「足師戲嗣走馬馭人罕五邑走馬馭人」這些職嗣也都不算低，因此可以定西周中期賜幽黃者地位甚高。

朱黃亦多與赤市配，和幽黃的情況相當，西周中期賜朱黃者，〈殷段〉N198601-02「召嗣司東啚五邑」、〈走馬休盤〉10170「走馬」、〈即段〉04250「嗣琱宮人虢旛」，和同時期賜幽黃者相較，職嗣可能較低，然亦有特別的：〈師虤鼎〉02830，此器師虤得賜玄袞齰屯及大師金雁，由銘文來看，知甚受白大師推薦，周王器重，他的職級可能還未到大師，但在西周職官中已很高的層級，應不會比受賜幽黃的盠和召低。

　　西周中期受賜朱黃的有鄭伯之子睘（〈睘鼎〉02819）、釐伯之子趩（〈趩鼎〉02815）、伊伯子頛（〈師頛段〉04312），三人都是伯之子而受周王冊命者，而師頛又具有師的身分，同樣有師的身分的還有師幹（〈師幹段蓋〉04277），以上是爵位或職嗣較高的。西周中期受賜幽黃者，例子甚少：〈南宮柳鼎〉02805「嗣六自牧陽大□嗣羲夷陽佃史」、〈伊段〉04287「觀官嗣康宮王臣妾百工」、〈逨盤〉N200313「足燹兌觀嗣三方吳薈用宮御」三例，幽黃和朱黃就受賜者職嗣來看，很難確說孰尊孰卑，這可能是因為西周中晚期市象徵身分的尊卑作用大於黃，也就是說黃是輔助性的。

　　受賜同黃的多數和載市配，雖然仍有受賜玄衣黹屯的師夅父（〈師夅父鼎〉02813）和訇（〈訇段〉04321），但可能同黃是低於朱黃和幽黃的。

　　〈輔師嫠段〉04286是很難得的一件器銘，銘文中輔師嫠初命時受賜的是「載市素黃」，增命後是「赤市朱黃」，可見朱黃層級高於素黃，而素黃和同黃是一類的（參本章第一節考釋），所以朱黃尊於同黃。

　　由以上的討論，我們可以得到一個序列：

　　　　悤黃→幽黃、朱黃→同黃、素黃

但仍須強調的是：黃在服飾的身分等級判定上是屬於輔助性的，沒有衣和市來的具體，所以這樣的序列還是假設的。

（4）服飾的等級

　　在上面的成果基礎上，對於西周服飾的等級可以有一個序列：〔（）內為推測〕

衣	市	黃	出現時代
（玄袞衣）	朱　市	悤　黃	C
玄袞衣	幽　市		B（封侯）
玄袞衣	赤　市	幽　黃	B（王官）
玄袞䋚屯	赤　市	朱　黃	B
玄衣黹屯	赤　市	朱　黃	BC
玄衣黹屯	載　市	同　黃	BC
戠　衣	赤⊗市		C
戠　衣	載　市	同　黃	C

　　在此有兩點要說明：

　　一、以上賜服對象是諸侯、大夫層級，士的可能性很低。

二、由服飾來斷定身分層級仍有其限制，同賜物中車馬、鑾旂都會影響
受賜者身分的認定，而身分除了職嗣之外，還有爵位，在賞賜銘文中，
多數是看不出受賜者的爵位，所以上文所列表僅就服飾考察而做，和
西周冊命實際狀況容有出入，仍待更多實例驗證。

二、車馬器

冊命所賜的車馬器，以鑾勒的例子最多，但在身分的比對上，反而識別
性有限。在所有賞賜鑾勒的資料中，有一例是比較特別的——鈴鑾，見於〈班
殷〉04341，班的爵位是公（本來是伯，接續虢藏公服，升爲公爵），關於「鈴
鑾」，李學勤先生以爲「大約是一種表示身分的馬勒，有似師訇鼎的『太師金
膺』。」〔註157〕而《商周青銅器銘文選》則認爲「鈴和勒」，並指出鈴是旂：

> 旂上的銅鈴，鈴亦可代表旂，毛公鼎銘「朱旂二鈴」，鈴爲旂之量詞。
> 〔註158〕

由銘文中旂和鈴的伴隨現象來看，《銘文選》的解釋是有據的，依其說鈴鑾是旂
和鑾，但在身分的辨識性不高。〈班殷〉的鈴是否一定是指旂上的鈴，仍可斟酌。

又〈師訇鼎〉02830 的賞賜車服器只有大師金膺和攸勒，大師金膺有其身
分標識性，而銘文中賜金膺的尚有〈毛公鼎〉，毛公曆的身分也很高，可見金
膺具有身分代表性。

下面將要討論的車馬器範圍定在成套的車馬器。

賞賜成套車馬器有十例銘文：

● 西周中期：〈牧殷〉04343、〈吳方彝蓋〉09898

● 西周中晚期之際：〈伯晨鼎〉02816、〈彔伯𣪕殷蓋〉04302

● 西周晚期：〈毛公鼎〉02841、〈三年師兌殷〉04318-319、〈番生殷蓋〉
04326、〈師克盨〉04467-468、N199401、〈𣊟盨〉04469、〈四十三年逨
鼎〉N200303-12

受賜者身分都很高，以〈毛公鼎〉和〈番生殷蓋〉最爲完整，而兩人的職嗣
「尹卿事寮大史寮、嗣公族雩參有嗣小子師氏虎臣」、「嗣公族卿事大史

〔註157〕李學勤：〈毛簋續考〉，《古文字研究》第十三輯（北京：中華書局，1986 年 6
月），頁 183。

〔註158〕馬承源主編：《商周青銅器銘文選》（北京：文物出版社，1988 年 4 月）第三
卷，頁 109。

寮」爲上列十例銘文中職嗣最高者，因此可以推論車馬器的完整性（如：錯衡、金踵、金豙、金簟弼、魚葡）和身分有關。

車馬器中可以選出來討論，有「宦」和「較」：

目前可知受賜宦的有上列十件，其中六件是「桒較」，〈毛公鼎〉和〈番公敳蓋〉是「桒緉較」、〈彔伯茲敳蓋〉是「桒曶較」、〈伯晨鼎〉爲「畫🐚輴爻」。「桒緉較」和「桒曶較」可能相同，層級上均高於「桒較」。

目前可知受賜宦的有上列十件，其中八件都是「虎宦熏裏」，而〈彔伯茲敳蓋〉是「虎宦窠裏」、〈伯晨鼎〉爲「虎幃宦夌里幽」，彔伯茲稱其父考爲釐王，且其祖「有爵于周」，是以彔伯爲受周王冊命的異族，他於周無職嗣而有爵位，受賜的「虎宦熏裏」只能就爵位和他異族的身分來考量，而此物僅一見，要說與「熏裏」的尊卑，很難論定孰尊孰卑，但以周人親親的思想，毛公受賜「虎宦熏裏」，則熏裏不應低於窠裏，只是受賜熏裏者，身分也有尊卑，因此本文認爲窠裏爲賜外族有爵於周王室的首領，熏裏主賜周臣。至於〈伯晨鼎〉的「里幽」就是「幽裏」，伯晨爲侯，而所賜車馬僅有「畫🐚輴爻、虎幃宦夌里幽、攸勒」，但同賜的服飾是「玄衮衣、幽夫、赤舄」，等級絕對不低，所以這樣的情況不能遽定幽裏不如熏裏，可能和時代有關，也可能和伯晨只有爵位而沒有職嗣有關。

依上面的推測對於車馬器的尊卑，可以得到以下的看法：

桒緉較＋虎宦熏裏→桒較＋虎宦熏裏

（有錯衡、金踵、金豙、金簟弼、魚葡等成套車馬器者職嗣最尊）。

賞賜銘文中所見的賞賜物，能於考古發掘出土，就以車馬器最可探究。

關於車馬器的研究，《商周考古》〔註159〕指出西周中期到東周初：

七鼎墓和五等鼎的墓室規模都比第一類墓〔註160〕要小……幾乎都有車馬坑，禮器的組合也基本相同。這些主要共同點，說明這些墓主人的身分是相近的，他們大概都是當時公卿大夫一類的中等貴族。……但是，在墓室規模以及禮器、車、馬的數量等方面，兩者也還存在一定的差別。〔註161〕

〔註159〕北京大學歷史系考古教研室商周組：《商周考古》，北京：文物出版社，1979年1月。

〔註160〕指九鼎墓。

〔註161〕《商周考古》，頁210。

並且指出三鼎墓和一鼎墓「都有車馬而無車馬坑」，〔註162〕不隨葬鼎的小墓都沒有車馬坑與車馬器。〔註163〕

吳曉筠女士在《商周時期車馬埋葬研究》〔註164〕中對西周時期的車馬埋葬制度做了全面的分析，她指出：

> 西周時期車馬坑內所見馬車的區別主要表現在車馬器的使用以及駕馬的數量上。車馬器裝飾越豐富，等級也越高，以銅裝飾的車馬在地位上應高於以貝爲飾的馬車，雖然也有如長安花園庄M3 一般的，以銅、貝一起裝飾的車馬，但銅車馬器豐儉的情況仍表述著等級或使用目地的不同。另一方面，四馬馬車在地位上高於二馬馬車。〔註165〕

吳說舉出的「銅車馬豐儉」表現出等級的位階，這點和冊命賞賜「金車」能相印證。《商周時期車馬埋葬研究》對「張家坡西周墓地」和「天馬──曲村晉國墓地」與兩周之交的「上村嶺虢國墓地」加予分析。關於張家坡西周墓地時指出：

> 大型墓葬隨葬的車馬器器類較多，書轄（以書的發現爲主）、鑾、銜、鑣爲車馬器的基本組合。實用型車馬器的發現較爲普遍，車器與馬器似乎同樣受到重視。在車馬器的埋葬上，書轄作爲車的象徵，銜鑣作爲馬的象徵，而鑾鈴則表現禮的概念。〔註166〕

> 以車或車馬器隨葬僅是作爲墓主人身爲「有車階級」的一種標志，在葬車時并沒有明確與身分對應的應葬車之數，車所表示的只是墓主人所擁有的豐富財產。〔註167〕

張家坡墓地北區是井叔家族的墓地，時間由西周早期一直延續到晚期，這裡指出的「鑾鈴則表現禮的概念」，對我們探討身分這樣議題，很有啓發，至於「在葬車時并沒有明確與身分對應的應葬車之數」可補充《商周考古》的意見。關於「天馬──曲村晉國墓地」，吳文指出：

> 雖然有埋葬馬車的習俗，但是馬車的埋葬方法及數量極不固定，并

〔註162〕同上註，頁 211。
〔註163〕同上註，頁 213。
〔註164〕吳曉筠：《商周時期車馬埋葬研究》，北京：北京大學考古文博學院博士研究學位論文，2003 年 6 月。
〔註165〕同上註，頁 82。
〔註166〕同上註，頁 126。
〔註167〕同上註，頁 127。

且在性別上有明顯的區別。這些隨葬的馬車應不是作爲標志等級的
「列車」（雖然隨葬馬車這一行爲本身已經是一種身分的標記），更
多的是作爲墓主人生活上所使用的器物反映。而墓地内葬車的風俗
於西周中期取爲興盛，與張家坡墓地相同，或許可以認爲墓内大量
葬車是西周中期時的一種風尚。〔註168〕

這一階段晉侯墓地已經不再強調墓葬内的車馬隨葬，所留下來的，也
只是鑾鈴而已。而鑾作爲墓葬内發現次數最多的一種車馬器，在實車
及實用性車馬器隨葬已經衰落的時代裏還能繼續保持，也説明了鑾作
爲葬車之禮的最後代表，是西周時期等級最高的一種車禮器。〔註169〕

隨葬鼎數的多寡與車馬器的數量、種類，甚至是墓室内葬車的多寡，
沒有一定的關係。説明這一墓地在車馬器隨葬上沒有明確的組合。
雖然需要有一定的身分才能隨葬車馬器，但是在這可葬車或車馬器
的層級中，沒有明顯的等級關係。〔註170〕

在墓室内葬車的第一條件是身分，而影響葬車内容的因素則是性
別。……雖然我們在車馬坑的設置上可以看到身分上的區別，但我
們似乎很難從車或車馬器埋藏的具體内容上看到明顯的層級上的區
別。〔註171〕

由上文的内容來看，「鑾鈴」有突出的地位，吳文認爲鑾鈴是車馬器的最後代
表，具有禮的分級作用，在車馬禮器中是等級最高的禮器。我們由冊命賞賜
銘文來觀察，提到鈴則常與旂並論，如「朱旂二鈴」，那麼旂上有鈴是肯定的，
但傳世古籍上提到「錫、鸞、和、鈴，昭其聲也。」（《左傳》桓公二年），杜
預《注》：「錫在馬額，鸞在鑣，和在衡，鈴在旂，動皆有鳴聲。」孔穎達《正
義》：「鸞、和，亦鈴也，以處異故異名耳。」考古發現上衡和軛上有鈴（可
參本論文附圖版一七三），那麼文獻的「鸞」、「和」可能只是不同的稱呼，旂
上的鈴依銘文可知當時稱爲「鈴」或「鑾」，衡與軛上的鈴銘文則稱爲「金甬」
（參本章第一節），至於《班殷》的「鈴鑾」可能是旂上的鈴，但也不排除是
衡、軛或鑾上的鈴。

〔註168〕同上註，頁130。
〔註169〕同上註，頁131。
〔註170〕同上註，頁134。
〔註171〕同上註，頁137。

由西周銘文來看，繇作爲器物名，其用法主要有二：一是作器物的專名，單獨使用，如〈柞鐘〉00133-139「載、朱黃、繇」、〈七年趞曹鼎〉02783「載市、同黃、繇」、〈望毁〉04272「赤㔾市、繇」；另一種現象就是與旂、旝結合爲旂幟專名使用，如〈善夫山鼎〉02825「玄衣黹屯、赤市、朱黃、繇旂」、〈頌毁〉04332-339「玄衣黹屯、赤市、朱黃、繇旂、攸勒」、〈走馬休盤〉10170「玄衣黹屯、赤市、朱黃、戈琱戚彤沙厚必（柲）、繇𣃘（旂）」、〈輔師嫠毁〉04286「載市、素黃、繇旝」。因此衡或軛上被考古學界稱爲鑾的鈴，在冊命賞賜銘文中並不稱爲「繇」。在本章第一節已論述「金甬」就是「衡或軛上的鈴」，也就是考古報告上習稱的「鑾鈴」、「鑾」。吳女士的研究提供了重要的佐證，車馬器作爲冊命賞賜物本有身分的象徵意義，而「金甬（鑾鈴）」是目前可以肯定能劃分身分等級的賞賜物，《商周時期車馬埋葬研究》在討論虢國墓地時提出：

> 我們可以依據鑾鈴發現的情況將墓葬分爲以下三等：
>
> 1. 國君，隨葬大量鑾鈴；
>
> 2. 國君夫人、太子、大夫隨葬 4 個鑾鈴；
>
> 3. 大夫夫人，隨葬 2 個鑾鈴。
>
> 而大夫、大夫夫人在隨葬鑾鈴時雖有層級上的差別，但隨葬鑾鈴似乎不是絕對必須的。〔註172〕

由此可知，「金甬」的確是考察車馬賞賜物的重要指標，查賞賜銘文中賞賜「金甬」只在冊命賞賜中，其實例如下：

02841	毛公鼎	金車𡩒縟較朱鼏㕸靳虎冟熏裏右厄畫轉畫轎金甬錯衡金踵金豙約䡇金簟弼魚葡馬三匹攸勒金𤫢金膺朱旂二鈴	尹卿事寮大史寮、𧼊嗣公族雩參有嗣小子師氏虎臣	C
04302	彔伯茲毁蓋	金車𡩒嘼較𡩒嗇朱虢靳虎冟窔裏金甬畫轎金厄畫轉馬三匹鑒勒	彔白（釐王子）	BC
04318-319	三年師兌毁	金車𡩒較朱虢嗇靳虎冟熏裏右厄畫轉畫轎金甬馬三匹攸勒	足師龢父嗣ナ右走馬→𧼊嗣走馬	C
04469	𦥏盨	駒車𡩒較朱虢嗇靳虎冟熏裏畫轉畫轎金甬馬三匹鑒勒	／	C

〔註172〕同上註，頁 144。

04467-468 N199401	師克盨	駒車幸較朱虢圅斯虎冟熏裏畫轉 畫輴金甬朱旂馬三匹攸勒素鉞 〔註173〕	師→靷勵ナ右 虎臣	C
09898	吳方彝蓋	金車幸圅朱虢斯虎冟熏裏幸較畫 轉金甬馬三匹鋚勒	乍冊→勵旆罘 叔金	B
N200303-12	四十三年逨 鼎	駒車幸較朱虢圅斯虎冟熏裏畫轉 畫輴金甬馬三匹攸勒	足燮兌靷勵三 方吳䌛用宮御 →官勵曆人	C

由這些實例可以看出受賜「金甬」，皆和其他車馬器一同賞賜，受賜者身分為諸侯與大夫，可惜不能細分各級身分的差異。

　　對於賞賜銘文的「金甬」，本文認為金甬具有身分的代表性，是成套車馬賞賜物中的組成要件之一，在西周墓葬制度上，常為車馬的代表器，數量可為身分劃分的參考，在賞賜銘文中雖未對數量做說明，不過有「馬三匹」來看，可能是一衡四個金甬或是一馬配一金甬，大夫以上四個金甬應是西周中晚期的實際情況。

　　對於論虢國墓地，吳曉筠女士提出的意見如下：

> 虢國墓地車馬坑的等級并不是以隨葬車馬數量的多少來決定，而是更多地取決於車馬坑長度上的倍數關係。〔註174〕

將車馬器、車馬坑的埋藏以及墓室內棺槨、鼎簋數相結合，我們可以看到以下以車馬為中心的層級關係：

1. 國君：一槨二棺，祔葬長 47 米左右的車馬坑（車馬坑的長度早晚有別），墓室內隨葬 7 鼎及大量鑾鈴；

2. 太子：一槨二棺，祔葬近於國君車馬坑一半長度的車馬坑，隨葬 7 鼎及 4 鑾。

3. 大夫：一槨二棺，祔葬近于太子的車馬坑一半長度的車馬坑，隨葬 5 鼎 4 鑾。

4. 國君夫人：一槨二棺，祔葬近於太子車馬坑一半長度的車馬坑，隨葬 5 鼎 4 鑾。

5. 大夫夫人：一槨一棺，祔葬約一車大小（約為大夫、國君夫人祔葬車馬坑的一半長度）的車馬坑，隨葬 3 鼎 2 鑾。

〔註173〕集成編號 04467 師克盨於銘文鑄造時漏冟字，由集成編號 04468 可以補足。
〔註174〕同上註，頁 140。

6. 士：一槨一棺，祔葬馬坑，隨葬 2 鼎（其中一件爲明器），墓葬內沒有車馬器。

7. 平民：一棺或無棺。〔註175〕

由以上的意見，可以得出「車馬坑」的長度、鼎與鑾（金甬）的數量都是身分判定的參考，雖然就賞賜銘文而言，難有明確的身分判定準則（精細等級的區分），但這些意見對於身分認定是很有裨益的。

三、鑾　旂

旗幟是標示身分的重要賞賜物，西周冊命銘文中賞賜鑾旂類（鑾、旂等）有五十一例，依其陳述可以爲「鑾」「旂」「鑾旂」、「鑾旜」、「朱旂」、「鈴」等。

關於「鑾」、「鑾旂」，陳夢家先生有系統地考釋，提出意見：

文獻上比較統一的說法是（1）鈴在旂上，（2）和在軾上，（3）鸞在衡上，（4）鸞鈴在鑣上。

出土之鑾鈴屬于軛首，乃車器之在衡者。

金文「鑾旂」出現了十多次，而在共、懿時代三器上但稱「鑾」，另外又有「鑾旜」一器。凡此鑾字，自然是鑾或鸞之初形，但其意義可有三解：（1）讀作鑾和旂，是二物，故所賜可有鸞無旂，《漢書・郊祀志》上「賜爾旂鸞」（2）鸞旂是畫鳥之旂，《文選・東京賦》「鸞旗皮軒」薛注云「鸞旗謂以象鸞鳥也。」則似旜一類；（3）是有鑾鈴之旗，猶有鈴之刀爲鸞刀。《詩・信南山》「執其鸞刀」鄭箋云「鸞刀，刀有鸞者言割中切也」；《公羊傳》宣公十二年「右執鸞刀」何注云「鸞刀，宗廟割切之刀，環有和，鋒有鸞」；《郊特牲》「割刀之用而鸞刀之貴，貴其義也」，正義云「必用鸞刀取其鸞鈴之聲。」

（2）見于《文選》薛注，乃是晚出的注解，恐不可取。金文但賜「鑾」的，可能爲鑾旂之鑾，我們舊以爲是「鑾旂」之省，恐不可以。（3）則一般金文的「鑾旂」，應作有鈴的旂解，有鈴之「旜」則爲「鑾旜」。

〔註176〕

〔註175〕同上註，頁 145。

〔註176〕陳夢家：〈西周銅器斷代、虢國考、賞賜篇〉，《燕京學報》新一期（1995 年），頁 287。

陳先生由傳世古籍上的記錄得到的結論是:「金文的鑾旂應做有鈴的旂解」。
這一點由金文來檢驗大致是合理的,而且又於文獻有據。

　　賜「鑾」的器多數是西周中期的,只有〈柞鐘〉是西周晚期:

　　〈七年趞曹鼎〉02783、〈廿七年衛殷〉04256、〈瞁殷〉04272、〈免簠〉
04626、〈柞鐘〉00133-139,這些器的同賜服多數是「載市」或「哉衣」,和賜
鑾旂的金文比較,受賜鑾者層級較低。

　　金文中尚有賜「旂」者,最早的有〈大盂鼎〉02837的「乃且南公旂用獸」,
西周早期的〈靜方鼎〉N199804也提到賜旂,另外西周中期的〈善鼎〉02820提
到周王命善嗣「且旂」,由此可見旂的地位不低,而且具有代表性,所以才會賜
臣子繼承祖旂,再由受賜者職官來看,受賜旂者和受賜鑾旂者沒有明顯的尊卑
之別,所以旂和鑾旂可能在層級上是沒有差別的,也不排除旂是通名,而鑾旂
是專名。金文中另有「旂五日」(〈輔師嫠殷〉04286)和「旂三日」(〈救殷蓋〉
04243),可見旂有幾種等級,旂上有日和《周禮・春官・司常》中提到的常有
關,《商周青銅器銘文選》於考釋〈弭伯師耤簋〉的「鑾旂五日」認為:

> 謂鸞旗上飾有五個日像。此種鸞旗的形象見《山彪鎮與琉璃閣》二
> 一頁之圖十一銅鑑(一・五六)中層圖案之三:戰陣前所建之旗上
> 有五個日像,此即所謂鸞旂五日。古代天子所建之旗繪有日像和月
> 像,稱為常,《周禮・春官宗伯・司常》云「日月為常」。〔註177〕

金文中有「旂五日」(〈輔師嫠殷〉04286)有「鑾旂五日」(〈王臣殷〉04268、
〈虎殷蓋〉N199601、〈弭伯師耤殷〉04257),都是賜服「玄衣黹屯」或「玄
衣黹屯」,所以等級差異不大,由此推旂五日和鑾旂五日尊卑相當。

　　〈輔師嫠殷〉初冊命時賜「鑾旆」,再冊命時賜「旂五日」,可見「旂五
日」比「鑾旆」為尊,關於「鑾旆」,郭沫若先生考釋:

> 「鑾旆」:鑾,鑾省,言旂上之鑾鈴也;金文中多即以為鑾旂。旆字
> 從扒目聲,疑旂之異文。字亦作旈,載毛竿頭也,以旄牛尾為之。
> 蓋謂賜以有鈴有旄之旗幟。〔註178〕

鑾旆是鑾旂的一種,如果鑾旂加旄都低於旂五日,那麼鑾旂自然是低於旂五
日的。

〔註177〕同上註,頁196。
〔註178〕郭沫若:〈輔師嫠簋考釋〉,《考古學報》1958年第2期。
　　　　收於郭沫若著《文史論集》(北京:人民出版社,1961年1月),頁331。

〈毛公鼎〉02841 的「朱旂二鈴」和〈番生殷蓋〉04326「朱旂旜金芳二鈴」由二人的職嗣和受賜物，可推得「朱旂二鈴」是目前所見金文中等級最高的旂，又「朱旂二鈴」與「朱旂旜金芳二鈴」只是名稱繁簡有別而已。

師克（〈師克盨〉04467-468、N199401）受賜「朱旂」，而由其同賜物：「韐巤一卣、赤市、五黃、赤舄牙幩；駒車：奉較、朱虢䪼靳、虎冟熏裏、畫轉、畫輯、金甬、馬三匹、攸勒」可知朱旂的等級在緣旂五日之上，在朱旂二鈴之下。〈牧殷〉04343 得到冊命的授旗只言「旂」，由其冊命的職嗣是「辟百寮有同事」，同賜物有「韐巤一卣、金車：奉較、畫輯、朱虢䪼靳、虎冟熏裏、□三匹、取□守」可推測他的旂當是赤旂，旂是通名，赤旂是專名。

由以上的討論，可以對緣旂類的各種樣式，得出一個尊卑次序：

一　級		二　級			三　級
朱旂		旂			緣
朱旂二鈴 朱旂旜金芳二鈴	朱旂	緣旂五日 旂五日	旂四日	緣旆	緣

上文提到〈班殷〉受賜「鈴鋓」，若將鈴釋為旂之鈴，以為班受賜旂（旂有鈴），因為班的爵位是公，而旂有鈴，則可以擬測旂（緣旂）都有一鈴。師克的朱旂也是一鈴，毛公和番生位尊而旂有二鈴，是加一鈴以顯其尊，班是公爵，他受賜的「鈴」至少是朱旂一鈴。

在朱旂之外，尚有「赤旂」，〈麥方尊〉06015 提到井（邢）医從王射大䍐（鴻）於璧雝（雍），銘文中有「医乘圅赤旂舟從」，這裡的「赤旂」顯然是井医身分對應的旂。關於這條資料，可以有下面兩種詮釋：

其一：外服諸侯的旂是赤旂，依西周的習慣是朱高於赤，井医非大封國之君（如齊、魯），是医爵，而毛公是公爵，所以井医的身分比毛公為低。

其二：時代上是有別的（一在西周早期，一在西周晚期）。赤旂於西周中晚期都未再見於銅器銘文，故不排除赤旂即後來的朱旂。

對於以上兩種推測，本文傾向於第二種詮釋。

四、弓　矢

銅器銘文中賜弓矢的名目有三類：

●第一類為「彤弓彤矢、旅弓旅矢」：彤為赤色，旅或作旅，即盧字，指

黑色。彤弓彤矢與旅弓旅矢是弓矢的專名。賞賜「彤弓彤矢」、「旅弓旅矢」的器銘有〈伯晨鼎〉02816、〈宜侯夨毀〉04320，這兩件銘文都屬於冊命賞賜。

●第二類僅言弓矢：如〈十五年趞曹鼎〉02784、〈小盂鼎〉02839、〈敾毀〉04099、〈不䵼毀〉04328-329、〈同卣〉05398、〈靜卣〉05408、〈冒鼎〉N199301、〈晉医穌編鐘〉N199603，這些器都與戰功或擔任執事相關。

●第三類則在賜弓矢時對於其部件加以說明：如〈師湯父鼎〉02780：「盛弓象弭、矢臺、彤欮」

以上所提及的器，資料如下表：

器　號	器　名	銘文內容（原因：賞賜）	受賜者身分	時代
00107-108	雁侯視工鐘	遺王：彤一矢百馬三匹	雁侯	（B）C
02780	師湯父鼎	王才射廬：盛弓象弭矢臺彤欮	師	B
02784	十五年趞曹鼎	龏王射于射盧：弓矢虎盧九冑毌殳	史	B
02816	伯晨鼎	旅五旅彤彤旅弓旅矢戈皋冑	医	BC
02839	小盂鼎	伐鬼方：⧄弓一矢百畫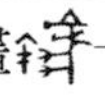一貝冑一金干一戟戈二	／	A
04328-329	不䵼毀	御追厰允：弓一矢束	白氏臣	C
04099	敾毀	／：弓矢束	／	B
04320	宜侯夨毀	□彤弓一彤矢〔註 179〕百旅弓十旅矢千	虞医→宜医	A
05398	同卣	／：弓矢	夨王臣	B
05408	靜卣	／：弓	／	A

〔註 179〕唐蘭：〈宜医夨簋考釋〉，（收錄於《唐蘭先生金文論集》，北京：紫禁城出版社，1995 年 10 月）：第五行「彤弓一，彤矢百」，應該讀爲「彤弓一，彤矢百」，也就是彡（彤）弓和彡（彤）矢。簋銘的範把彤和彤兩字排顛倒了，所以錯成了「彤弓」和「彤矢」。（頁 66）
《商周青銅器銘文選》於〈宜侯夨簋〉注「彤、旅」云：
弓矢之色。彤特指弓矢的形色，銘文前一「彤」字當是「彤」字之誤。又《尚書・文侯之命》：「用賚爾秬鬯一卣、彤弓一、彤矢百、盧弓一、盧矢百」，孔安國《傳》：「彤，赤。盧，黑也。」盧、旅一聲之轉，是「旅弓」，「旅矢」即指黑色弓矢。錫弓矢是周室分封諸侯的制度之一，象徵授予諸侯以征伐的權力。（頁 34～35）

10173	虢季子白盤	博伐廠狁：乘馬、用弓彤矢、用戉	／	C
N199301	冒鼎	追于偁休又禽：皋胄冊戈弓矢束	晉医臣	B
N199603	晉医鯀編鐘	遹自十洍蕩北洍伐凤尸、伐鬮钺：弓矢	晉医	C

關於賞賜弓矢，在傳世古籍中，屬於冊命的例子有兩例：

● 《書・文侯之命》：用賚爾秬鬯一卣；彤弓一，彤矢百；盧弓一，盧矢百；馬四匹。

● 《左氏・僖公二十八年・傳》：丁未，獻楚俘於王，駟介百乘，徒兵千。鄭伯傅王，用平禮也。已酉，王享醴，命晉侯宥。王命尹氏及王子虎、內史叔興父策命晉侯爲侯伯，賜之大輅之服，戎輅之服，彤弓一，彤矢百，旅弓矢千。〔註180〕虎賁三百人。曰：「王謂叔父：『敬服王命，以綏四國，糾逖王慝。』」晉侯三辭，從命，曰：「重耳敢再拜稽首，奉揚天子之丕顯休命。」受策以出，出入三覲。

這兩例所賜弓矢，也是彤弓彤矢與盧（旅）弓盧（旅）矢，由傳世古籍和銅器銘文雙重證據來看，彤弓彤矢和旅弓旅矢爲冊命賞賜特有的弓矢，受賜者

〔註180〕關於此處的「彤弓一，彤矢百，旅弓矢千」，《經典釋文》云：旅音盧，本或作旅字，非也。矢千，本或作旅弓十旅矢千，後人專輒加也。

孔穎達《左傳正義》云：彤赤，旅黑，舊說皆然。《說文》彤從丹，旅從玄，是赤黑之別也。……旅弓矢千具於彤而略於旅，準之，則矢千弓十也。

浦衛忠等《春秋左傳正義・校刊記》（十三經注疏整理工作委員會主編，《春秋左傳正義》，臺北：臺灣古籍出版有限公司）云：「旅弓矢千」，監、毛本「旅」誤「旅」，《釋文》云：「旅，本或作旅字，非也。」段玉裁云：「古音旅、盧，無魚模斂侈之別，如盧即盧聲，可證古字假旅爲䮛。魏三體石經遺字之存於洪氏者，〈文侯之命〉篇有『旅』、『荒寧』等字，而誤系之《春秋》傳，魏時邯鄲淳、衛敬侯諸家去漢未遠，根據尚精，蓋左氏最多古文。《音義》云：『旅，本或作旅。』此正古本之善。」……阮校：「案《詩・小雅・彤弓》正義云：『傳文直云旅弓矢千，定本亦然，故服虔云矢千則弓十，是本無十旅二字，俗本有者，誤也。』」

〈宜医矢殷〉銘文載矢受賜「旅弓十、旅矢百」則原字作「旅」，是《經典釋文》所記「古或作旅」有其依據，本文疑旅爲後造本字，西周用旅，後人因造旅字（從玄，旅省聲）故文獻有作旅與旅者。又「旅弓矢千」，牽涉到弓與矢在搭配上的數量問題，弓一對矢百是常見之例，然銘文中有矢束之文（如〈不娶殷〉、〈敖殷〉），束究竟是多少隻箭爲單位，目前仍未有直接證據，因此「旅弓矢千」中旅弓是一或十，則還可斟酌。

的身分由目前的資料看來，都是諸侯。

　　賞賜弓矢的原因，除了冊命之外，還有各種事功與軍功，受賜者也不必然是諸侯，有軍功也不必然賜弓矢，孔安國注〈文侯之命〉說：「諸侯有大功，賜弓矢，然後專征伐。彤弓以講德習射，藏示子孫。馬供武用。四匹曰乘。侯伯之賜無常，以功大小爲度。」言諸侯有大功則賜弓矢以專征伐，可能來自《左傳‧文公四年》武子之言、《禮記‧王制》的說法，這一點由〈晉戻龢編鐘〉可證；說「侯伯之賜無常，以功大小爲度」，甚有啓發性，可用來說是否賜弓矢受功之大小而有不同，「無常」一語也可以用來解釋賞賜中賜物品類與數量不等的現象。

　　對於賞賜弓矢的意義，文獻有清楚的說明：

●《左氏‧文公四年‧傳》：（衛甯武子言）昔諸侯朝正於王。王宴樂之，於是乎賦〈湛露〉，則天子當陽，諸侯用命也。諸侯敵王所愾，而獻其功，王於是乎賜之彤弓一、彤矢百、旅弓矢千，以覺報宴。

●《禮記‧王制》：諸侯賜弓矢，然後征。賜鈇鉞，然後殺。〔註181〕

這兩條資料是屬於原則性的詮釋，衛甯武子說王賜諸侯彤弓彤矢、旅弓旅矢和銅器銘文相合。本文認爲受賜「彤弓彤矢、旅弓旅矢」者，身分爲諸侯，由當前的材料看來，足以做爲身分的判定原則。

　　對衛甯武子這段話，杜預的注解說：「謂諸侯有四夷之功，王賜之弓矢，又爲歌〈彤弓〉以明報功宴樂。」能夠做爲賞賜弓矢的儀式進行中奏「樂」的補充意見，古代禮與樂是相伴的，杜預的說法很值得參考。

　　傳世古籍對於弓矢與身分的對應，有兩種說法：

●《荀子‧大略》：「天子雕弓，諸侯彤弓，大夫黑弓，禮也。」

●《公羊‧定公四年‧傳》何休注：「禮：天子雕弓，諸侯彤弓，大夫嬰弓，士盧弓。」

〔註181〕孔穎達疏云：「賜弓矢」者，謂八命作牧者，若不作牧，則不得賜弓矢，故〈宗伯〉云：「八命作牧。」注云：「謂諸侯有功德者，加命得專征伐。」此謂征伐當州之內。若九命爲二伯，則得專征一方五侯九伯也。若七命以下，不得弓矢賜者，《尚書‧大傳》云「以兵屬於得專征伐」者，此弓矢，則《尚書》「彤弓一，彤矢百；盧弓十，盧矢千」。於《周禮》則當「唐弓大弓」，合七而成規者，故〈司弓矢〉云：「唐弓大弓，以授使者勞者。」注云：「若晉文侯文公受王弓矢之賜者。」「賜鈇鉞」者，謂上公九命，得賜鈇鉞，然後鄰國臣弑君，子弑父者，得專討之。晉文公雖受弓矢，不受鈇鉞。崔氏云：「以不得鈇鉞，不得專殺，故執衛侯，歸之京師。」

顯然兩種說法在大夫與士的部分有出入，由出土資料來看，盧弓賜於諸侯（本文認爲盧弓只賜於諸侯），《荀子》寫作的時代，周朝禮樂制度已經崩壞，所以〈大略〉篇的記載有合於史實者，也有可商議的部分。何休的時代到了東漢，其說雖有家法師承，但於周朝史實也難免有所出入。

對於天子雕弓，經學家認爲雕弓又稱爲敦弓，是指有畫飾的弓：

- 《詩・大雅・行葦》：「敦弓既堅，四鍭既鈞。舍矢既均，序賓以賢。」

  毛亨傳：「敦弓，畫弓也。天子敦弓。」

  《經典釋文》：「敦音彫。……鍭音候，又音侯，矢名。」

  孔穎達正義：「敦與彫，古今之異。彫是畫飾之義，故云『敦弓，畫弓也』。〈冬官・弓人〉爲弓唯言用漆，不言畫，則漆上又畫之。彼不言畫，文不具耳。……其諸侯公卿宜與射者，自當各有其弓，不必畫矣。其等級無文以明之也。定四年《公羊傳》何休云：『天子彤弓，諸侯彤弓，大夫嬰弓，士盧弓。』事不經見，未必然也。」

「敦弓」依注疏之說是雕畫之弓，〈師湯父鼎〉載師湯父受賜「盛弓」，可以釋爲盛飾之弓，如果盛飾是指雕畫，那麼敦弓是否一定得限定爲天子所用，則似乎可以斟酌。

由以上的討論，本文認爲以下兩點是可以提出來做爲結論的：

其一：由目前所見資料而論，彤弓彤矢和旅弓旅矢賜於諸侯，且都是冊命賞賜。這是目前可以肯定弓矢種類和身分有關的部分。

其二：賞賜弓矢，或有「專征伐」的意義，而多數的賞賜是因戰功或事功。